신임교사로서의 첫 출발

서혜정 · 한애희 공저

도서출판
피린마음

서 혜 정

중앙대학교 유아교육과 졸업
이화여자대학교 유아교육과 석사
숙명여자대학교 아동복지전공 박사과정
현, 제주한라대학 유아교육과 교수

한 애 희

대구대학교 유아교육전공 박사과정 수료
현, 제주관광대학 유아교육과 겸임교수
대구대학교 유아교육학과 출강
방송통신대학교 제주지역 유아교육학과 출강

신임교사로서의 첫 출발

초판 1쇄 인쇄 2006년 8월 25일
초판 6쇄 발행 2018년 1월 26일

지은이_ 서혜정 · 한애희
펴낸이_ 황호철
펴낸곳_ 도서출판 파란마음

주소_ 04315 서울시 용산구 백범로90라길 47 | 전화_ (02) 3275-2110~1 | 팩스_ (02) 3275-2199
홈페이지_ http://paranmaum.co.kr/

등 록_ 2006년 4월 24일 · 제302-2006-00024호

ISBN 89-958283-1-5 93370
값 13,000원

머리말

유아교육과를 선택한 것은 제 뜻이 아니었어요.
하지만 유아교육과를 다니면서 후회한 적은 없었어요.
교수님처럼 멋진 분들이 계셔서 오히려 제 꿈은 커져만 갔어요.
작년부터 방학이면 어린이집에서 아르바이트를 하게 되면서
잠시 나의 생각에 혼란이…
왜 학교에서 배운 내용이 실제로는 적용이 되지를 않는 것인지
혼자 수많은 생각을 하면서 보낸 1학년 겨울 방학을 마치고
2학년이 되어 교수님을 만나게 되었죠.
실제와 이론은 전혀 다르지 않다는 교수님의 말씀이 거짓말처럼
들렸지만, 교수님과 수업을 하면서 교수님의 수업과 경험담에
놀라지 않을 수 없었죠. 실제와 이론은 정말 다를 수가 없었어요.
다르다면 유아교육을 배울 필요가 없는 건데,
그 때부터 교수님을 닮고 싶었어요. 그래서 이번에도 어린이집에
다니면서도 항상 교수님을 떠올립니다.
이 상황에서 교수님은 어떻게 하실까? 나름대로 생각해 보면서
행동 하나 말투 하나에 신경을 써 보지만,
아이들이 따라주지 않을 땐 나도 모르게 실수를 해 버려요.
이제 많이 어린 저희들이 3학년이래요. 나조차도 믿기지 않지만….

이 글은 학생에게 받은 편지 중 일부의 내용이다. 참으로 재미있는 건 이 편지의 주인공처럼 나 또한 이론과 실제의 괴리 사이에 무척이나 고민했던 시기가 있었다는 것이다. 학부 시 강의 시간에 내 마음 속은 꿈틀거리곤 하였다.

'그래서 현장에 가서 어떻게 하라는 거지?', '우리가 유아가 되어 그림을 그리는 것이 중요한 게 아니잖아. 어떻게 자료를 제시하고 활동을 도입하고 평가는 어떻게 해야 하는지 교수 방법은 어떻게 하라는 걸까?' 라며….

이론 없는 실제가 없으며 이론과 실제는 별개의 것이 아니라는 것은 현장 교사가 되어 직접 체험하면서 터득하게 되었다.

그러나 이론만 배우고 실무에 어떻게 적용이 되는지 실무 교육이 없다면 어떻게 해석하고 적용하느냐에 따라 차이가 많이 벌어질 수 있음을 느끼게 되었고, 실무에 필요한 업무 중 경험해 보지 않은 상태에서 업무를 수행하게 될 때의 당혹감을 잊을 수 없다.

작년 신임교사에게 '학교에서 배운 것과 실제 업무와의 차이점은 무엇인가?' 라고 질문한 적이 있는데 그 질문에 답한 신임교사의 이야기가 무척 인상 깊었다.

'유아들을 교육하는 것(유아수학, 유아과학 등) 외에는 언급받은 적이 없어요. 유아들을 교육하는 것 외에는 아무 것도 준비되지 않은 채 취업했는데요. 교육하는 업무 외에는 다 새로워요.' 라고 말하는 교사를 보며 졸업과 동시에 취업이 되는 신임유아교사를 현장에서 가르치며 이끌기에는 너무 많은 짐을 현장에 맡기는 것이 아닌가라는 생각을 하였다. 학문을 통하여 기초 지식을 쌓는 것도 중요하지만 졸업과 동시에 실무에 바로 투입되는 신임유아교사들이 현장에서 필요한 업무 능력과 너무 많은 차이를 보인다면 그것도 유아교사를 배출하는 대학에서 깊게 생각해 보아야 할 문제가 아닐까 생각하며 그 동안 현장의 경험을 동료에게 이야기하듯이 풀어보기로 하였다.

4년간의 유아교육 전공을 공부하고 사회인으로서의 첫 발을 내딛던 그 시절이 떠오른다. 물론 취업이 되기 전 꼭 거쳐야 할 면접이라는 문을 두드리고 말이다. 첫 근무지였던 화곡중 · 고등학교 병설유치원인 홍신유치원에 면접 보던 날 이력서와 자기소개서, 성적증명서를 모두 준비해 갔었는데 유치원교사 중 면접 시 이 세 가지를 모두 준비해 온 교사는 처음이라 하시던 원장선생님의 말씀과 너무나 추운 날씨 덕분에 긴장된 떨림을 추위로 변명할 수 있었던 기억이 지금도 생생하다. 지금은 면접을 보러 가기 위해 준비할 서류로 성적증명서, 이력서, 자기소개서가 필수이지만 당시에는 보통 이력서 하나를 들고 면접을 보러 다니던 시기였기 때문이다.

처음이란 게 그런 거 같다. 17년 전인데도 지금도 생생한 걸 보면 말이다. 면접뿐인가? 신임교사 시절 1년간 보내며 경험하였던 그 모든 것이 지금도 생생하다. 첫 울음, 선배교사와의 갈등, 오리엔테이션 때 첫 우리 반 유아들을 만난 날 시간을 잘못 계산해서 30분이나 일찍 수업을 끝내 남아도는 시간으로 인해 생긴 당혹감 그리고 임기응변으로 대처했던 일, 입학 후 첫 수업 날 책상과 장에 올라가서 뛰는 개구쟁이들과의 만남, 신임교사의 공개 수업 등 지금도 어제의 일마냥 생생하기만 하다. 그것뿐인가? 대학에서 배운 140학점의 전공공부라는 각각의 구슬을 하나의 줄에 꿰어야 하는 어려운 작업 등.

대학에서 유아교사를 배출하기 위한 교육과정과 현장에서 요구되는 교사의 자질간의 차이, 변화된 유아교육기관, 사회의 변화, 지금도 전문대학(2~3년제)과 대학교에서 학문을 배워 현장으로 나오는 교사에게도 나와 같은 신임교사로서의 어려움은 줄어들기보다는 오히려 변화되고 다양화된 교사의 업무로 더할 것이라 짐작된다.

이 책은 신임교사가 첫 직장생활을 성공적으로 수행하기 위해 부임에서부터 원아의 수료 또는 졸업 때까지 1년의 교육과정을 진행하는 동안에 교사로서의 배정받은 반 업무 및 유치원 전체의 일정 및 행사에 따른 교사의 준비 등 1년간의 교사생활에 대한 전반적인 것을 싣고자 하였으나 생각만 컸지 제대로 구슬을 꿰었는지 부끄럽기만 하다.

지금도 나는 고민한다.

'배움과 실제는 어떤 차이가 있을까?' 이 고민은 예비유아교사를 배출하는 동안 계속 해야 할 고민이다.

제주에서 서혜정과 한애희의 교사 시절의 경험을 모으며…

차 례

제1부 신임교사로서의 첫 출발

제2부 유아교사의 언어와 태도

제3부 유아교사의 업무

7장 반 담임으로서의 기본 업무〈행사 관련 업무〉 293

부록

PART 1

신임교사로서의 첫 출발

1장 새 학기 준비

✍ 두근거리는 면접을 통과하고 첫 출근하는 날
✍ 첫 울음
✍ 처음엔 친절했던 신임교사, 이젠…
✍ 탐정놀이-유치원 구석구석을 샅샅이 탐색하라
✍ 아이들을 맞이하기 위한 준비 1. 영역 구성
✍ 아이들을 맞이하기 위한 준비 2. 교실 업무
✍ 아이들을 맞이하기 위한 준비 3. 반 배정
✍ 아이들을 맞이하기 위한 준비 4. 내 아이들이 생긴 날
✍ 아이들을 맞이하기 위한 준비 5. 아이들을 기다리는 마음

두근거리는 면접을 통과하고 첫 출근하는 날

무엇을 해야 할지, 어디서 어떻게 손을 대어야 할지, 낯선 선배 교사와 상사들이 있는 사회인으로서의 첫 근무지인 유아교육기관으로 첫 출근하는 날이 기억된다. 처음이라는 낱말에서 가져다주는 설레임과 낯설음, 두려움으로 시작한 첫 출근은 어색하기만 하다. 가장 조심스러운 언어와 몸짓을 하며 마냥 어느 곳에 시선을 두어야 할지, 목 뒤로 넘어가는 침 삼키는 소리도 들리는 듯한 첫 출근 날, 교직원 간의 인사가 끝나고 업무가 주어졌다면 바로 주어진 업무를 수행하면 되지만 신학기의 바쁜 업무로 부임한 신임교사에게 해야 할 업무를 안내하고 배려해 주는 것은 쉬운 일이 아니다. 그러므로 첫 출근한 날부터 독립된 사회인으로서 부임한 신임교사를 배려해 주기를 기다리지 마라. 사회에 나오는 순간부터 선임교사와 상사들은 독립된 인격체로서 많은 재능과 능력을 지니고 얼마만큼의 업무를 수행할지 당신을 탐색하기 시작한다. 서로 다른 학교 출신이라면 그 학교에서 배운 잠재력이 얼마만큼인지 더 자세히 탐색할지 모른다. 학교의 대표라 생각하고 학교의 이미지와 자신의 이미지를 생각하며 하나하나 조심스럽게 첫 직장생활에 임해야 할 것이다.

주어지는 업무를 기다리지 마라.

"도와 드릴 일 있나요?"

"오늘 할 업무가 무엇인가요?"

첫 울음

출근한 지 2일째 되는 날, 답답함이 밀려와 지하 창고에 들어가 '답답해, 답답해' 소리를 연발하며 엉엉 소리내어 울었던 기억이 떠오른다. 한참을 울고 난 후 답답한 가슴이 뻥 뚫려지자 아무렇지도 않은 듯 방긋 웃으며 업무를 다시 시작했었는데 그 때 일을 생각하면 나도 모르게 입가에 미소 짓게 된다.

신학기 준비로 바쁘게 움직이는 교무실, 무엇을 해야 할지 모르는 답답함, 조심스럽기만한 낯선 분위기는 계속되고 해야 할 일은 무엇인지, 내가 필요로 한 자료는 어디 있는지, 교재 교구는 어디 있는지 몰라 생기는 답답함이었다.

대학에서 배운 것은 유아를 대상으로 하는 교육 업무가 대부분이었으므로, 현장에서의 교육 이외의 업무에 대해서는 제안을 받아 보지 못했고, 경험이라는 건 중요한 거였다. 항상 한 템포 늦게 곁눈질하며 옆에서 일하는 경력교사의 업무를 뒤쫓아 하기에 급급하였는데 경험자가 하는 일을 뒤따라 했기 때문에 실수는 적었지만 1년간은 주도적으로 일할 수 없음이 무척 답답하였다.

새로운 환경에 대해 적응 기간이 필요한 것은 당연한 이치이지만 첫 근무지에서 업무를 수행하는 데 있어 적응 기간을 단축시킬 수 있는 방법은 근무지의 구조 및 체계를 빨리 익히는 것이다.

처음엔 친절했던 선임교사, 이젠…

"가위 어디 있는지 아세요?"
"눈알 어디 있는지 아세요?"
"선생님! 어디 있나요?"

처음에 물었을 때는 장소까지 안내해 주던 선임교사가 다음에는 손가락으로 방향을 가리키고, 다음에는 얼굴도 돌리지 않고 대답만 한다.

처음엔 친절했던 선임교사가 표정과 말투가 점점 변해간다면 그것은 선임교사의 잘못으로 돌리지 마라. 바로 당신에게 문제점이 있는 것이다. 물론 처음 근무하는 장소에 적응하는 것은 쉬운 일이 아니지만 빨리 적응할지도 늦게 적응할지도 바로 당신의 능력에 달렸기 때문이다.

가장 센스 있고 능력 있는 교사는 기존에 근무하고 있는 교사로부터 빨리 독립하는 것이다. 바쁜 업무 중에 자꾸 누군가 와서 그것도 단순히 물건 찾는 것 때문에 하던 업무가 중단된다면 기분 좋을 교사는 없다.

의존하지 말자. 빨리 혼자 서야 한다. 그러기 위해서는 셜록 홈즈 같은 탐정이 되어 보자.

탐정놀이 - 유치원 구석구석을 샅샅이 탐색하라

취업이 된 후 가장 먼저 할 일은 탐정놀이이다. 유치원 구석구석을 샅샅이 탐색하여 유치원 물건이 어느 장소에 놓여 있는지 확인하고 부지런히 기억해 놓아라.

몇 년 후 다른 곳으로 이직하여도 탐정놀이는 출근하는 첫 날 반드시 해야 할 필수 항목이다.

처음에는 친절하게 안내해 주던 경력교사도 자주 되풀이되는 당신의 질문에 점차 지쳐가게 될 것이고 그런 경력교사의 모습에 당신은 섭섭하게 되고 주눅이 들게 될 것이다. 탐정놀이가 끝나면 타 교사에게 의존하지 않아도 필요로 하는 유치원 물건이 어느 장소에 있는지 알게 되므로 기존에 근무하는 경력교사에게 하는 의존도가 낮아지게 되고 자주적으로 업무를 수행할 수 있게 된다.

내가 출근한 후의 첫 울음도 탐정놀이를 하지 않았기 때문이고, 친절한 선임교사의 모습이 점차 달라졌던 것도 모두 다 나의 탓이었다. 가장 능력 있는 자는 자료를 적시 적소에 잘 사용하는 사람이다. 따라서 유치원에 있는 모든 자료가 어느 곳에 보관되어 있는지 확인하고 기억해 둘 필요가 있는 것이다.

탐정놀이를 해야 할 곳

교재 교구실

유아들에게 제시되는 교재 교구가 주제에 맞게 교체하며 사용하기 위해서는 어떤 방법으로 주제별 교재 교구가 정리되어 있는지 먼저 교재 교구실을 살펴볼 필요가 있다. 교재 교구실은 교육을 목적으로 학습목표를 달성하기 위해 유아들에게 제시되는 교수 자료를 보관하는 장소이다. 유치원에 따라 정리 방법이 다르며 보관하는 방법(상자 유형)도 다르기 때문에 근무하게 되는 곳에서 어떻게 정리되어 비치되어 있는지를 가장 먼저 살펴보아야 할 것이다. 교재 교구실에 교재 교구 목록 대장이 함께 비치되어 있을 수도 있지만 대부분 교사실에 있는 서류장의 서류 파일에 보관되는 경우가 많으므로 교재 교구 목록 서류 파일을 먼저 살펴보고 교재 교구실을 확인해 볼 필요가 있다. 연령별, 주제별, 영역별로 보관되어 있다면 신임교사도 쉽게 사용할 수 있다.

자료실

자료실은 수업 자료, 소모품, 폐품류 등이 정리되어 있는 곳이며 유치원마다 사용하는 규칙이 있으므로 위치만 파악하도록 한다. 유치원에 따라 소모품을 월별로 나누어 주는 곳, 필요할 때마다 자율적으로 찾아서 사용할 수 있도록 하는 곳, 두 가지를 병행하는 곳 등 유치원 체제에 따라 물품을 나누어 주는 방법은 근무하는 곳에 따라 다르게 사용된다.

교무실

기본적으로 교사가 소장하여 할 물품은 개별적으로 분배하여 주지만 새로운 물품을 배정받기 전에 업무가 주어질 수 있으므로 가위, 클립, 셀로판테이프, 본드 등 작은 소도구가 어디 있는지는 먼저 살펴보아야 한다.

교무실에는 중요한 유치원 서류들이 준비되어 있는 장소이며, 교사에게 공개되는 문서와 공개되지 않는 문서가 있을 수 있다. 문서 중에 공개되어 근무하는 교사들이 다루고 알아야 할 서류는 어떤 종류가 있는지, 무엇을 위해 어떻게 사용하는 것인지 파악하도록 한다.

단, 주의할 것은 신임교사가 서류 파일을 먼저 꺼내서 자유롭게 보게 되었을 때 경우에 따라 좋지 않게 보일 수 있으므로 먼저 허락을 받고 살펴보는 것이 바람직하겠다. 물론 며칠이 지나면 자연스럽게 누구나 볼 수 있는 서류일지라도 신임교사가 함부로 들춰내는 것처럼 첫인상을 보일 필요는 없겠다.

창고

지금은 당장 필요하지 않지만 주제에 따라 역할 영역, 과학 영역에 배치할 만한 잡동사니들이 가득 쌓여 있는 창고에도 무엇이 있는지 파악해 두도록 하자. 창고는 활용하는 것에 따라 보물창고로 변하기도 한다.

배정받은 교실

① 교실 안의 물건 파악

배정받은 교실은 1년 동안 내가 주인이 되어야 하는 장소이다. 교실 안에 있는 모든 물건은 교사인 내 손길이 필요하므로 구석구석 모든 물건을 다시 정리하도록 한다. 교실에 있는 책상, 의자, 교구장, 쿠션 등 기본적으로 배치되어 있는 비품이 무엇인지, 각 항목에 따른 수량을 확인하도록 한다.

② 교실 물건의 청결

손때가 묻은 것이 있다면 깨끗하게 세척하여 새로운 주인에 의해 변화된 교실 모습을 보여주는 것도 좋겠다. 교구장의 모서리 구석구석, 바구니, 싱크대 안까지 모두 내 손을 거치도록 하자. 유아들이 다루는 물건이니 만큼 유아들의 건강을 위해 청결해야 하는 것도 잊지 말자.

③ 영역 구성

새롭게 배정받은 교실의 물건 파악과 청결이 해결되었으면 영역 구성을 새롭게 하며 영역 구성에 따른 교재 교구를 재배치하여 내가 주인인 교실이 되도록 한다. 기존의 교사가 사용했던 그대로 영역 구성을 유지하고 물건도 배치된 그대로 사용한다면 내 교실에 대한 애착이 덜 생기고 교실 구석구석에 무엇이 있는지 파악도 어렵게 된다. 교실 안에 있는 작은 것도 어느 곳에 있는지 파악하여 시기 적절하게 사용할 수 있도록 하자.

새롭게 영역 구성 및 유아들을 맞이할 준비를 하려면 필요한 것이 무엇인지, 만들어야 할 것이 무엇인지에 대한 목록이 나오게 된다. 이때 필요한 것과 만들어야 할 것에 대한 목록이 나온 후 구매해야 할 것에 대한 자료가 나오게 되므로 위에 제시된 자료실 파악이 1차적으로 되어 있어야 한다.

한 번 정도 탐정놀이를 해서는 물품을 다 기억할 수 없으므로 몇 번에 걸쳐 파악하도록 한다. 원에서 물건을 정리하는 업무가 주어진다면 주도적으로 정리하여 새롭게 정리하면서 위치가 변화되는 물품을 잘 기억하도록 하여 필요 시에 적절하게 사용할 수 있도록 하자.

정리되는 모든 물품마다 상자나 바구니, 정리대에 목록을 기록해 둠으로써 찾기 쉽게 정리하는 선업무도 중요하다 하겠다.

아이들을 맞이하기 위한 준비 1. 영역 구성

신임교사가 되어 가장 가슴 벅차고 기분이 좋을 때가 바로 교실 배정을 받을 때와 내 아이들이 생기는 때이다. 물론 큰 부담감도 있지만 정담임이 되는 순간의 기쁨은 뭐라고 표현할 수 없다. 이제까지 2~4년 동안 힘들게 공부하였던 것이 열매를 맺는 순간이기도 하다.

첫 출근하는 날처럼 교실을 배정받은 날은 무척이나 설레었던 것으로 기억된다. 교실 문을 열어 한참을 둘러보고 내 공간임을 다시 눈도장 찍으며 교실을 어떻게 꾸미고 가꾸어 나가야 할지를 계획하였다. 학교에서 배운 이론을 가장 처음 실무에 적용하는 때였다.

Frost의 영역 구성의 원리를 떠올리며 영역을 구분지어 보려고 이쪽저쪽으로 교구장을 옮겨보고 책상을 옮겨보며, 이론처럼 왜 되지 않는지 철학자처럼 깊은 고민에 빠져들기도 한 시기이다. 처음으로 이론을 실무에 적용하는 때이기도 하지만 처음으로 이론과 실무는 같을 수 없음을 깨닫기도 하는 때이기도 하다. 이상적인 이론을 현장에 그대로 적용할 수 있으면 좋겠지만 영역 구성은 다양한 변인에 의하여서 달라진다. 영역 구성을 하다가 이론과 실제가 같지 않게 되면 능력 부족인 것 같기도 하고, 빠른 길을 선택해 보기 위해 선배에게 도움을 청해 보기도 하고, 슬쩍 다른 교실의 영역 구성을 보며 나의 교실에 그대로 재현해 보기도 한다.

영역을 구성할 때 Frost의 영역 구성의 원리에 따른 구성이 어려운 이유는 주출입문의 방향, 출입문의 개수, 창문의 크기 · 개수 · 방향, 싱크대의 유 · 무, 햇빛의 들어오는 방향, 전기 콘센트의 위치 등이 각 유아교육기관과 교실마다 다르기 때문에 Frost의 영역 구성의 원리에 맞게 완벽하게 구성하는 것은 거의 불가능하다. 더욱이 각 교실마다의 공간 크기도 다르지 않은가? 또한 연령마다 영역 구성이 달라야 하지 않는가?

교실 영역 구성의 중요도는 크며, 그 구성에 따라 유아들에게 있어 놀이의 활성화 및 적절성이 크게 좌우되므로 신임교사의 교실 업무 중 영역 구성은 무척 중요하고 우선되어야 함은 틀림없다. 교실 영역 구성의 업무가 어렵다고 교실에 적합한 영역 구성을 위한 노력을 하지 않는다면 경력교사가 되어서도 새로운 교실을 배정받아 교실 영역 구성의 어려움은 늘 갖게 되므로 Frost의 영역 구성의 원리에 따라 내 교실에 제일 적합한 모델링을 찾아 구성하도록 하자.

새 학기의 영역 구성과 유아들이 익숙해질 때의 영역 구성은 변화되어 달라져야 하므로 추후 새 학기가 지나 유아들이 익숙해지면 주제에 따라 새롭게 부분적으로 영역의 변화를 가져보도록 하자.

교실은 담임교사에 의해 유아들이 놀이할 거리가 많은 환경이 되기도 하고 또 반대가 되기도 한다.

Frost의 영역 구성 원리에 따라 영역 구성이 된 후에는 교사의 아이디어에 따라 각각의 교실은 독특한 색깔을 가진 교실이 된다. 어느 교실이든지 자신의 색이 보이지 않는 교실이나 같은 느낌의 교실이 되지 않도록 하는 노력이 필요하다.

언어 영역

읽기(도서 영역)

쓰기

언어 영역은 듣기, 말하기, 읽기, 쓰기가 통합적으로 이루어지도록 영역 구성을 하는 것이 바람직하다. 교실 공간이 적은 규모일 때는 듣기, 말하기, 읽기, 쓰기가 통합적인 환경으로 언어 영역을 세분화시키면서 제공하기 어려울 수 있다. 배정받은 교실의 여건에 맞도록 융통성있게 구성하도록 한다.

유아들은 은밀하면서도 쉴 수 있는 공간을 좋아하므로 책을 읽는 공간은 안락한 분위기로 마련해 주도록 한다.

언어 교구를 이용하여 놀이

주제 관련 언어카드를 활용한 쓰기 활동

언어함-그림카드

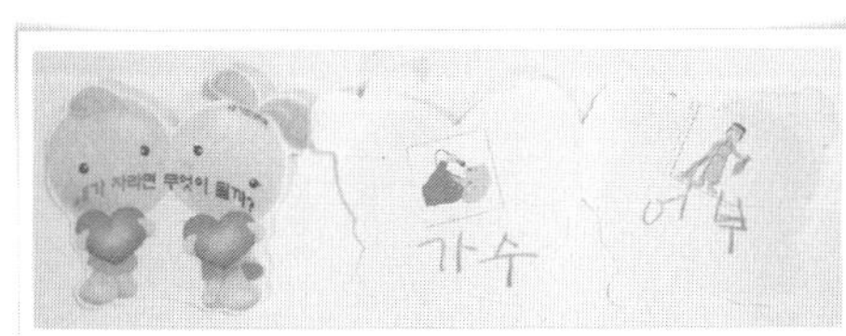

언어함의 그림카드를 활용한 활동 자료

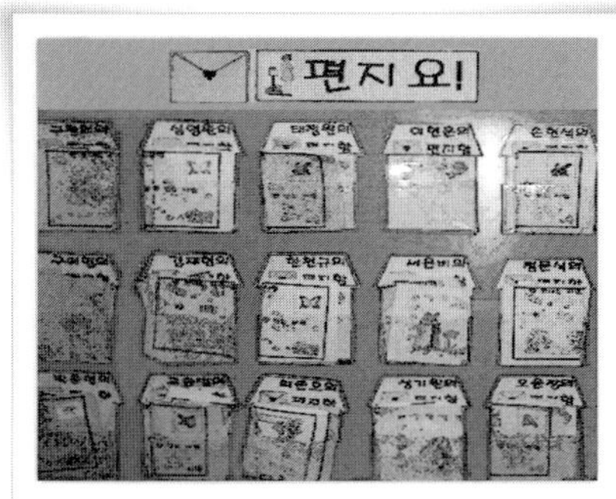

편지함

언어함

언어함 - 그림카드

언어함-그림카드는 주제에 맞는 그림을 준비하여 자신이 관심 있는 그림을 선택하고 그림을 이용한 낱말 쓰기, 짧은 글짓기, 끝말잇기 등을 할 수 있다. 유아들이 스스로 관심이 있는 것을 선택할 수 있도록 하는 것이 중요하다.

언어함 - 언어 활동 자료

언어함의 그림카드를 이용하여 끝말잇기, 짧은 글짓기, 거미글자 사냥 등의 다양한 언어 활동을 제시한다.

언어함과 편지함

언어함과 편지함은 하나로 두 가지 활동으로 사용될 수 있다. 친구 사귀기가 시작이 될 무렵부터 친구에게 편지놀이를 하다가 유아들이 편지 쓰는 활동이 수그러들면 주제에 맞는 언어 활동을 할 수 있도록 언어함놀이로 전환하여도 좋다. 언어함과 편지함을 별도로 만들어 활동이 동시에 이루어지도록 할 수도 있다.

쓰기 영역

쓰기 영역의 책 만들기 도구

쓰기 영역에는 유아들이 책을 자유롭게 만들 수 있는 도구를 준비한다. 도구로는 스테플러, 펀치, 끈, 링 등이 필요하며, 주제에 관련된 책 또는 주제와 무관한 책, 주제와 관련된 모양책, 작은 책 등을 자유롭게 만들 수 있다. 교실에 자유롭게 주제를 정하여 책을 펴내는 출판의 기회를 가져보는 경험은 중요하므로 교실에는 반드시 출판할 수 있는 작은 출판사를 만들도록 한다. 언어 영역에서의 쓰기 코너가 작은 출판사의 역할을 할 수 있으며 언제든지 원하는 순간에 출판의 기회를 가지도록 하자.

유아들이 만든 책을 모빌로 전시

유아들이 만든 책을 모빌로 전시

유아들이 만든 책을 모빌로 전시

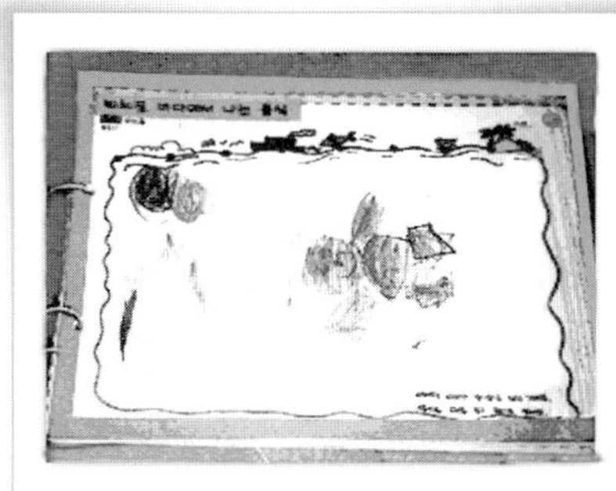

유아들이 활동한
활동 결과물을 책으로 묶어 도서 영역에 제시

언어 영역에서 쓰기 활동이 주로 이루어지는 영역을 별로로 구성한 경우이다. 만 5세 유아인 경우에는 쓰기에 대한 흥미와 욕구가 많고 출판에 대한 관심이 많으므로 별도의 공간을 만들어 준다. 유아들이 만든 책을 모빌로 전시하여 둠으로써 출판에 대한 흥미를 불러일으킬 수 있으며 새로운 책이 만들어지면 모빌에서 책꽂이 장으로 옮겨 놓아 친구가 만든 책을 지속적으로 관심을 가지고 읽을 수 있도록 한다. 유아들이 만든 책이 책꽂이 장에 게시되면 출판사에서 만든 책만 있을 때보다도 유아들이 문자에 노출되는 경우가 더 많았다.

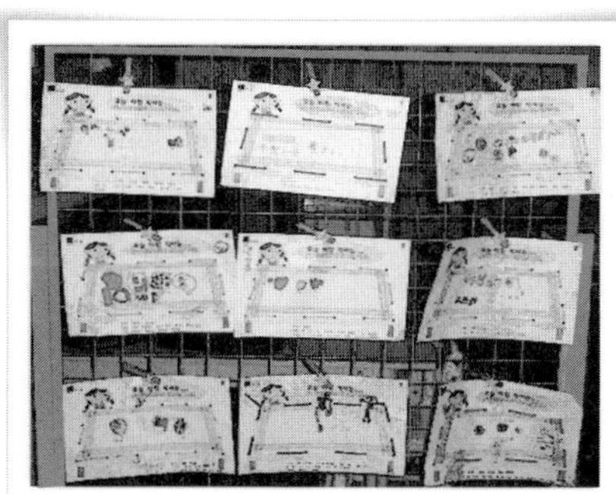

철망을 이용한 전시

언어 영역의 전시 - 집게로 끈에 걸기

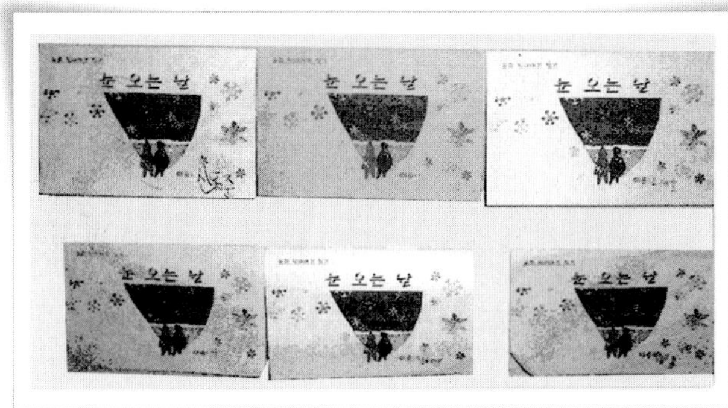

언어 영역의 전시-책을 반으로 접어 끈에 걸기

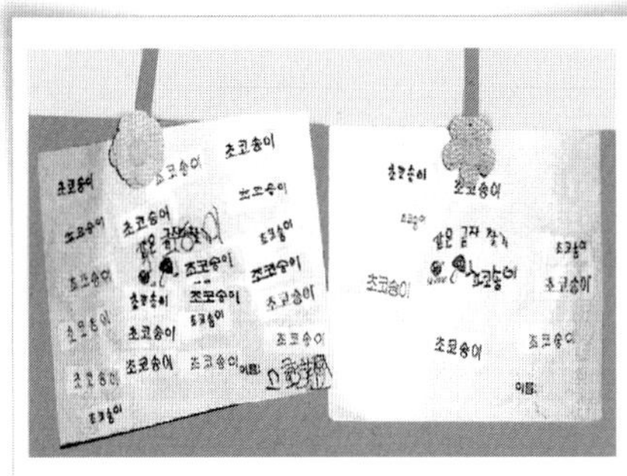

고정된 집게에 꽂아 전시

창문 전시

그 외에 위에 제시된 예처럼 언어 영역에서 나온 결과물을 그때그때마다 유아들이 스스로 전시할 수 있는 공간을 마련하도록 한다.

쓰기 도구 모음통은 연필, 사인펜, 색연필, 지우개 등의 통을 하나씩 책상 위에 올려놓았을 경우에 유아들이 활용할 공간이 적어지는 것을 보완하기 위한 것으로 쓰기 도구들이 책상에 차지하는 공간의 범위를 줄일 수 있다.

활동지함은 투명 코팅지로 겉을 막아 유아들이 어떤 활동이 있는지 알 수 있도록 하였고, 교구장이 부족할 경우 벽면이나 교구장 뒤쪽에 부착함으로써 공간 활용을 하여 제시하게 된다.

쓰기 도구 모음통

활동지함

수학 영역

그룹 게임 자료

현장에서 수학 영역의 교구장을 살펴보면 많은 부분이 게임판 · 주사위 · 말 · 카드로 구성되어 있는 게임 자료가 대부분이다. 그룹 게임이 유아들에게 흥미를 유발하며 수의 교육 내용을 학습시켜줄 수 있는 좋은 방법이기는 하나 다양한 수학 활동 자료를 준비하여 유아들이 직접 조작하며 탐색하고 놀이할 수 있는 기회를 주는 것이 바람직하다.

일정한 규칙으로 반복되어 있는 패턴 자료, 분류할 수 있는 활동 자료, 일대일 대응

할 자료, 공간과 기하 활동 자료, 측정 활동 자료, 패턴 활동 자료 등을 준비하여 다양한 수학 교육 활동이 이루어지도록 한다.

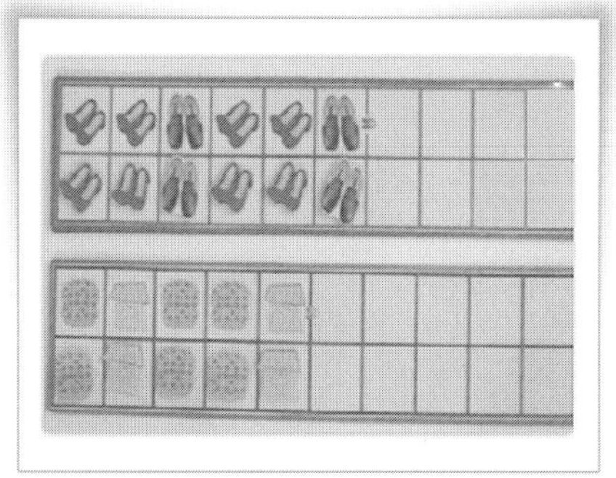

패턴 자료

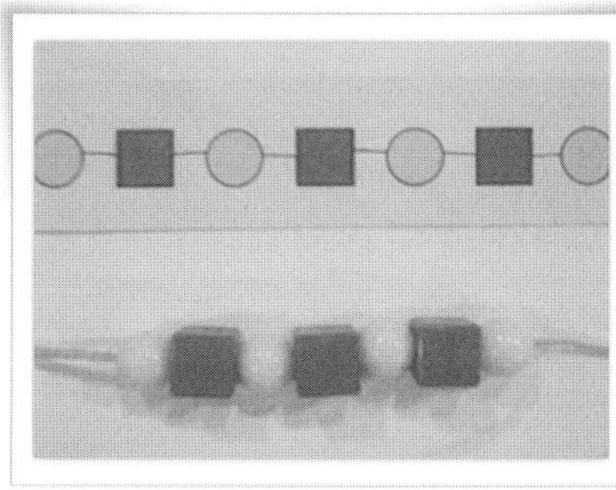

패턴 자료

패턴이란 일정한 규칙이 반복되어 나타나는 것을 말한다. 패턴 활동은 반복되는 규칙으로 제작된 교구로 제시되는 활동으로 주로 이루어지는데 패턴에 대한 개념 이해가 이루어진 후에 유아들이 다양한 패턴을 직접 구성하고 창안해 보는 과정이 필요하다. 또한 주변에서 패턴이 활용된 것을 찾아보고 탐색하며 진행되는 것이 유아들에게 패턴을 이해시키기가 쉽다.

패턴에 대한 활동은 1) 변화 없는 패턴(ABABABAB), 2) 변화 하나를 가진 패턴(ABABAB, BABABA), 3) 한 번 두 번 또는 두 번 한 번 패턴(AABAABAAB, BBABBABBA)의 순서로 진행하는 것이 바람직하다. 즉, 기본 패턴을 모방하고 반복시켜 패턴을 예측해 보게 한 후 기본 패턴을 변형시키며 여러 가지 방법으로 패턴을 확장, 전개시킨다. 또한 유아가 구성한 패턴을 관찰하고 패턴의 준거를 말로 표현해 보게 하며 수를 포함한 패턴으로 전개하는 것이 바람직하다.

패턴의 기본적인 단계부터 점차 변형, 확장하는 단계로 활동이 이루어진 후 패턴을 창안하게 될 경우에는 유아들이 창의적으로 다양하게 아이디어를 낼 수 있다.

분류할 수 있는 자료

분류할 수 있는 그릇, 물건 또는 그림을 준비하여 유아들이 다양한 방법으로 분류할 수 있는 기회를 가지도록 한다. 유아들이 분류할 수 있는 물건으로는 자연물, 주변에서 볼 수 있는 친근한 물건을 제시하여 유아들이 기준을 스스로 정하여 분류할 수 있도록 하며, 단순한 분류에서 복잡한 분류로 난이도를 정할 수 있다. 새 학기에는 단순 분류로 한 가지 기준에 의해 분류할 수 있도록 한다.

분류할 수 있는 그릇으로는 종이컵, 요구르트통 같은 폐품을 활용하거나 칸이 나누어진 그릇류를 활용하거나 바구니, 색이 다른 밑판을 활용할 수 있다.

분류할 자료는 교사(열쇠, 동전, 나사, 못)에 의해, 가정(단추, 병뚜껑)의 도움을 받아, 산책을 통해 주어 온 자료(낙엽, 돌, 나뭇가지, 열매, 조개껍데기) 등 다양한 방법으로 구할 수 있으므로 특별히 구매하지 않아도 된다. 또한 새 학기에 분류 활동을 할 품목을 정하여 가정에서 도움을 받을 수 있는 자료는 가정통신을 통해 자료를 모으는 것도 좋은 방법이다.

도형

도형

도형

도형

유아들에게 가장 친근한 것은 모양이다. 만 3세 유아들도 동그라미, 세모, 네모를 기본적으로 알고 있다. 유아들에게 평면도형, 입체도형 자료를 제시하여 관련성을 찾고 주변에서 도형이 활용되는 것에 관심을 가질 수 있도록 하며, 연령이 높은 유아들에게는 점차적으로 입체도형 도면을 이용하여 입체도형을 상자로 만들어 모빌로 장식하거나, 실생활에서 사용되는 보관 상자나 선물 상자로 활용하는 활동으로 할 수 있다.

또한 모양 활동 구성 자료를 제시하여 유아들이 창의적으로 모양을 활용한 구성놀이를 하도록 제시해 주도록 한다. 초기에는 모양종이를 교사가 오려서 제시해 준다면 점차적으로 '원' 을 제시한다 하여도 '원' 을 반으로 자르거나 1/2, 1/3, 1/4 등 원하는 크기로 잘라 모양 구성놀이를 즐기며 더욱 다양하고 창의적인 활동으로 발전할 수 있도록 변화를 준다.

길이

길이

유아들에게 있어 측정 활동은 유아들이 직접적인 측정 활동을 할 때, 실생활과 관련된 측정일 때 유아들은 쉽게 이해를 한다. 또한 측정 도구 자료 및 측정하여야 할 자료들을 제시하여 유아들이 충분히 자유 탐색을 한 후에 다양한 방법으로 측정할 수 있는 기회를 가지는 것이 바람직하다. 측정의 활동에는 무게, 부피, 길이에 대한 측정이 있으며 무게, 부피, 길이마다 접근하는 방법 및 제시 자료가 다르므로 새 학기부터 점차적으로 제시할 필요가 있다.

길이를 측정하는 자료를 제시할 때에는 처음에는 비표준화된 자료를 이용한 길이 재기를 하여야 한다. 교실에서 쉽게 사용할 수 있는 길이를 재는 도구로 끈, 색연필, 사인펜, 연필, 블록 등 길쭉한 물건은 길이를 측정하는 비표준화된 방법의 자료로 사용되어질 수 있다. 점차적으로 표준화된 자(줄자, 자, 곡자, 굴렁쇠자, T자 등)의 필요성을 느끼게 되며, 이때 다양한 자의 종류를 제시하여 줌으로써 상황 및 필요에 따른 다양한 방법으로 길이를 측정하는 활동을 할 수 있도록 한다.

무게

무게

가장 확연하게 무게를 비교할 수 있는 도구로는 양팔저울이다. 유아들이 무게를 측정할 수 있는 물건으로 양팔저울을 이용하여 무게 측정을 해보고 무겁고 가벼운 물건을 자유롭게 탐색할 기회를 갖도록 하며 점차 무게를 측정하는 다양한 도구를 제시하여 준다.

부피

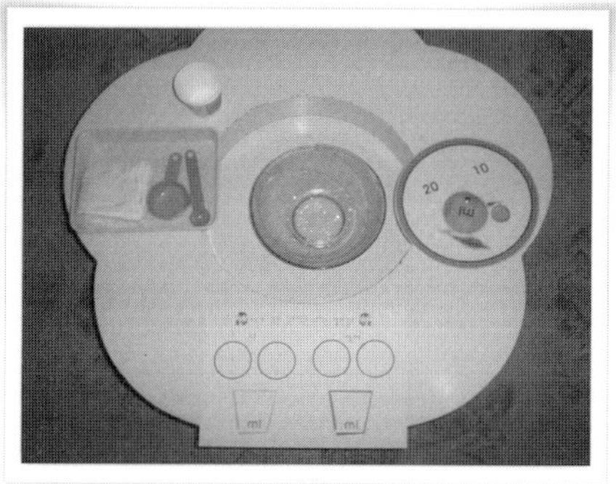

부피

부피 측정이라 하면 유아들에게 어려운 활용이라 생각할 수 있는데 유아 주변에는 부피를 이용한 물건을 아주 많다. 유아들이 자주 먹는 요구르트병, 우유팩, 주스병에도 부피의 단위가 기록되어 있다. 요구르트병, 우유팩, 주스병과 같이 유아에게 친근한 부피가 있는 물건을 준비하여 측정놀이를 할 수 있도록 한다.

분수 교구-호떡 나누기

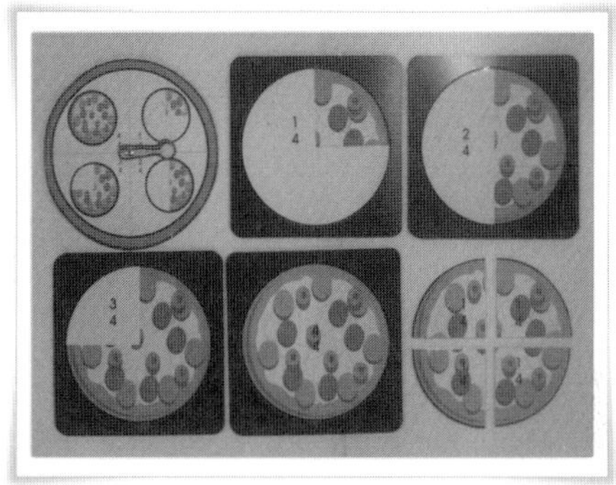

분수 교구

분수 활동은 유아들이 생활 속에 나누는 경험을 할 수 있도록 하는 것이 좋으며 간식 시간 또는 요리 활동에서 공평하게 나누는 경험을 하도록 한다.

분수 교구인 호떡 나누기와 같이 분수 교구 놀이에 실제 호떡을 제시하여 놀이한 후 간식으로 분수 게임의 결과대로 먹을 수 있게 한다면 유아들은 놀이를 통해 나누는 경험을 하게 되며 동시에 분수의 개념을 알 수 있게 된다.

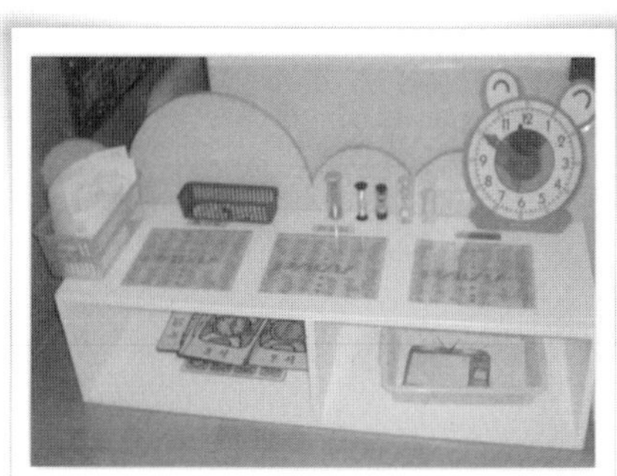

시간-다양한 시계 및 시간 알기 활동 제시

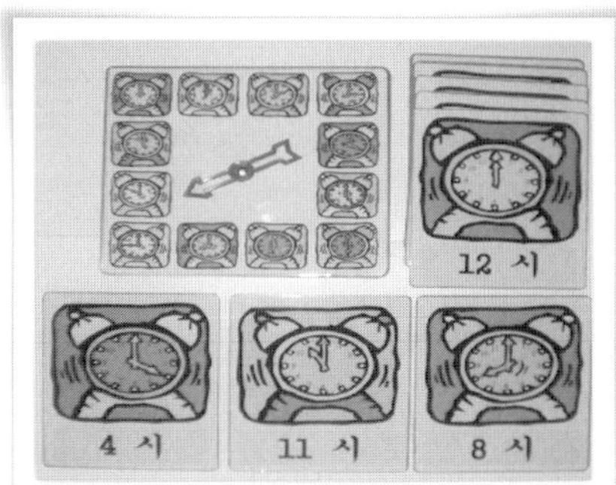

시간 알기 교구

시간의 개념은 일상생활 속에서 일과의 순서, 하루의 일과 흐름, 이야기의 순서를 통해서 형성되기도 하고, 시계를 보고 시간을 읽는 활동을 구체적으로 경험하고 활동할 수도 있다. 자연스러운 일과 흐름에서 시간 개념을 접근하도록 하는 것이 유아 발달에 적합하지만 구체적으로 유아들이 좋아하는 텔레비전 프로그램과 같은 구체적인 활동을 제시함으로써 유아들이 흥미를 가지고 시간 개념을 습득할 수 있도록 도움을 줄 수도 있다. 고장난 시계, 다양한 종류의 시계를 전시를 하여 시간에 대한 관심을 가지도록 하며, 시간카드, 시계 모형 등을 제시하도록 한다.

그래프 활동은 주제별로 유아들의 기호도를 조사하는 활동을 통해 쉽게 전개할 수 있으며 실물 그래프, 기호 그래프, 상징 그래프의 방법을 시기에 따라 연령에 따라 적절하게 선택하여 활동할 수 있다. 학기 초 또는 연령이 어릴수록 실물 그래프를 활용하여 그래프 활동을 전개하도록 한다.

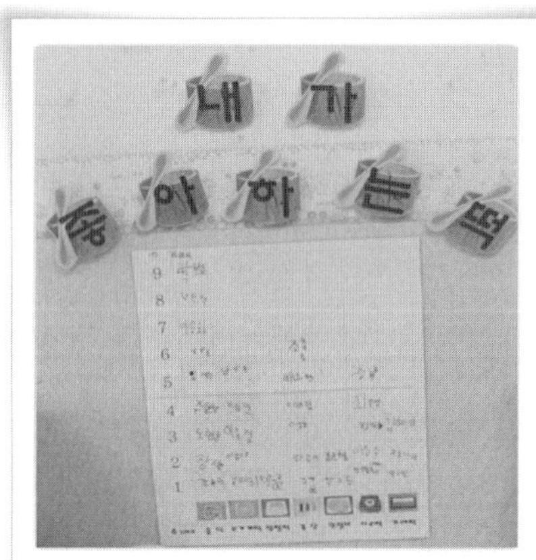

그래프 활동

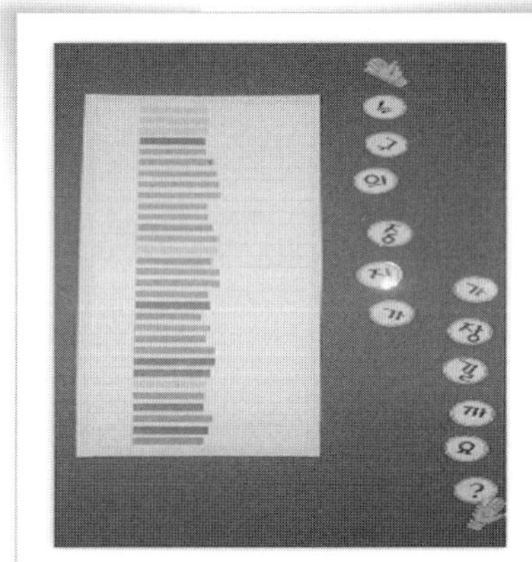
그래프 활동

그래프 활동

그래프 활동

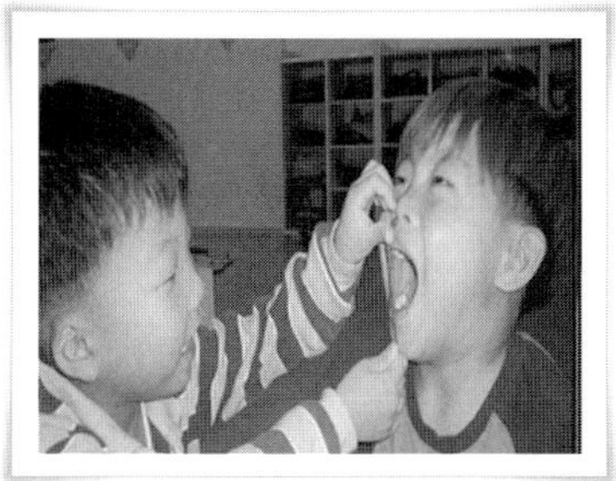

그래프 활동

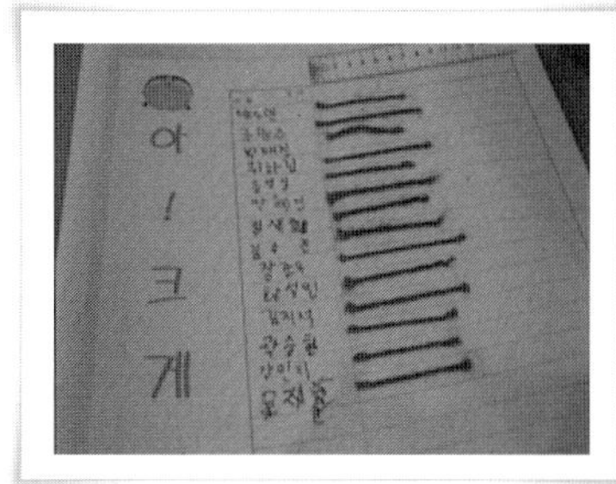

그래프 활동

과학 영역

동물 기르기

식물 기르기

동물을 기르기 위한 도우미

거북이 먹이주기

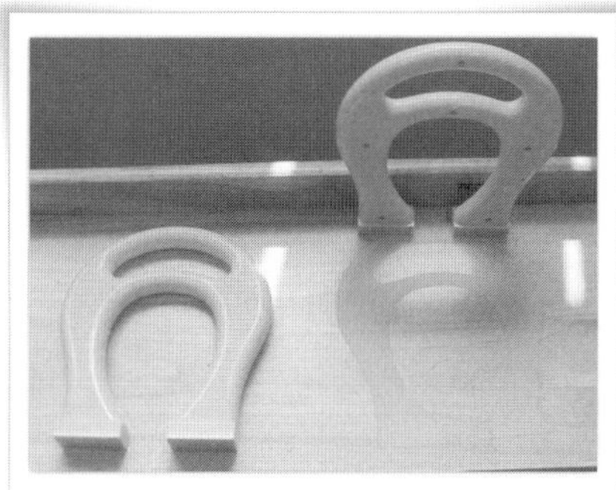

물건 모양을 본 떠서 정리한 표시

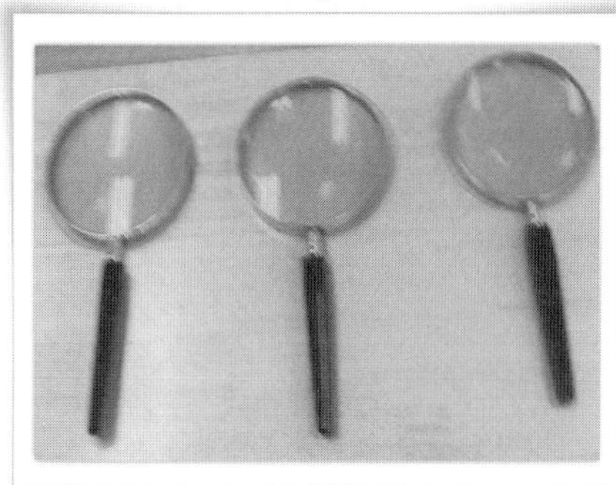

물건 모양을 본 떠서 정리한 표시

과학 영역에는 유아들에게 물리학으로서의 과학 활동, 화학으로서의 과학 활동, 생물학으로서의 과학 활동을 다양하게 경험할 수 있도록 준비한다. 특히 유아교육 시기에는 유아들에게는 생명을 통해 자연의 소중함과 생명의 존귀함을 자연스럽게 느끼고 배울 수 있는 환경을 제공하여야 하므로 교실 내에 식물, 동물을 가져다 놓아 유아들이 직접 기르는 과정을 포함하도록 하고 관찰하며 세심한 눈을 기르도록 한다.

동물 또는 식물을 키우는 역할에 유아들을 참여시키는 방법으로 유아들에게 도우미 역할을 줄 수 있으며, 골고루 역할을 맡을 수 있도록 배정하여 주는 것도 좋다.

조형 영역

조형 영역 교구장

조형 영역 교구장

입체 조형 - 다양한 재료

투명 용기에 담긴 자료

조형 영역에는 유아들이 쉽게 꺼내어 사용할 수 있는 다양한 재료가 배치되도록 한다. 어떤 재료들이 배치되었는지 유아들이 쉽게 알 수 있도록 투명한 용기에 담아 두거나 플라스틱 바구니에 종류별로 담아 어떤 재료가 담겨 있는지 라벨링 표시를 하도록 한다.

'다 했어요' 바구니와 '더 해야 돼요' 바구니의 제시는 유아들이 완성한 작품과 완성하지 못한 작품을 분류하여 정리할 수 있도록 한 것이다. '다 했어요' 바구니가 있음으로 인해 유아들이 다양한 아이디어와 노력으로 완성한 작품에 대해 교사들이 존중하고 귀 기울여 듣지 않는 일이 발생되지 않도록 한다. '다 했어요' 바구니는 유아

'다 했어요' 바구니

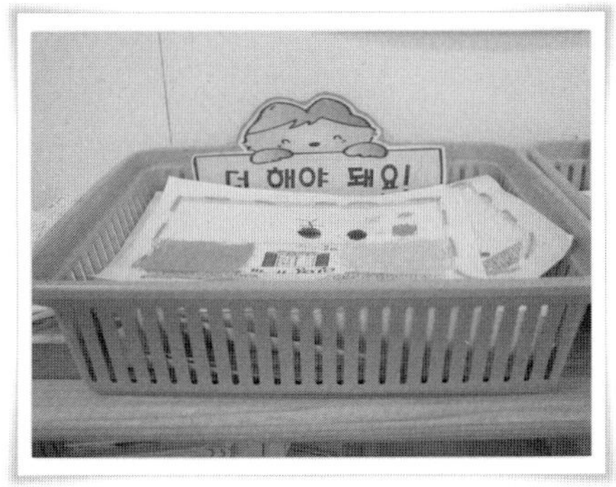

'더 해야 돼요' 바구니

들이 작품을 완성한 후 바로 담아두는 바구니가 아니라 작품을 완성한 후 교사가 유아와 상호작용을 하여 유아의 이야기를 기록하는 과정을 거쳐 작품을 담을 때 필요한 바구니임을 명심하도록 한다. '다 했어요' 바구니와 '더 해야 돼요' 바구니의 제시는 유아들이 완성한 작품과 완성하지 못한 작품을 분류하여 정리할 수 있도록 한 것이다.

유아들이 조형 활동을 하다가 자유선택활동 시간 내에 완성하지 못할 경우에 담아놓는 '더 해야 돼요' 바구니 속의 담겨진 자료는 다음 날 유아들이 연이어 활동을 마무리할 수 있도록 하여 시작한 활동에 끝맺음하는 습관을 길들이도록 한다.

명화 감상

명화 감상의 명화 제시

명화 감상 영역은 우리나라 및 세계 여러 나라의 다양한 작품을 주제에 맞게 제시하여 유아들이 감상할 수 있다. 또한 명화와 관련된 교구를 제시하여 놀이함으로써 명화 속 그림을 자세히 탐색 관찰할 수 있는 기회를 가지게 되며 명화에 더 많은 흥미와 관심을 가지게 된다. 명화와 관련된 활동으로 확장한 작품을 게시할 때에는 명화 옆에 함께 게시함으로써 원작과 유아들이 그린 작품에 대해 느낌을 비교하며 감상할 수 있다.

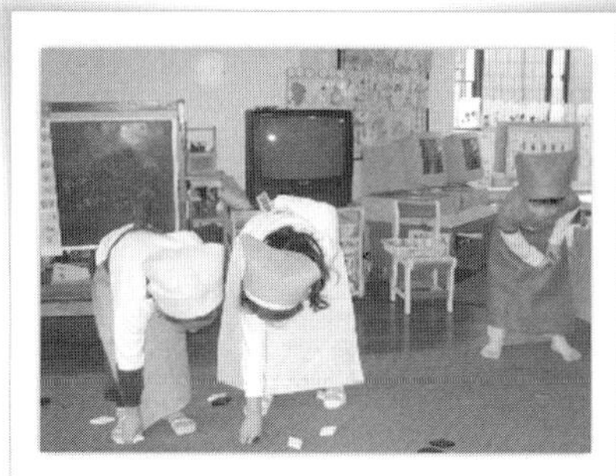

명화 따라하기-소품을 활용

명화 감상-OHP 환등기 활용 '명화 속으로 들어가요'

명화 따라하기 '피카소의 바닷가를 뛰어가는 두 여인'

명화 관련 새롭게 구성되는 인물화

명화 감상의 방법은 다양하여야 하며 작품의 성격에 따라 다양성을 선택할 수 있다. 명화 감상은 조용히 눈으로 감상하는 감상법보다는 유아들이 즐기며 명화를 감상할 수 있는 방법으로 전개하도록 한다. 명화와 관련된 소품을 준비하거나 유아들이 들어갈 크기의 액자틀을 제시하여 줌으로써 명화 속의 등장인물을 따라 몸으로 표현해 볼 수도 있으며 이때 필요한 배경 그림은 유아들의 협력하여 만들어 제시되거나 교사에 의해 제시되어도 무방하다. 또한 명화를 컬러 OHP 필름에 출력한 후 OHP 환등기로 명화를 벽면에 크게 비치도록 하여 활동한다. OHP 환등기로 비쳐지는 명화 속으로 유아들이 들어가 새로운 등장인물이 명화에 덧붙여 구성되어지는 활동이 된다.

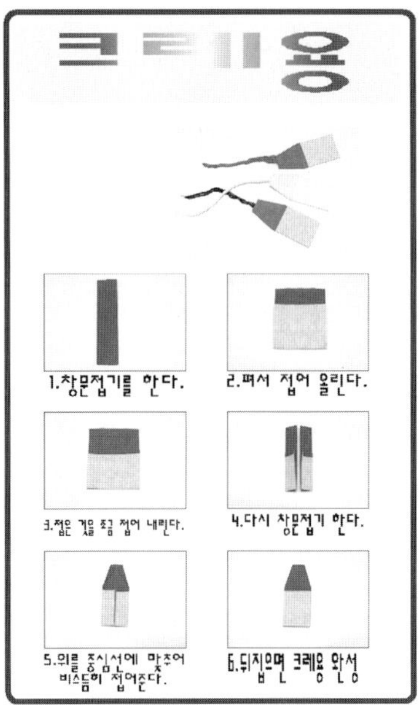

색종이 접기 자료 제시

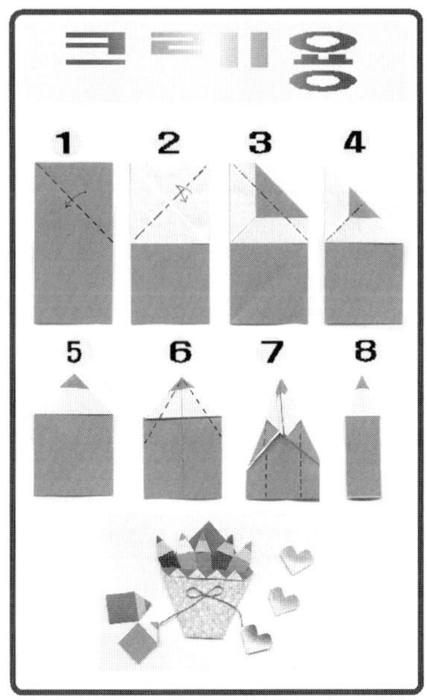

색종이 접기 자료 제시

색종이 접기는 유아들이 무척이나 흥미 있어 하는 활동으로 색종이 접는 순서를 제시함으로써 스스로 색종이 접기를 할 수 있다. 색종이 접기 책이 시중에 많이 나와 있으므로 색종이 접기에 관련된 책을 영역에 놓아 주제와 상관없이 스스로 접고 싶은

색종이 접기

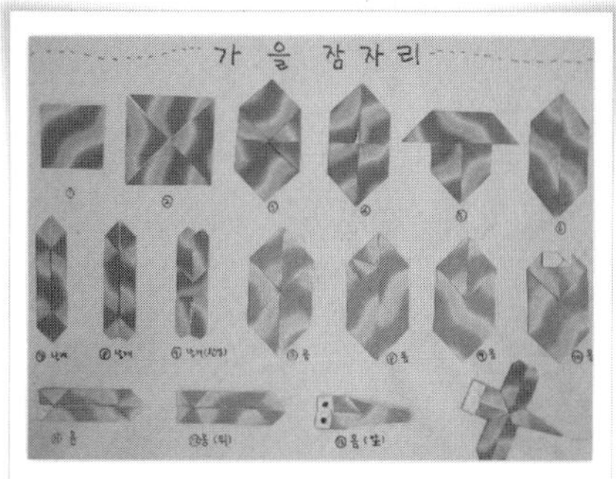

색종이 접기 순서판

것을 골라 색종이 접기를 할 수 있으며, 주제에 맞는 색종이 접기 활동을 제시하여 주제 활동을 지원해 주는 방법도 좋다.

인터넷 사이트를 검색하여 색종이 접기 순서표를 컴퓨터로 출력하여 제시할 수도 있으며, 작은 색종이로 색종이 접기 과정을 일일이 접어 제시함으로써 유아들이 색종이 접기 방법을 모를 때 접는 과정을 되짚어가며 접을 수 있도록 하는 방법도 있다.

색종이 접기 영역에 제시되는 접을 수 있는 자료로 대부분 큰 색종이와 색종이 접기용으로 판매되는 작은 색종이를 많이 활용하는데 잡지나 사용했던 포장지를 잘라 접기 활동 자료로 제공하여 주도록 한다. 또한 색종이 접기 자료로 판매되는 자료의 크기는 2가지로 제한되어 있으므로 다양한 크기로 잘라 제공하도록 한다.

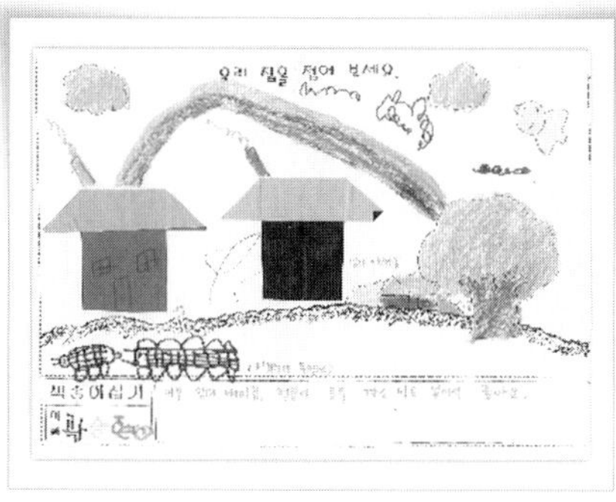

색종이 접기를 활용한 사례

색종이 접기를 활용한 사례

접기 활동 자료를 담는 함을 별도로 제작하여 크기에 따라 분류하여 제시하면 크기에 따른 선택이 쉬워져 유아들이 다양한 크기로 접기 활동에 활용하게 된다.

주제와 관련된 활동지를 준비하여 주거나 자유롭게 자신이 원하는 종이를 선택하여 색종이 접은 것을 활용하여 구성하여 꾸밀 수 있도록 한다.

점토 작품 전시

점토 영역

주제에 맞는 점토판

점토 작품 전시

점토 작품 전시

주제에 맞는 점토 활동

주제에 맞는 점토 활동

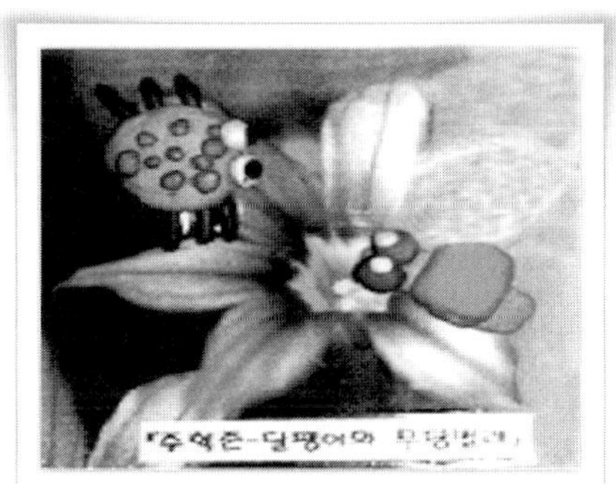

주제에 맞는 점토 활동

주제에 맞는 점토 활동

점토는 유아들이 무척 좋아하는 매체로 물렁거리는 촉감을 즐길 수 있으며, 점토로 조형물을 만들 때 마음에 들지 않으면, 다시 원상태로 변화시켜 재시도하기 쉬워 유아들이 실패감 없이 활동할 수 있는 매체이다. 새 학기에는 점토를 자유롭게 탐색하고 다루는 방법을 즐기며 배운다면 이후 점차 주제에 맞는 점토 활동판을 제시하여 자유롭게 구성할 수 있도록 한다.

완성된 것은 디지털 카메라로 기록을 남기고 사용한 점토는 점토 그릇에 분류하여 담도록 한다.

점토의 종류에는 컬러 흙, 컬러 요술 점토, 테라코타(나무 찰흙) 등이 있으므로 시기, 주제, 경제면을 고려하여 점토의 종류를 선정하여 제시할 수 있도록 한다. 학기 초기에는 다양한 모양을 만들어 보고 다시 원상태로 되돌려 놓을 수 있는 점토를 준비하여 다양한 조형물을 만드는 시도와 더불어 점토의 성질을 탐색할 수 있는 기회를 갖는 것이 바람직하다. 작품으로 만들 경우 점토로 조형물을 만든 후 끓는 물에 삶아 완성하는 컬러 요술 점토를 사용하며 적절하게 선택하도록 한다.

점토틀을 사용하는 것보다 유아들이 자유롭게 구성물을 만들 수 있도록 하는 것이 바람직하며 점토 용구를 주어 적절히 점토를 다룰 수 있도록 사용법을 제시해 줄 수도 있다.

철사를 이용하여 모빌로 전시한 예

모빌로 전시한 예

선반에 전시한 예

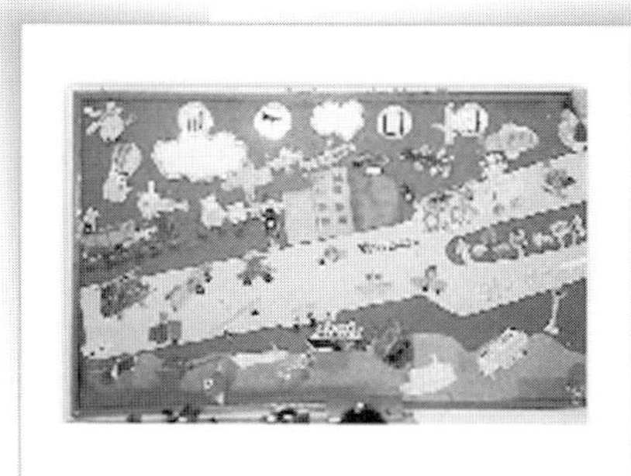

환경판 안에 게시한 예

배경틀을 만들어 게시한 예

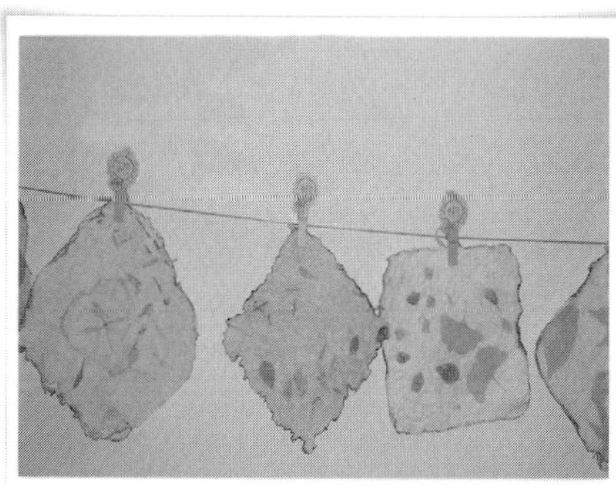

끈을 연결해 게시한 예

모빌

유아가 완성한 조형 작품을 다양한 방법으로 게시해 둔다. 유아들의 작품이 돋보일 수 있는 다양한 구도, 유아들의 작품은 새로운 작품이 나오면 바로 바로 교체하여 게시할 수 있는 공간(끈을 연결해 게시), 테마가 있는 공간(배경틀을 만들어 게시), 공간을 활용한 모빌 등 다양한 방법으로 게시한다.

쌓기 영역

쌓기 영역에서 구성놀이

모형과 블록을 이용

블록 사진을 이용한 정리 표시

사물의 테두리 밑판 정리 표시

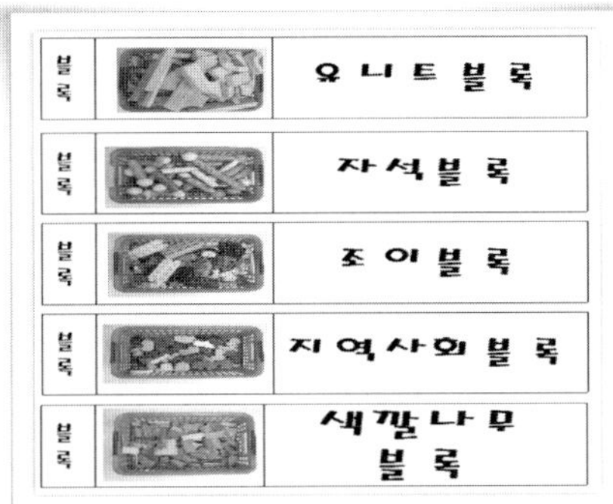

컴퓨터로 제작한 예

쌓기 영역은 다양한 블록 종류, 집 · 나무 · 사람 모형 등을 이용하여 다양한 구성 활동이 이루어지도록 한다. 자유 구성놀이를 즐기기도 하지만 주제와 관련되어 구성놀이를 즐길 수 있는 구성놀이도 제안한다.

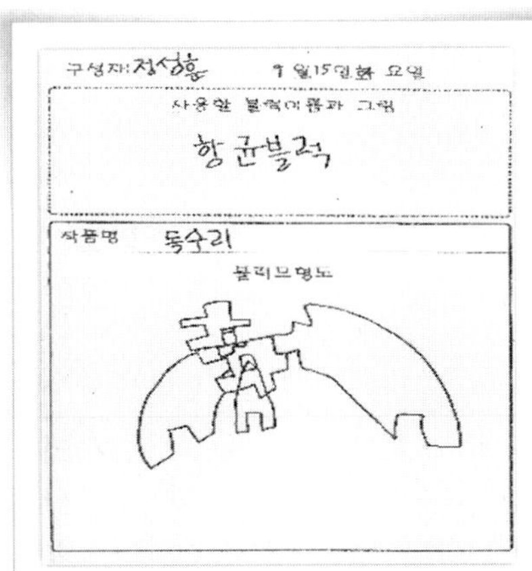

블록 구성 설계도

블록으로 구성하기 전에 구성할 것을 계획하여 설계도를 그리고 설계도에 근거하여 블록을 이용한 구성놀이를 즐길 수도 있다. 만 5세 유아에게 적합하다.

역할 영역

학기 초 역할놀이

정리 표시

역할 영역은 학기 초에는 가장 일반적인 역할 영역 환경을 제시하는 것이 좋다. 유아들 간의 관계 형성이 되어 있지 않은 상태로 색다른 역할 영역이 구성되는 것보다 누구나 많이 즐겨 놀이했던 아빠 · 엄마 놀이를 할 수 있도록 제시한다.

교구장에는 유아들이 선택하여 놀이할 수 있는 놀이 소품인 미용실놀이, 의사놀이, 가게놀이 등도 바구니에 담아 준비해 둔다.

주제에 따라 유아들이 구성한 역할 영역

주제에 따라 유아들이 구성한 역할 영역

주제에 따라 유아들이 구성한 역할 영역-봄 주제의 '화원'

주제에 따라 유아들이 구성한 역할 영역-음식 주제의 '음식점'

새 학기가 지나 유아들이 적응이 되면 진행되는 주제에 관련된 역할 영역을 구성하여 놀이할 수 있도록 한다. 주제에 관련된 역할 영역을 구성하여 놀이할 때에는 교사에 의한 구성이 아니라 유아들과 협의하며 유아들에 의해 준비되고 구성되어야 한다.

음률 영역

커튼을 이용한 음률 영역 구성

음악 감상을 할 수 있는 은밀한 공간

음률 영역에는 음악 감상을 할 수 있는 조용한 공간을 마련해 둔다. 주제에 관련된 다양한 소리, 클래식 음악, 우리나라 전통 음악, 동요 테이프를 준비하여 감상할 수 있도록 하며 유아들이 듣고 싶은 음악을 선택하여 들을 수 있도록 한다.

악기를 진열한 교구장

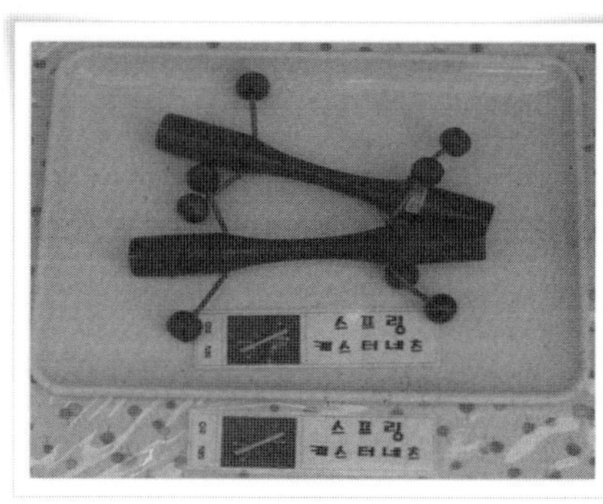

악기 라벨링

음률 영역에 다양한 악기를 제시할 수 있으나 학기 초에는 많은 수의 악기를 제시하지 않도록 한다. 정리 표시를 교구장 바닥과 바구니 또는 쟁반에 부착하여 제시하면 유아 스스로 정리할 수 있다.

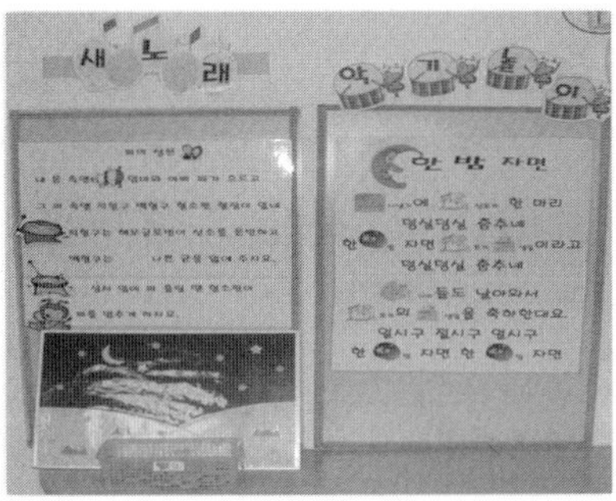

노래판 가사 및 도입 자료

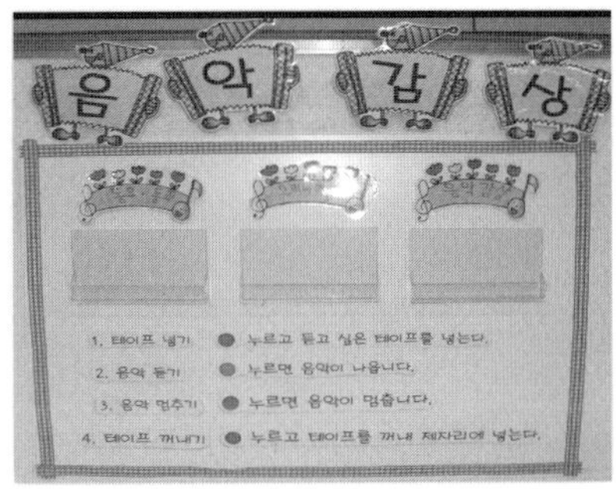

테이프 제시

대집단에서 주제에 관련된 노래 배우는 시간에 사용되었던 도입 자료(그림판과 그림카드 등), 노래 가사판을 음률 영역에 제시하여 노래를 즐기는 시간을 가질 수 있도록 한다.

새 노래를 배운 후 자유선택활동 시간에 자유롭게
악기 탐색을 하며 친구들과 악기놀이를 하는 모습

화보

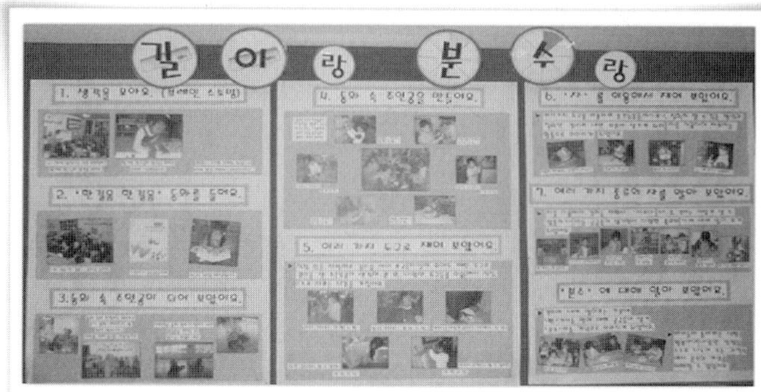

주제가 진행되어 가는 과정을 유아들이 참여한 활동을 위주로 기록하여 전시

화보는 주제에 관련된 그림 자료를 중심으로 벽면에 게시한다. 화보를 게시하는 방법으로는 주제가 시작되면서 벽면에 전시하는 방법과 주제가 전개되면서 점차적으로 게시할 수 있는 방법이 있다. 화보는 유아들에게 간접적인 경험을 줄 수 있으며 많은 정보를 알게 되는 자료가 된다.

화보

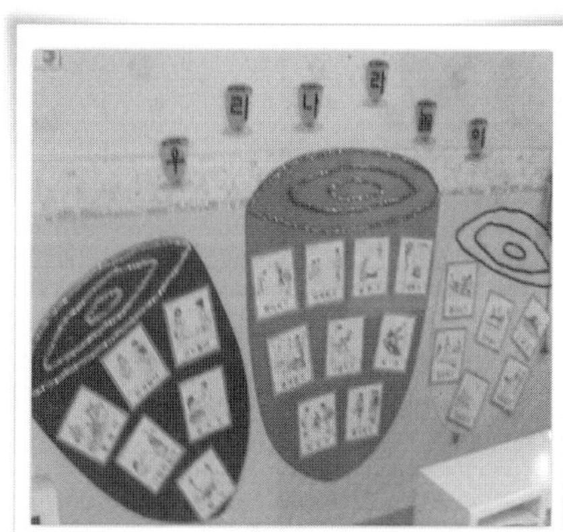

화보

화보를 게시할 때는 되도록 같은 소주제별로 게시하며 그 소주제에 맞는 제목을 만들어 붙여줌으로써 한눈에 무엇이 게시되어 있는지 제목을 보고 바로 정보를 파악할 수 있도록 한다.

위에 제시된 것과 같이 우리나라 옛날 옷에 관련된 화보는 한복 모양틀 안에 게시하고, 우리나라 놀이에 관련된 화보는 팽이 모양틀 안에 게시할 수 있다. 소주제에 관련된 모양틀에 게시를 하게 되면 유아의 시선과 흥미를 끌 수 있게 되므로 화보를 게시함으로써 얻게 되는 효과를 높일 수 있다.

주제가 끝나게 되면 사용하였던 화보는 잘 정리하여 두었다가 다음 해에 같은 주제를 진행하게 될 경우 다시 사용할 수 있도록 한다. 위에 제시된 화보 모양틀은 얇은 포맥스를 전지 크기로 구입하여 모양을 만들어 테이프로 연결하였으므로 정리할 때는 테이프로 연결한 것을 떼어 정리하여 재사용할 수 있도록 정리한다. 벽면에 게시되었던 화보를 디지털 카메라로 찍어 기록하여 활용도를 높이도록 한다.

아이들을 맞이하기 위한 준비 2. 교실 업무

교실의 영역 구성이 끝나 이제는 본격적으로 유아들을 맞이하기 위한 교실 업무를 해야 한다. 유아들을 위해 신임교사가 해야 할 일은 무엇일까?

내가 신임교사일 때가 1988년도인데 그 당시 신임교사가 유아들을 맞이하기 위해 준비해야 할 교실 업무와 현재의 교실 업무는 무엇이 어떻게 다를까? 내가 유아교육을 전공하여 대학 다닐 때는 이론서와 원서 위주의 공부를 하여 현장 실무와 연계된 수업은 그리 활성화가 되지 않았고, 신임교사가 할 업무에 대한 안내 및 생각을 해본 적이 없이 취업이 이루어져 선임교사의 하는 일을 곁눈질하며 따라하기가 바빴다. 그러하기 때문에 체계적으로 반 업무에 대해 기록하여 우선순위를 정하는 등 교실 업무를 계획성 있게 일을 하지 못했었다.

대기업에서 신입사원을 기피하고 경력사원을 선호하여 채용하는 이유가 대학에서 배운 학문과 실제 회사 업무에서 필요한 업무가 달라 신입사원을 채용한다 할지라도 회사 업무에 필요한 능력을 키우기 위해서는 3년이라는 기간이 소요되어 시간과 경제적인 손실이 크므로 차라리 경력사원을 선호한다는 신문기사를 읽은 적이 있다.

다행스럽게 대학에서는 산업체의 요구 사항에 대해 발 빠르게 움직여 산업체에서 요구되는 인재 양성에 초점을 맞추어 '주문식 교육'을 하려 노력하고 있다는 점이다.

1988년도 때의 신임교사였던 나의 경우와 지금 예비 신임교사의 상황은 많이 달라졌지만, 신임교사가 되어 교실 배정을 맡아 새 학기를 앞두고 준비하여야 할 교실 업무는 무엇인지 살펴보도록 하겠다.

아래에 제시될 새 학기를 앞둔 교실의 업무는 전체를 대표하는 것이 아님을 밝혀두며 각 원마다 해야 할 부분이 다름을 염두해 두어야 할 필요가 있겠다.

새 학기 준비를 하기 위한 시기가 일 년 중 가장 바쁘고 업무량도 많은 시기인데 신임교사들은 첫 업무이기 때문에 서툴고 자료가 있는 위치 파악도 제대로 되어 있지 않은 상태라 무척 힘든 시기이기도 하다. 선임교사의 교실은 준비되어 있고 신임교사인 나는 새롭게 준비해야 하는 상황이라 비교할 수 없을 만큼 업무가 많다.

아래에 제시된 것을 참고로 신임교사로서 입학을 앞두고 어떤 것을 준비하여야 할지 교실 업무를 도표화하여 빠짐없이 준비하도록 하자. 무엇을 언제 만들지 업무 계획을 짜서 진행하면 효율적으로 시간을 활용하고 업무를 실행할 수 있어 업무 시간을 단축할 수 있다.

표 1-1 교실 업무를 하기 전 계획을 세워 진행하기 위한 도표화 예

번호	새 학기 준비 교실 업무	완료 시기	완료 여부
1	영역 구성	2월 23일	○
2	영역 모빌	월 일	○
3	영역판	월 일	
4	교실 영역 개인 이름카드	월 일	
5	하루 일과 계획판	월 일	
6	각 영역 정리 표시	월 일	
7	날짜판	월 일	
8	생일 축하판	월 일	
9	환영하는 간단한 메시지판	월 일	
10	비어 있는 환경판	월 일	
11	출석 이름카드	월 일	
12	신발장 라벨링	월 일	
13	사물함장 라벨링	월 일	
14	교실 영역에 교재 · 교구 넣기	월 일	
15	놀이 계획함	월 일	

교실 영역 모빌

교실 영역 구성을 한 후 각 영역마다 유아들이 쉽게 어떤 영역인지 알 수 있게 영역 모빌을 만들어 천정에 매달아 둔다. 읽을 줄 모르는 유아가 많으므로 교실 영역 모빌과 영역판은 모두 영역의 성격을 나타내는 그림으로 사인을 나타내는 것이 바람직하다. 영역 모빌과 영역판의 그림은 공통된 그림으로 넣어 유아들이 혼동이 오지 않도록 한다.

새 학기에는 유아들의 적응을 돕기 위하여 교사가 미리 준비하여 두지만 유아들이 적응한 후에는 각 영역의 성격을 유아들이 찾아내어 각 영역의 특징을 사인으로 나타내 볼 수 있는 기회를 주어 유아들이 만든 영역 모빌 또는 영역 표시판을 만들 수 있다. 이때에는 유아들이 사인을 만들고 싶어하는 영역을 선정한 유아들끼리 조별로 모여 토의한 결과로 그림으로 표현하여 완성하도록 한다.

컴퓨터로 제작한 예

수작업으로 한 예

영역 모빌 대신 영역판과 영역 모빌을 함께 사용하는 방법으로 교구장 위에 삼각대를 세워놓아 영역을 표시하면서 유아들이 놀이를 할 때 이름카드를 붙이고 들어가도록 하는 방법도 있다.

영역판

영역이 구성되면 유아들은 영역을 돌아다니며 자신이 원하는 영역에 가서 유아들이 놀이를 하게 된다. 한 영역마다 수용될 수 있는 가장 이상적인 명수를 정하여 그 수만큼 유아들이 놀이할 수 있도록 제한하는 역할을 한다. 영역 모빌과 마찬가지로 유아들이 적응이 된 후에는 유아들이 만든 영역판으로 대체할 수 있다.

컴퓨터로 제작한 예

유아들이 협의하여 영역의 이미지를 사인으로 만든 예

교실 영역 개인 이름카드

컴퓨터로 제작한 예
-유아의 사진을 넣음

자유선택활동 시간에 활용되는 교실 영역 놀이를 위한 개인 이름카드는 교사에 의해 만들어질 수도 있고 유아들이 자신의 이름카드를 직접 만들 수도 있다.

유아들이 직접 이름카드를 만들 때에는 입학 전 만날 수 있는 기회(오리엔테이션 또는 학습 준비도 검사 등)가 있을 때 유아의 이름을 적도록 하거나 유아의 얼굴 그림을 그리도록 하는 사전 작업이 필요하다. 또는 새 학기에는 교사에 의해 만들어진 이름카드를 사용하다가 새 학기가 지난 후 2차로 이름카드의 제작이 필요할 경우 유아들에 의해 제작할 수 있다.

유아들의 사진을 활용하여 이름카드를 제작하는 것은 글자를 읽지 못하는 만 3세반 영아들에게 적합하며 유아의 사진과 이름을 넣은 유아들의 이름카드는 유아들에게는 가장 좋은 문해 환경이 되어 읽고 쓰기 능력을 향상시켜 주는 좋은 자료가 되기도 한다.

하루 일과 계획판

매일 아침마다 다함께 모여 인사를 나누는 시간을 가지게 된다. 교사는 유아들이 등원할 때마다 유아들을 맞이하지만 전체 모이는 시간을 통하여 등원하지 못한 유아들의 안부와 관심을 서로 표현하기도 한다. 아침 모이는 시간에 인사를 한 후 하루 일과가 어떻게 이루어지는지에 대한 안내를 하도록 한다.

하루의 일과 진행 순서를 알려주는 하루 일과 계획판은 교사에 의해 정해지기도 하지만 어느 정도 익숙해진 후에는 유아들과 협의하여 하루 일과의 순서를 부분적으로 조정할 수도 있다.

하루 일과를 계획하지 않았을 경우에는 매 활동이 끝날 때마다 다음 활동이 무엇인지 불안하기도 하고 궁금하여 교사에게 개별적으로 묻는 유아들이 많아지게 된다. 하루 일과의 순서는 대부분 반복적으로 이루어져 유아들이 안정감을 가질 수 있도록 하는 것이 바람직하며 매일 아침마다 하루 일과 계획판을 통해 하루 일과를 소개하고 시작하도록 하자.

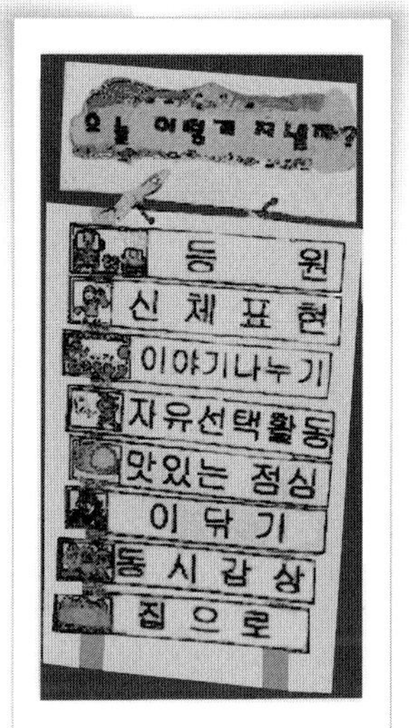

하루 일과 계획판의 예

하루 일과 계획판의 예

각 영역 정리 표시

교구가 정리된 교구장

유아들이 놀이를 하고 난 후 스스로 정리할 수 있도록 정리 표시를 한다. 각 영역마다 정리 표시를 하도록 하며, 실물 그림을 이용한 정리 표시, 영역 특징 그림을 이용한 정리 표시, 사인을 이용한 정리 표시, 사물의 테두리 밑판 정리 표시 등 다양한 방법으로 정리 표시를 할 수 있다. 사물의 테두리 밑판 정리 표시는 쌓기 영역의 적목 블록 정리 표시, 역할 영역의 그릇 정리 표시, 역할 영역의 악기 정리 표시 등에 사용된다.

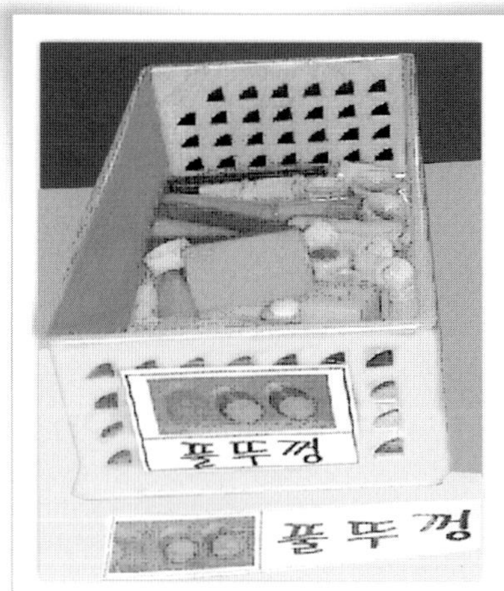

실물 그림을 이용한 정리 표시

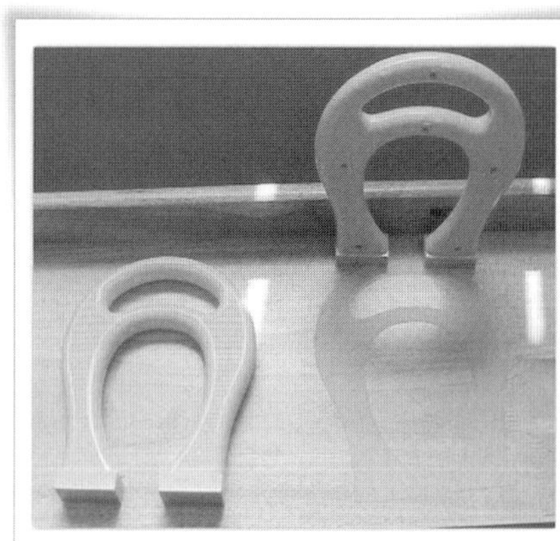
사물의 테두리 밑판 정리 표시

교구의 제목을 이용한 정리 표시

교구의 제목을 이용한 정리 표시

실물을 오려 붙인 정리 표시

정리 표시를 만들 때는 실물 사진이든, 영역 특징 그림 또는 사인을 이용하든지 그림과 언어가 함께 사용하여 정리할 수 있는 표시로만이 아니라 언어 교육도 통합적으로 이루어질 수 있도록 한다.

날짜판

매일 아침마다 다함께 모여 인사를 나누는 시간에는 유아들의 안부 인사, 하루 일과 계획뿐만 아니라 그 날의 월일요일에 대해 교육 활동이 함께 이루어진다. 월일요일 카드를 붙이는 당번을 정하여 운영하도록 할 수도 있고, 교사가 미리 그 날의 요일, 날짜에 변화를 줄 수도 있다. 달력 형태의 날짜판, 아래에 제시된 날짜판 등 다양한 방법으로 제시할 수 있으며 아래에 제시된 방법으로 날짜판을 만들 경우에는 달력을 옆에 부착하여 시간의 흐름을 이해할 수 있도록 한다.

컴퓨터로 제작한 예

수작업으로 배경꾸민 예

생일 축하판

유아들이 일 년 중 가장 기다리는 날이 자신의 생일일 것이다. 1988년도 신임교사이던 그 당시에는 생일판은 교실에 가장 기본적으로 준비하여야 할 부분으로 환경판에 커다랗게 월별 생일판을 구성하는 것이 일반적이었다. 생일 축하판은 만들어 제시할 수도 있고 달력에 표시로 제시할 수도 있다.

벽면에 작은 코너로 생일을 알리는 판

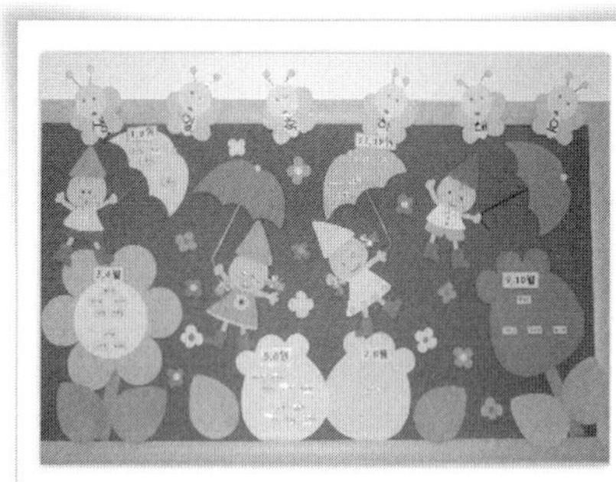

환경판으로 제시

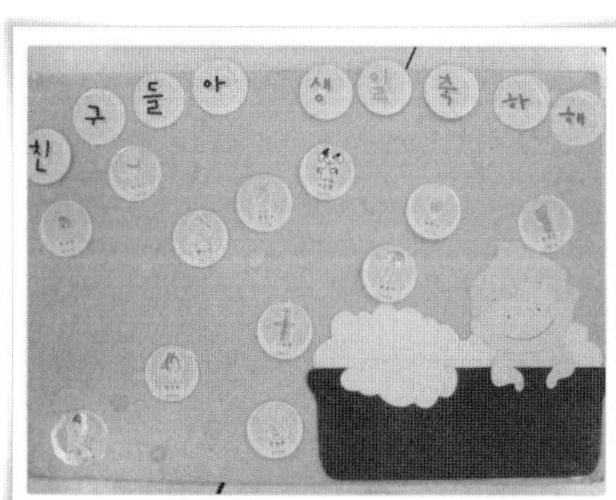

유아의 그림으로 생일 축하판을 구성한 예

환영하는 간단한 메시지판

1년 동안 생활할 교실로 들어오는 날에는 환영하는 간단한 메시지판을 만들어 환영의 분위기를 만들어 주는 것도 좋다. 유아들의 사진 또는 오리엔테이션이나 학습 준비도 검사 시간에 유아들이 그려 놓은 자화상 그리기 등을 이용하여 벽면을 자연스럽게 구성하는 것도 좋은 방법이다.

비어 있는 환경판

대부분 입학하는 날의 교실 풍경을 보면 교실 벽면을 화려하게 꾸며 놓는다. 앞에서 제시한 환영하는 간단한 메시지판 정도의 작은 크기로 축하 분위기를 만들어 주고 빈 환경판은 유아들이 구성할 공간으로 놔둔다.

비어 있는 환경판

출석 이름카드

다함께 모이는 시간을 이용하여 안부 인사, 하루의 일과 진행 순서를 알려주는 하루 일과 계획하기, 날짜판을 활용하여 그 날의 월일요일 알기 등을 할 수 있다.

다함께 모여 안부 인사를 나누는 시간에 출석카드를 이용하여 유아들이 모두 출석하였는지, 누가 결석하였는지, 결석한 유아는 어떤 일로 결석을 하였는지 관심을 가져줌으로써 유아와 교사 간에 신뢰를 갖게 되며 반 구성원 친구들에게 관심을 가지게 된다. 또한 이 시간은 우리 반 구성원이 누구인지 서로 얼굴을 익히는 시간이므로 이 시간을 통하여 친구들의 이름을 익히고 친구들의 이름을 간접적인 방법으로 문자로 익히게 되는 계기로 활용될 수 있다.

새 학기에는 유아들의 사진과 이름이 함께 있는 카드로 만들어 제시하고 익숙해진 후에는 유아들이 자신의 모습을 그림으로 그린 그림과 이름이 함께 있는 카드, 점차적으로는 이름만 있는 카드로 제시하도록 한다.

수작업으로 한 예

컴퓨터로 제작한 예

신발장 라벨링

도보로 시차적으로 등원하는 경우에는 현관 입구의 신발장 앞이 붐비는 경우가 적으나 차량으로 등원하는 유아들이 원에 도착했을 경우에는 신발장 앞이 무척 북적거

만 3세

만 4~5세

린다. 많은 유아들이 줄을 지어 신발을 실내화로 바꿔 신는 시간을 단축하기 위해서는 유아들이 쉽게 자신의 신발장을 찾아 정리하도록 하는 것도 중요하다.

신발장 정리 표시는 연령에 따라 다르게 제시될 수 있다. 만 3세 영아들이 대부분이 자신의 이름을 읽을 수 없는 경우가 대부분이고 이름을 안다할지라도 커다란 신발장에서 자신의 이름을 찾는 시간이 걸리므로 3세 영아의 신발장 라벨링으로는 자신만의 독특한 모양이나 그림 사인을 주어 빨리 찾아 정리할 수 있도록 한다. 연령에 따라 다르게 제작하여 정리할 수 있도록 하는 것이 좋겠다.

사물함장 라벨링

사물함장은 유아들이 소지품을 정리하는 곳이다. 보통 유아들의 가방과 겉옷을 정리하게 된다. 유아들이 쉽게 자신의 사물함 칸을 찾을 수 있도록 이름 라벨링을 해둔다.

컴퓨터로 제작한 예

그림 파일을 이용한 예

놀이 계획함

놀이 계획함은 유아들이 자유선택활동을 하기 전의 계획과 활동을 하고 난 후 놀이 평가를 기록하는 놀이 계획 책을 담는 함이다. 유아들이 쉽게 자신의 놀이 계획 책을 찾을 수 있도록 몇 명씩(모둠별) 분산하여 교구장 위에 놓도록 한다.

놀이 계획함에는 유아들이 자유선택활동 시 놀이 영역에 들어가기 위해 영역판에 붙이는 이름카드를 부착함으로써 유아들이 놀이하기 위해 필요한 이름카드를 갖기 위해 한 곳으로 몰림으로써 생기는 부산함과 기다리는 시간을 절약할 수 있다. 그러므로 놀이 계획함에는 놀이 계획지와 이름카드가 함께 놓여지게 된다.

놀이 계획지는 유아의 발달 정도에 따라 수준별로 준비하여 제시할 수 있도록 한다. 자유선택활동 시간에 놀이하고 싶은 영역이 무엇인지 표시하고 놀이한 후에는 놀이한 영역에 표시를 함으로써 계획과 실행에 대한 평가의 시간을 갖게 된다. 놀이를 수행하고 난 후 감정 표시를 하는 칸을 준비하여 놀이 시간 동안의 유아의 감정 상태를 알 수 있으며 만약 부정적인 감정의 표시가 되었을 경우 무슨 일로 그런 감정을 갖게 되었는지 문제의 요인에 대해 이야기를 나눔으로써 유아 간의 갈등 또는 교재, 교구의 활용에 대한 어려움에 대해 도움을 줄 수 있다.

또한 자유선택활동 시간에 함께 놀이했던 친구의 이름을 기록하도록 함으로써 유아의 친구 관계를 알 수 있으며, 현재의 유아의 사회 관계를 파악할 수 있는 중요한

놀이 계획함
- 자유선택활동 놀이 시 사용하는 유아 이름카드

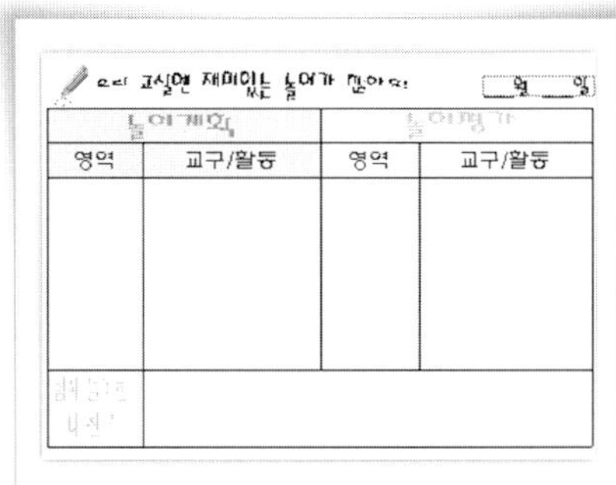

놀이 계획 책 - 만 5세

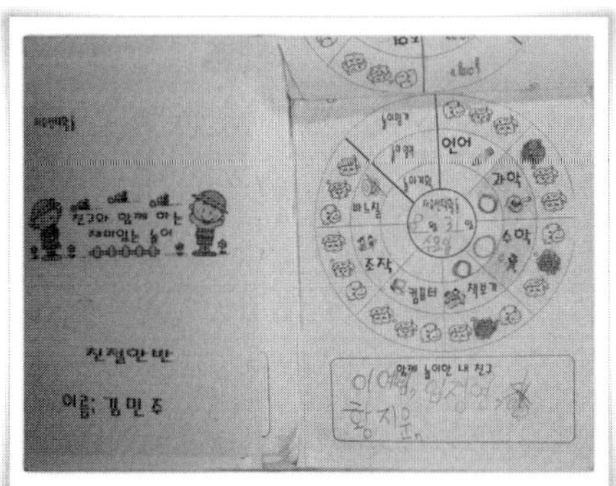

놀이 계획 책 예 - 만 4~5세

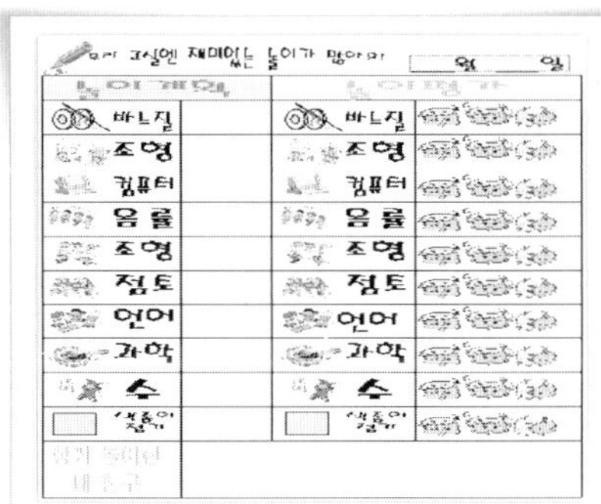

놀이 계획 책-만 4~5세

자료가 된다. 그리고 함께 모여 놀이를 하고 있어서 친구 없이 혼자 놀이를 하고 있는 유아를 구별하기 어려울 때도 있는데 '함께 놀이한 친구' 칸에 아무 이름도 기록되지 않았을 경우에는 친구 관계를 형성할 수 있는 기회를 마련해 주도록 한다.

학기 초기에는 만 4세인 경우 유아들의 이름을 잘 모르거나 이름을 쓰기가 어려우므로 유아들의 사진을 복사하여 오려 놓아 이름별로 분류함을 만들어 사진을 붙이도록 하는 것도 좋은 방법이다. 점차 친구들의 이름을 알아가고 친구의 이름에 관심을 가지고 이름 쓰기를 시도할 수 있도록 분위기를 조성한다면 유아 자신에게 의미가 있는 친구 이름부터 관심을 갖게 되어 쓰기 활동이 이루어지게 된다. 이때 친구의 이름을 쓰고 싶은데 혼자서 쓰지 못하는 경우에는 참고하여 기록할 수 있도록 '반 유아들의 사전 책(유아의 사진과 이름이 수록된 책)' 을 준비해 준다.

위에 제시된 사례 중 만 5세의 놀이 계획지는 쓰기 능력을 향상시키기 위해 의도적으로 만든 것으로 활용 시 반드시 준비하여야 할 것은 각 영역의 제시된 활동과 교재, 교구가 담긴 바구니와 교구장에는 활동명, 교재명, 교구명이 명시된 상태여야 한다.

블록		자석블록

디지털 카메라로 교구 및 활동 자료를 찍은 후 라벨링 작업을 일일이 하는 번거로움은 있으나 쓰기의 효과를 많이 거둘 수 있었다. 주제가 바뀔 때마다 각 바구니에 부착된 라벨링은 각 활동별, 교구명별로 정리 비닐에 각각 교구와 활동 자료와 함께 보관하여 다음 해에 그대로 재사용할 수 있도록 하여 활용도를 높인다.

유아는 놀이하고 싶은 영역과 활동명, 교구명을 기록한 후 놀이할 수 있는데 유아들이 자유선택활동하기 전에 놀이하고자 계획하는 것은 유아 자신이 가장 흥미롭고 놀이하고 싶은 활동이기 때문에 쓰기에 그다지 어려움은 없었으며, 유아가 도움을 청할 때는 교사가 대신 기록해 주며 쓰기의 모델링이 되어 준다.

우리 교실엔 재미있는 놀이가 많아요! 5월 6일

놀이계획		놀이평가	
영역	교구/활동	영역	교구/활동
언어 수학 색종이 접기	나는 필요해요 불을 꺼요 불자동차		
함께 놀이한 내 친구			

아이들을 맞이하기 위한 준비 3. 반 배정

반 배정에 대한 궁금증과 기대감은 신임교사이든 경력교사이든 모두가 같다고 할 수 있다. 경력교사인 경우에 원하는 연령이 배정되지 않은 경우 심각하게 이직할 것을 생각하는 경우도 있으니 반 배정이 갖는 영향력은 크다고 볼 수 있다. 이직할 것을 생각하는 경우는 많지 않으나 그만큼 교사 자신이 갖는 역량을 더 발휘할 수 있는 적합한 연령이 있을 것이다.

원에서의 반 배정은 원장선생님이 결정하게 되지만 사전 실습, 교육 실습 시 자신에게 더 적합하고 자신 있는 연령을 배정해 줄 것을 원장선생님께 요청하는 것도 좋은 방법이다. 아무래도 신임교사 때에는 시행착오를 겪기 쉽기 때문이다.

연령 선호도는 그 동안의 경험에 의해 결정되기도 하고 교사의 성격, 성향(온화함, 인내심, 말 빠르기 등)에 따라 적합한 학급 연령 배정이 필요하다. 말 빠르기가 빠르거나 학습에 대한 욕구가 많거나 유아들에 대한 기대감이 큰 교사는 연령이 높은 만 5세반을 배정받는 것이 적합하며, 온화한 성품에 말 빠르기가 적당하고 유아들에게 사랑과 관심을 스킨십으로 표현하기를 즐겨하는 교사는 연령이 낮은 만 3세반을 배정받는 것이 적합하다.

사전 실습 또는 교육 실습 시 배정받은 교실에서 교육 경험이 성공적이며 유아들과의 관계가 좋았다면 신임교사의 출발을 같은 연령으로 출발하는 것이 실수를 줄일 수 있을 것이다. 원장선생님께 공손하게 말씀 드려보자. ㅇㅇ세반을 배정받으면 역량을 더 발휘하며 열심히 기쁘게 1년을 보낼 수 있을 거라고 말이다.

아이들을 맞이하기 위한 준비 4. 내 아이들이 생긴 날

'두근두근'

오늘은 담당할 반의 연령, 그리고 반 명, 반 아이들까지 배정해 준다는 날, 드디어 내 아이들이 생기는 날이었다.

어떤 아이들이 나의 첫 교사의 첫 인연이 되어 만날지 무척 기대되고 떨리는 날이었다. 이왕이면 유순한 아이들이 왔으면 좋겠는데, 여자 아이들이 많으면 좀 더 수월할 텐데…. 마음 속으로 좋은 아이들과의 만남을 기대하며 원감선생님이 나눠 준 입학원서를 받고서는 남녀를 구분하기 시작하였다.

'오, 마이 갓!

2/3가 남자 유아들이, 1/3은 여자 유아들로 구성되어 신임교사의 마음은 더욱 두근거리기 시작하였다. 경력이 많은 교사들이 한 이야기를 주워들은 바로는 여자 아이들이 많아야 교실 분위기가 차분하다고 했기 때문에 마음 한 구석은 걱정이 되기 시작했다.

걱정한들 무엇하리요. 드디어 내 아이들이 생겼는데….

입학원서 하나하나를 살펴보며 부모들이 기록한 아이들의 성격, 좋아하는 음식, 나쁜 습관, 전 교육 기관 등을 살펴보며 이름과 얼굴을 익히고, 아이들을 맞이할 준비를 하기 시작했다. 가장 걱정이 되는 기록은 너무 내성적인 아이와 공격적인 아이의 기록이었지만 새롭게 시작하는 나의 마음은 그저 신나기만 하였다.

아이들을 맞이하기 위한 준비 5. 아이들을 기다리는 마음

내 아이들이 생겨 들뜬 마음으로 아이들을 기다리는 마음은 입학 때까지 계속 되었다. 배정을 받은 후 제일 먼저 시작한 것은 입학원서를 살피며 각 유아들의 자라온 과정 및 성격, 입학 전 어떤 기관에서 경험을 가지고 왔는지 자세히 살펴보았다.

보고 또 봐도 사진으로 익히는 이름과 얼굴은 연결되지 않아 힘들었던 것으로 기억된다. 처음 만난 날 이름을 기억해 주면 좋아할 아이들을 생각하며 시험공부를 하듯이 외우고 또 외워도 이름을 잘 암기 못하는 내가 애먹는 때이기도 하다.

아이들을 기다리며 아이들이 사용할 물건 중 각 유아들이 이름이 붙여져야 하는 것을 준비할 때 가장 주의해야 할 것은 혹시나 한 명이라도 누락되는 유아가 있는지 확인하고 또 확인하는 절차가 필요하다. 첫 날 유아들이 왔을 때 신발을 정리하기 위해 또는 가방을 넣을 사물함을 찾으려 할 때 내 이름이 없다면 유아들은 실망과 상처가 무척이나 클 것이고 첫 이미지를 주는 시기에 원에 대한 이미지를 실추시키기 때문이다.

당연한 일이라 하겠지만 새 학기가 되면 간혹 볼 수 있는 있는 풍경이 유아와 학부모가 원에 방문하는 날에 유아의 이름이 있어야 할 곳에 이름이 없는 경우가 있다. 이 때 교사의 얼굴은 당황으로 빨갛게 변하고 학부모는 자신의 소중한 자녀의 이름이 누락되었음에 무척 속상하고 성의가 없는 교사와 원에 대해 불신감을 가지게 된다.

확인하고 또 확인하자! 아이들을 기다리는 마음으로 한 명의 이름도 누락되지 않도록 말이다.

2장 새 학기가 시작되다

- 신임교사 수업 첫 날
- 첫 수업을 마치고
- 친숙한 만남
- 옆 반에서 들려오는 선생님의 감정 섞인 목소리
- 내가 원감, 원장이 되었을 때 만난 작은 목소리의 선생님
- 내가 믿는 만큼…
- 연출가가 된 하루하루
- 일관성이 있는 교사(그 교사에 그 아이들)
- 장점이 없는 아이는 없다
- 내 머릿속에는 오직 유치원
- 사생활이 없어지다

신임교사 수업 첫 날

첫 출근 날의 두근거림, 그 후 며칠 후의 울음이 그치고 드디어 내 아이들을 맞이할 날이 다가왔다. 1988년도 내가 첫 교사가 되었던 해에 내가 담임을 맡았던 유아들은 만 5세 43명이었다. 지금의 여건과 다르게 그 당시에는 한 명의 교사당 배정된 유아들의 수는 40명이 보통이었고 당연히 그 명수만큼 담임교사로서의 역량이 발휘되어야 했다.

첫 날, 나는 유아들 한 명 한 명마다 눈으로 사진을 찍어 두었다. 설레임이 담긴 미소를 지으며 유아 각 개인과의 첫 만남을 하나씩 내 머리에 저장해 두기 시작했다.

'너는 잘 적응하며 스스로 놀이를 찾아 하는구나.'
'소극적이고 말수가 적네.'
'한 귀퉁이에 가만히 있네.'
'책상 밑으로 들어가며 잡기놀이를 하는구나.'
'어, 이 녀석 보게. 교구장 위까지 올라간다고?'

교구장 위를 올라가며 밑으로 뛰어내리는 사내 녀석이 2명이 보이고, 무척이나 활기차고 거칠게 놀이하는 유아들이 있음에도 불구하고 내 마음은 차분해지기 시작했다.

'그래, 너희들과의 첫 만남은 이렇게 시작되는구나. 너희들이 나와 이 교실에서 1년간 호흡하며 너희들은 나에게, 나는 너희들에게 어떤 존재가 될까? 어린 왕자에서 나오는 어린 왕자와 여우처럼, 어린 왕자와 장미처럼 서로 길들여져 가는 것과 같이 우리는 얼마나 한마음이 되고 서로를 사랑해 갈까?

첫 날은 본연의 아이들의 모습이 자연스럽게 나오도록 유치원에서 우리 반에서 지켜야 할 일에 대해 한 마디도 언급하지 않았다. 오히려 자연 그대로의 우리 반 아이들의 모습을 내 눈과 마음에 담으며 이후 변해가는 아이들의 모습을 상상하면 더욱 즐거울 뿐이었다. 그리고 그렇게 내가 마음먹은 대로 아이들은 나에게 나는 아이들에게 길들여져 가며 우리 반만의 분위기를 만들어 가곤 하였다.

첫 수업을 마치고

첫 수업을 마치고 교사실에 모인 교사들은 대부분 자신의 반 아이들의 분위기가 어떨지 궁금해 하며 올 한 해 담당한 반 아이들의 성향이 차분한지 혹은 극성스러운지가 초점이 되어 이야기를 나누게 되었다.

난 본 대로 느낀 대로 '교구장에 올라가서 뛰어내리는 아이가 2명, 책상 밑까지 들어가며 잡기놀이를 하는 아이가 3명, 모이자고 하는데 모이는 아이는 반도 안 돼요.'라고 이야기하니 안 되었다는 표정을 동료교사와 선배교사가 짓는다. 다른 교사들 중에는 올해 맡은 유아들이 모이는 시간에도 순식간에 모이고 집중도 잘한다며 올해는 좋은 분위기로 진행될 것 같다며 흐뭇해 하는 교사도 있었다.

난 첫 날 풀밭에 뛰어 노는 망아지처럼 자유분방한 유아들을 맡을 때가 더욱 기분이 좋다. 그 이유는 나와 함께 점차 변해가는 모습을 보게 될 때에 교사로서의 보람을 느끼기 때문이다.

소극적인 아이는 쾌활하게, 산만한 아이는 차분하게, 공격적인 아이는 온화하게, 말이 없는 아이는 의사 표현을 정확하게 등 말이다.

나로 인해 변해가는 아이들…, 아이들로 인해 성장하는 교사…, 이건 교육자만이 느낄 수 있는 가장 큰 행복감, 특권이 아닐까? 매해마다 첫 만남을 하는 날이면 언제나 난 미소를 지으며 이 행복감에 빠져 들곤 한다.

'오늘은 또 어떤 아이들이 내 아이들이 될까?'

'엉덩이에 뿔난 망아지는 몇일까?'

'어떤 성향의 아이들일까?'

친숙한 만남

첫 만남은 교사에게는 기다리고 기다리던 내 아이들을 만나게 되어 친숙함(rapport)이 먼저 형성되지만 유아들은 다르다. 왜냐하면 처음 유아교육기관에 오는 첫 날은 유아들에게 새로운 공간은 익숙하지 않으며, 가장 의미 있는 가족과 떨어짐으로써 불안하기도 하고, 아무도 친근하지 않은 관계로 그저 서먹하기만 하다. 몇몇 유아는 이런 낯설음과 친숙하지 않음으로 인해 아침마다 엄마와 실랑이를 하는 경우도 있게 된다.

새 학기에 가장 염두해 두어야 할 것은 유아들이 빨리 적응하는 것을 도와주어야 하는데 적응을 도와줄 수 있는 것은 교사와 유아와의 관계 형성 즉 친밀감을 갖도록 하는 것이며, 유아와 유아 간의 친밀감을 형성할 수 있도록 친구 사귀기를 도와주어야 한다.

교사와 유아의 관계의 친밀감을 갖기 위해서 교사는 유아들의 변화에 대해 민감해야 한다. 전 날 유아가 입었던 옷, 머리 스타일 등의 변화를 이야기해 주어 관심을 가져주는 것, 전 날 놀이했던 모습 또는 선호하는 친구에 대한 이야기 등을 나누는 것은 친밀감을 빨리 느낄 수 있는 방법이 된다. 또한 눈을 마주치며 스킨십을 하고 친절함과 상냥한 선생님의 모습을 보여주고, 재미있는 활동을 준비하여 유아가 내일을 기다리는 마음을 갖게끔 하는 것도 중요하다.

나의 신임교사 때에는 들뜨고 긴장되는 마음으로 하루하루를 맞이하고 '오늘도 무사히' 라는 생각으로 하루하루를 별다른 문제 없이 지낸 것에 대해 감사함을 느끼며 지내느라 유아들과의 관계 형성에 대한 생각, 친구 사귀기에 대한 별다른 생각과 계획을 세우지 않고 지냈던 것 같다. 그래서 유아들 중에는 재미없다는 이야기도 하게 되고 아침에 등원하여 집에 갈 때까지 혼자 지내는 유아들에게도 마음을 써 주지 못했던 기억이 난다. 지금 생각해 보면 내 신임교사 때의 교사로서 성숙되지 못함이 유아들에게 불안감의 시간을 더 길게 하였고, 낯설음의 시간을 더 유지하게 만들었다는 생각이 든다.

신임 유아교사인 여러분은 새 학기 때의 유아들의 마음을 헤아리고 그들을 진정 위하고 배려할 수 있는 방법을 생각해 내고 미리 준비하여 신임 유아교사로서의 성공감을 갖도록 하자. 그리고 새로운 공간에서 1년간의 만남이 이루어지는 아이들에게 편안함을 줄 수 있는 관계를 1~2일 안에 형성할 수 있도록 노력하자.

옆 반에서 들려오는 선생님의 감정 섞인 목소리

'○○반!', '○○반!', '○○반!'
'너희들 선생님 말 안 들을 거니?'

옆 반에서 들려오는 커다랗고 화난 목소리에 우리 반 아이들이 움찔거린다. 근무한 지 얼마 안 되어 들려오는 옆 교실 선배교사의 목소리에 우리 반 아이들도 놀랐지만 나 또한 무척이나 놀랐다.

대학생일 때 실습 나갔던 C대학 부속유치원에서 보았던 내 모델링이 되어준 선생님의 온화한 모습이 아직도 내 가슴 속에 푸근히 자리잡고 있는데 갑자기 들려온 감정 섞인 화나는 목소리는 다시 한 번 교사로서의 나를 돌아보는 계기가 되었다.

아이들과 수업을 하다보면 감정이 솟구칠 때가 생긴다. 특히 누군가를 자꾸 때리는 아이가 있을 경우에는 감정을 자제하기가 힘이 든다. 자꾸 반복되는 규칙을 잘 지키지 않는 유아를 볼 때도 마찬가지이다.

정말 다행스러운 건, 그 날의 일이 아니었다면 나도 내 감정을 자제하지 못하고 나도 모르는 사이에 화를 내는 교사가 되었을 것이라는 것이다. 그 날의 곱지 않은 목소리를 들으며 '나는 절대 작은 아이들에게 소리 지르지 말아야지', '힘센 어른으로서 아이들을 힘으로 누르지 말아야지' 라고 다짐을 하게 되었다. 그리고 정말 아이들로 인해 감정이 폭발하려 하면 심호흡을 크게 쉬고 한 박자 느리게 이야기하며 부정적인 감정을 아이들에게 보이지 않았다. 그 날 이후로 내가 다짐한 건 다음과 같다.

- 유아들이 볼 때 나는 키가 크고 힘센 어른이다. 그리고 선생님이다. 이것만으로도 나는 유아들에게 충분히 위엄을 가질 수 있다. 화를 내는 선생님보다 친절한 선생님이 더 긍정적인 위엄을 가질 수 있다.
- 아이들에게 절대 소리 높여 화를 내지 말자.
- 칭찬과 격려는 다른 아이들이 들어도 무방하지만, 주의를 줄 때는 다른 유아들이 듣지 못하도록 하자. 그만큼 낮고 작은 목소리로 말하자.
- 내가 '화' 라는 감정을 드러내는 것만으로 나는 교사로서 유아들에게 서지 못하는 것이다. '화' 를 내고 소리를 지를 때 나는 교사가 아니라 일개 아줌마일 뿐이다. 어쩌면 시장에서 싸우는 아줌마로 전락될 것이다.

그런데 참 이상한 일이 일어났다. 교사가 화를 내지 않는 교실은 점차 질서를 잘 지키고 자율적인 교실이 되어 갔지만, 큰 소리가 나고 화를 내는 교실은 점점 큰 강도의 화를 내어야만 교실이 제압이 된다는 사실이었다. 그리고 화를 내지 않는 교실은 교사가 잠깐 화장실을 갔다 오더라도 모두 자신이 하던 놀이를 신경 쓰지 않고 놀이하고 있는데, 큰 소리가 나고 화를 내는 교실은 선생님이 화장실을 갔다오기 위해 신신당부를 하여도 선생님이 오시기 전과는 다른 분위기의 교실로 변해 버리는 것이었다.

내가 원감, 원장이 되었을 때 만난 작은 목소리의 선생님

'원장선생님, 이 선생님은 말썽꾸러기를 혼내지도 않고 꼭 끌어안아서 속닥속닥 이야기하는데 바로 옆에 있어도 무슨 이야기를 하는지 들리지도 않아요.'

이 이야기는 평소의 나의 모습을 이상하게 여긴 도우미선생님이 원장선생님께 드린 이야기이다. '화를 내지 않는 선생님이 되자' 의 결심은 두 번째 옮긴 유치원에서도 계속 되었다. 그곳에는 교실 청소와 간식 그릇을 씻는 것을 도와주시는 아주머니가 계셨는데 늘 나를 신기해 했다. 그러던 어느 날 원장선생님께 위의 이야기를 내 옆에서 이야기하는 것이었다. 이런 선생님은 처음 본다며 말이다.

이유는 이렇다. 우리 반에 아주 똑똑한 말썽꾸러기가 있었다. 약속을 해도 어기고 또 약속을 해도 어기고, 그런데 그 녀석이 얼마나 머리가 좋은지 교사인 나도 정신을 바짝 차리지 않으면 거짓말에 내가 속아 넘어갈 정도로 머리가 비상하였다. 바짝바짝 약이 오르는데도 나는 나와의 약속(절대 화내지 말자. 그건 스스로 내가 지는 것이다!)을 지키기 위해 교실 밖으로 나와 그 아이를 폭 안고 귓속말로 이야기하며 나의 속상함을 이야기하고 또 다시 약속을 하곤 하였다. 그런 모습이 아주머니에게 자주 눈에 띄었고 혼나야 할 아이를 혼내지 않고 꼭 끌어안고 이야기하며 나중에는 뽀뽀까지 하면서 함께 교실로 들어가는 나를 무척 신기해 했다. 결국 그 아이는 나의 팬이 되어 약속을 잘 지키는 아이가 되었다.

이러한 경험으로 나는 원감, 원장이 되었을 때 교사들에게 제일 당부하는 것이 유아들에게 절대 화를 내지 말아야 할 것에 대해 강조하곤 하였다. 화를 내면 교사임을 스스로 내려놓는 것이라며, 시장에서 싸움하는 아주머니가 되지 말자며, 큰 소리는 더욱 큰 소리를 부를 뿐이라면서 말이다. 그러나 내 당부를 잘 지키는 교사를 만나는 것은 그리 쉬운 일은 아니었다. 그래도 유아에게 친절하게 대하는 교사들을 많이 만났는데 그 중 한 사람의 이야기를 하려 한다.

H유치원에 근무할 때 만난 J선생님이다. 신임교사로 만난 선생님은 아주 가녀린 몸을 하고 작은 목소리로 야무지게 이야기하고 책임감이 강한 교사였다. 나는 신임교사에게 큰 요구를 하지 않는다. 그리고 기다린다. 그러나 기다려 주지 않는 때가 단 하나 있는데 그건 바로 친절, 사랑을 보이지 않고 언어폭력을 사용할 때이다.

신임교사가 되었을 때 가장 어려운 것이 반 통솔이라 생각하겠지만 신임교사일 때 가장 어려운 일이 화를 내지 않고 1년을 넘기는 일이라 생각한다. 신임교사의 대부분이 경험이 없어 모든 게 서툴고, 전체를 보는 눈을 갖기가 어려우며, 주의 집중을 시키며 흥미롭게 수업을 이끌어 나갈 노하우를 가지고 있지 못하기 때문에 자기 자신에게 우선 화가 나고, 내 마음대로 되지 않는 아이들이 교사 자신의 화의 대상이 되어 어느 순간 폭발하게 된다. 그 폭발에 깜짝 놀란 아이들의 정적이 신임교사를 강화시켜 계속 화내는 교사로 만들어져 간다. 화를 한 번 내면 그건 습관이 되어 개선하기가 무척 어려우므로 신임교사가 화내는 습관을 들이기 전에 나는 간절히 부탁을 한다.

> '선생님, 올해 목표는 화를 내지 않고 아이들에게 친절한 선생님이 되는 것으로 해요.'
> '교수 방법의 노하우는 경력이 쌓일수록 많아지지만, 화내는 습관은 쉽게 고쳐지지 않습니다.'
> '교실 분위기가 들썩거려도 괜찮아요, 올해 선생님의 목표는 친절한 선생님의 성향을 갖는 게 목표랍니다.'

그 해 J선생님의 교실은 모든 교구가 교실 바닥에 다 쏟아져 나올 정도가 되어도, 유치원 일과 시간에 반 유아가 몰래 집으로 간 것을 담임이 모르고 있다 해도 오히려 나는 그 선생님을 위로하곤 했다. J선생님은 나와의 약속을 아주 잘 지키고 있었고, 지금의 서투름이 내년에는 한결 나아질 것을 알기 때문이었다.

그 다음 해 J선생님은 반 아이들을 데리고 상급반으로 진급을 하였다. 그 해 나는 J

선생님에게 단 한 가지 약속을 했다. 올해는 복도에 나오는 아이들만 없도록 하자였다. 신임교사일 때 반 아이들의 1/3 정도가 복도 밖으로 나올 정도였지만, 다만 안전사고가 나지 않는 상태에서 나는 충분히 신임교사를 기다려 줄 수 있었다. 그리고서 한 약속이었다.

내가 J선생님을 신뢰하고 훌륭한 교사로서의 모습을 갖출 것이라 생각했던 건 J선생님은 아이들에게 절대 화를 내거나 찡그리지 않는 모습이었고 늘 사랑이 넘쳐흘렀기 때문이었다. 결국 두 번째 해가 되던 해부터는 그 선생님의 반은 교사의 통솔력 아래 자유 속의 질서가 잡혀 가기 시작했고 그 반에 배우러 온 교생선생님으로부터 칭찬의 소리가 퍼져 나오기 시작했다.

"선생님은 절대 화내지 않아요."

"우리가 보았을 때 정말 화날 일인데도, 계속 같은 일을 반복하여 잘못하는 아이에게도 선생님은 절대 화를 내지 않아요."

그 반을 지나갈 때 자주 볼 수 있는 모습은 한 아이를 가만히 안고 속닥거리는 선생님의 모습이었고, 아이가 큰 잘못을 하였을 경우에는 교실 문 밖에 나와 꼭 끌어안고 속닥거리는 모습을 볼 때마다 난 미소 지으며 곁을 지나가곤 하였다. 꼭 끌어안아 속닥거리는 소리는 아무리 귀 기울여 들으려 해도 당연히 들을 수 없었다.

그 반 아이들은 그 선생님을 진정으로 사랑하였고, 그 선생님은 그 반 아이들을 진정 사랑하여서 두 번째 되던 해에도 1학기 동안에는 질서감이 부족해 보였을지라도 2학기부터는 무척 수월하게 반을 이끌었던 모습이 내 눈에 선하다. 그 선생님의 사랑은 아이들의 입에서 가정으로 전해져 학부모님에게도 무척이나 존경을 받고 신뢰를 받았다.

내가 믿는 만큼…

아이들은 참 신통하게도 내가 입 발린 소리로 사랑한다고 하는지, 진심에서 우러나온 목소리로 사랑한다 말하는지 쪽집게처럼 잘 안다. 부끄러운 고백이지만 첫 해 나는 등원하는 아이들마다 한 명씩 포섭작전을 짰다. 등원하는 아이들 한 명씩 꼭 끌어안고 내가 묻는 말은 밑도 끝도 없이 '내가 널 얼마나 사랑하는지 아니?' 였다. 그러면 대부분의 아이들은 눈을 깜빡이며 '몰라요.' 라고 대답하여 나의 예상을 빗나가게 하였다.

뒤이어 내가 한 말이 걸작이었다.

'몰랐구나, 선생님은 널 아주 많~이 사랑해.'

믿음과 신뢰 없이 보낸 나의 사랑의 메시지는 아이들의 가슴에 와 닿지가 않았고 바로 포섭작전을 철회해야 했다. 어린 아이들이라 쉽게 생각하였던 나의 착오였다. 깨달음을 가진 후 진정으로 아이 한 명씩 한 명씩 좋은 품성을 찾아내 진심에서 우러나는 장점을 격려하며 믿음과 기대의 내 마음을 전하였다.

내 마음이 전해지면 전해질수록 내가 믿는 만큼 아이들은 나에게로 왔고 우리 반 교실은 안정적이 되고 약속을 잘 지키는 교실이 되었다.

'너는 친구를 배려하는 멋진 마음을 가지고 있어.
선생님은 그런 네가 자랑스러워.'
'그런데 재호야,
선생님은 재호가 교실에서 뛰어다니면 재호가 다칠까 봐 걱정이 돼.
재호가 교실에서 다치지 않도록 걷는 모습을 기다려도 될까?'

연출가가 된 하루하루

'피할 수 없는 일이라면 차라리 즐겨라' 라는 말이 있듯이 신임교사의 수업 시간이 무척 긴장이 되면서도 그 짜릿한 긴장감은 그 날의 원동력이 되었다.

수업 시간이 무척 기다려지기 시작했다.

'오늘은 하루 일과를 무사히 보낼 수 있을까?'
'오늘 할 활동이(수업이) 성공할 수 있을까?'
'오늘은 어떤 창의적인 표현으로 날 행복하게 할까?'

물론 항상 만족스러운 수업이 이루어지는 것은 아니었으나 신임교사의 하루하루를 즐기기 시작하였다. 가장 당당하게 나갈 수 있었던 것은 '난 초임이니까', '초임이 너무 잘 하면 그건 안 되지.' 라는 뻔뻔스러움으로 하루하루를 즐길 수 있게 되었던 것 같다. 초임이라 실수하는 것은 봐주겠지, 또는 조금 더 기다려 주겠지라고 생각하였는데 그러한 생각이 내 마음에 위안이 되어 오히려 편안한 마음으로 교육 업무를 할 수 있었으나 모든 원감선생님, 원장선생님이 초임이기 때문에 봐주는 것은 아님을 알아야 할 것이다.

하루하루마다 유아들과의 하루 일과가 끝난 후 나는 화장실의 거울을 바라보며 머리를 뒤로 쓸어 넘기곤 '오늘 공연 괜찮았어.' 라든가 '오늘 공연은 조금 망쳤네.' 라며 연출자가 된 듯 하루를 즐겼었다. 지금 생각하면 참 특이한 1년을 보낸 듯 싶다. 그렇지만 어느 해보다도 첫 경험이었던 교사 1년간의 일들이 파노라마처럼 또렷한 영상으로 보이는 것을 보면 유치원 교사라는 나의 직업에 가장 큰 영향을 미쳤던 시기는 중요한 첫 경험의 해라고 볼 수 있다.

나뿐만이 아니라 모든 교사들에게 교직의 첫 해는 그런 의미로 다가서는 게 아닐까? 지금 20여년이라는 세월이 흘렀어도 바로 어제 일처럼 기억되는 나를 보더라도 말이다. 어제의 일처럼 선명한 교직의 첫 해는 누구나에게 설레임으로 다가오기도 하고 두려움 또는 기대감으로 다가오기도 할 것이다. 그러나 교직의 첫 해를 보내고 난 후 교직의 길로 잘 들어섰다는 만족감을 갖는 교사도 있을 것이고, 과연 이 길이 자신에게 맞는 길인지 갈등하는 교사도 있을 것이고, 내 길이 아님을 성급하게 결정하여 다른 길을 모색하는 교사도 있을 것이다.

교직의 첫 해를 어떻게 보내야 할 것인지는 신임교사가 되기 위한 과정(대학생활)을 충실히 하는 것도 중요하지만 전문가로서 첫 발을 내딛는 첫 해를 어떻게 보내는가가 더 중요하다고 본다. 전문가가 되기 위한 길은 뼈를 깎는 아픔이 있어야 하는 것이므로 그만큼의 노력과 긍정적인 생각을 하는 것이 중요하며, 신임교사의 하루하루를 즐겁고 성실하게 배우는 자세로 임해야 할 것이다.

일관성 있는 교사(그 교사에 그 아이들)

아이들을 보고 그 부모들을 보며 그 부모에 그 자식이라는 이야기를 많이 한다. 이 말은 '생김이 같다.' 라는 말일 수도 있지만 아이의 언어와 행동이 부모와 같은 어른의 거울로서의 아이를 말하는 것이다. 나고 자라는 동안 가장 많이 노출되는 것이 부모이어서 부모의 행동, 말, 생각을 그대로 닮아 거울 속의 자기 자신을 보듯 아이는 부모의 걸음걸이, 부모의 말투, 부모의 행동 습관, 부모의 성향까지 판 박듯이 닮아 있는 것이다.

그런데 유치원에서는 또 이런 이야기를 한다. 선생님의 분위기가 교실의 분위기와 똑같다는 것이다. 창의적인 교사의 교실에는 아이들도 창의적이고, 밝고 따뜻한 선생님의 교실 분위기는 밝고 따뜻하며, 유머스럽고 재치 있는 선생님의 교실은 유아들도 재치 있고 유머스럽다는 것이다. 반대로 무뚝뚝하고 명령조의 선생님의 교실은 분위기가 차갑고 싸움이 많으며, 일관성이 없는 선생님의 교실은 규칙이 없는 교실이 되어간다는 것이다.

아이들이 하루종일 가정에서 가족과 함께 지내다 유아교육기관에 다니게 되어 하루 일과 중 4시간 이상은 유아교육기관의 선생님과 함께 지내게 되므로 교사의 영향력이 그 이전보다 무척 커짐을 알 수 있다.

아이들이 교사의 의도대로 되지 않으면 교사들은 아이들 탓과 가정 탓으로 돌리는 경우가 종종 있다. 물론 가정에서 일어난 문제라면 가정의 탓이라 볼 수 있겠지만 유치원 내 교실에서 일어난 일은 그 누구의 탓도 아니고 바로 담임교사의 탓, 내 탓이라고 보아야 한다. 앞에서 강조하였듯이 사랑과 신뢰가 밑바탕이 되어야 하며, 유아의 잘못에 교사의 감정을 드러내서는 안 된다. 그리고 덧붙여 늘 일관성 있는 교사이어야 한다. 일관성이란 처음부터 끝까지 늘 한결같이 같음을 뜻하는데 교사가 일관성이 없을 때 아이들은 혼란을 갖게 되고 그 혼란은 유아들에게 틈새를 제공하게 되어 교실은 질서가 없는 교실로 쉽게 변하게 된다. 교사가 만들어 놓은 상황임에도 불구하고 교사는 유아들 탓을 한다.

'너희들 왜 그러니?'
'선생님은 너무 속상해서 ㅇㅇ반 선생님을 안 할 거야.'

라며 급기야는 교실 밖을 나가는 시늉을 하는 교사들도 있지만 요즘 아이들은 그 협박에 아랑곳하지 않는다. 선생님은 또 협박을 하고 또 일관성 없이 들어오실 것을 알기 때문이다.

교실의 규칙은 유아들과 함께 정하되 그 규칙은 언제나 한결같이 늘 일관성 있게 지킬 수 있도록 하여야 한다. 다음 활동 시간 때문에 바빠서, 귀가 때문에 바빠서, 다른 유아들과 상호작용하느라 바빠서, 우린 수많은 핑계를 대며 일관성 없는 교사의 약점을 쉽게 노출하곤 한다. 일관성 없는 교사의 교실은 절대 평화로울 수 없다. 일관성 없는 교사는 유아들로부터 절대 신뢰와 사랑을 받을 수 없다. 왜냐하면 변덕이 심한 사람은 그 누구로부터 이해받을 수도 없고 늘 불안하게 만들기 때문에 결코 사랑할 수 없는 너무 먼 존재가 되기 때문이다.

일관성을 지킨다면 당신은 신임교사로서 성공할 확률을 99% 가졌다고 봐도 과언이 아닐 것이다.

장점이 없는 아이는 없다

신임교사일 때는 전체를 보는 눈을 갖기가 어렵고 업무 파악도 되지 않은 터라 무슨 생각을 하며 지내는지 모를 정도로 정신없이 시간은 빨리 지나가게 된다. 더욱이 내 반 유아들이 개성이 강한 유아들일 때는 더욱 정신없이 보내게 되는 것 같다.

새 학기가 되면 내 반 아이들에 대해 더듬이를 곤두세우게 된다. 성격, 성향을 파악하여 각 유아에게 적합한 상호작용을 하려 애를 쓰게 되고 내 진심이 유아들에게 전달되어 하루가 수월하게 지나가게 되기를 간절히 바라곤 한다.

새 학기마다 서로에게 길들여지는 시간은 각 개인의 성향을 인정해 주고 얼마만큼 교사와 각 유아 간의 친밀감 형성이 되느냐가 가장 큰 영향을 미친다는 생각이 든다. 저자의 경험으로는 매년마다 다루기 힘든 개성이 강한 유아들은 적어도 족히 10여명 안팎을 차지하고 개성이 강한 유아들과의 새 학기가 시작하는 3월 한 달간의 전쟁은 1년이 질서감 있는 교실로 진행이 될 것인지, 교사 따로 유아 따로 생각이 다른 교실로 갈 것인지가 판가름나는 시기라 해도 과장되지 않을 것이다.

서로 다른 경험을 가지고 만난 유아들의 수만큼이나 서로 다른 성향, 욕구를 지닌 유아들이 하나의 교실 문화를 만들어가는 것은 참으로 소중하고 서로 다른 방향으로 달려가던 유아들이 신비한 마술에 걸린 듯 같은 방향으로 달려가게 되는 것을 볼 때면 가슴 벅차오르곤 하였다. 한 명 한 명씩 서로에게 길들여져 가는 이 시간이 참으로 소중함을 느끼곤 하였다. 각 유아들마다 장점들을 발견하여 격려하면 그 동안 지키지 않았던 약속까지도 잘 지켜나가는 걸 보면서 '그래, 유아들에게 필요한 건 유아 자신을 인정하여 주고 격려해 주는 거야. 바로 이거야' 라며 각 유아마다의 장점을 찾으려 애썼던 기억이 지금도 선명하다.

그런데 한 녀석이 도대체가 약속이란 것은 안중에도 없고, 약속을 할 때에는 곧잘 대답하곤 바로 뒤돌아선 잊어버리고 또 질서를 깨곤 하였는데 이러한 상황이 매일매일이 반복이 되자 신임교사였던 나는 짜증나기 시작하였고 초조해지기도 하였다. 결국 나는 며칠간은 그 녀석의 모습을 일일이 관찰하면서 칭찬과 격려를 해 줄 수 있는 때를 기다리기로 하였다. 며칠을 매일마다 그 녀석을 집중적으로 관찰하고 있었는데 자유선택활동 시간에 한 영역에서 놀이하다가 바구니에 정리하는 모습을 관찰하게 되었다(자신이 놀던 곳조차도 정리하지 않고 은근슬쩍 도망다니기 일쑤였던 유아였다). 그 순간을 놓치지 않고 '○○야, 놀이하던 것을 스스로 정리하는구나.', '○○가 놀이하던 곳을 정리하니 깨끗해져서 기분이 좋구나.' 라며 스킨십을 하며 이야기해 주었다. 그러자 얼굴 표정이 발그레해지더니 그 후부터는 순한 양처럼 스스로 질서를 되찾아가는 모습을 보게 되었다.

그 때 느꼈던 큰 깨달음은 어느 누구에게나 다 장점을 가지고 있으며 부정적인 상호작용으로 첫 만남을 시작할 것이 아니라 반드시 긍정적인 상호작용으로 유아들의 마음을 열어야 한다는 것이었다. 유아들이 부정적인 행동을 할 때 주의를 주기보다는 유아의 바람직한 행동을 했을 때 그 상황을 놓치지 말고 곧 바로 관심을 표명하고 격려해 주는 것이 좋은 교실 분위기를 만들어 주며, 교사와의 관계 형성에도 훨씬 좋은 효과를 가져올 수 있을 것이라는 것이다. 또한 교사의 거짓된 칭찬은 유아들의 부정적인 행동을 긍정적으로 변화시키는 데 효과가 없으며 오히려 교사는 거짓말을 하는 사람이라는 불신을 가지게 된다는 것이다.

신임교사일 때부터 시작된 새 학기 때의 '장점 발견하여 격려해 주기' 는 나의 가장 중요한 교사의 업무가 되었고, '장점 발견하여 격려해 주기' 로 열린 새 학기는 늘 유아와의 관계뿐 아니라 자율적이면서 질서가 있는 신뢰롭고 좋은 교실 분위기를 형성할 수 있었고 교사 나 자신은 무척 뿌듯한 한 해를 보낼 수 있었다.

장점이 없는 아이는 없다. 단지 유아와의 만남의 시작을 긍정적인 만남으로 시작하려고 노력하였는지 아니면 질서감 있는 교실 분위기를 형성하고자 하는 과정에 있어 유아의 부정적인 행동을 바로 수정하고자 하는 급한 마음으로 만남을 시작하였는지에 따라 장점이 많은 유아들을 만날 수 있기도 하고, 장점이 없는 유아들을 만나 운없는 한 해를 맞이했다고 유아들 탓으로 돌릴 수도 있다는 것이다.

내 머릿속에는 오직 유치원

'신임교사의 1년은 유아교사의 평생을 좌우한다.' 라는 말을 명언처럼 자주 이야기한다. 2~4년간 대학에서 유아교사로서의 자질에 필요한 학문과 실제를 배우게 되고, 실무에 적용하는 첫 해 1년간은 교과목으로 배웠던 것을 통합하여 적용해야 하므로 교과목에 대한 지식보다 더 많은 것을 배우게 되는 중요한 시기이다. 특히 좋은 모델링의 선임교사를 만난다면 더 큰 배움을 가질 수 있다.

이 중요한 시기에 혼자서 독립하여 설 수 있으려면 관심과 열정이 가장 중요하다고 본다. 아침에 일어나면서부터 잠자리에 들기까지 유아교사일 때의 내 머릿속은 유치원에 대한 생각이 떠난 적이 없었던 것 같다. 언제든지 관련된 자료가 보일라치면 먹이를 낚아 채듯이 하나하나 저장해 놓고 적당한 때 사용할 수 있도록 정리해 두기도 하였다. 백화점에 가서 진열된 장식을 보면서도 아이디어 하나를 메모해 놓고 필요할 때 재적용하였다. 생활 주변의 모든 것들이 유치원에서 활용할 만한 것이라 생각되면 그것은 내 메모장에 또는 머릿속에 그림을 그려두곤 하였다.

첫 해라면 이 정도는 빠져 있어야 하지 않을까?

1. 텔레비전을 볼 때 유아들에게 필요한 자료인지 언제나 필요할 때 녹화해 둘 수 있도록 비디오 공테이프를 준비하여 대기하면서 보기
2. 아이스크림을 먹고 난 뒤 아이스크림 막대를 씻어서 말리기
3. 작업할 때 필요한 폐품 수집하기
   - 과자 봉지 예쁘게 뜯어 모으기
   - 두루마리 화장지 심 모으기 등
4. 음식점, 시장에 갔을 때 조개껍데기, 전복껍데기, 고동 등 얻어오기

사생활이 없어지다

첫 교사로 부임하여 교사가 되니 체력 소모가 이루 말할 수 없었다. 1988년도에 첫 유치원교사 생활이 시작되었으므로 그 당시에 유아들이 유치원에서 머무는 하루 일과는 3시간이어서 유아들과 교육적 업무를 하는 데 소요되는 에너지는 지금에 비해서는 훨씬 적었던 시기였다. 지금은 지역사회의 요구에 따라 오후 연장제라도 4시간에서 5시간 정도 교육 활동이 이루어지므로 지금보다는 다음 날 수업 준비를 위한 시간도 여유 있게 진행할 수 있었던 시기였다.

나는 체력이 좋기로 유명했었는데 1년 내내 집, 유치원으로 쳇바퀴 돌듯 나의 사생활은 없어지는 듯하였고 다음 날 체력 비축을 위해 집에 오자마자 저녁을 먹고 일찍 잠을 잤더니만 1년 사이에 8kg이나 살이 찌고 말았다. 누구나 나처럼 사생활 없이 지내지는 않겠지만 교직은 첫 경험을 다 해 보는 것이 1년이라는 생각으로 '1년간 긴 마라톤을 뛰자.' 라는 생각으로 오로지 체력 비축을 하게 되었던 것이다.

신임교사 1년을 교사 생존기라 불리는 이유는 1년간의 새로운 경험은 인간을 교육시키는 종합적인 업무이기 때문이다. 유아들을 교육하는 시간 외의 업무를 익히는 일은 마음만 먹으면 그리 어려운 일이 아니지만 유아들을 교육하는 시간 동안 교육적으로 흥미롭게 진행되고 교사와 유아의 관계가 형성이 잘 되어 통솔이 잘 되는 교실이 되기 위해서는 많은 경험과 노하우가 있어야 하기 때문이다.

전체를 보는 눈, 유아들을 사랑하는 마음, 유아들이 주도하는 수업 구성, 적절한 상호작용, 준비된 교실 환경, 유아간의 개인차, 유아 개개인의 서로 다른 욕구, 학부모의 요구, 원장의 교육 철학, 이 모든 게 처음이고 조화롭게 생각하고 운영하는 것이 쉬운 일이 아니기에 첫 근무하던 첫 해 나는 모든 사생활을 접어두고 오로지 잘 적응하고 홀로 성공적으로 독립할 수 있기를 바랄 뿐이었다.

1년간 출근하면서 내 입가에 늘 '난 살아남아야 한다. 동료, 선배 교사 사이에서 살아남아야 한다. 유아들에게 먹히지 말아야 한다. 유치원교사가 내 천직이고, 내가 하는 일이 내가 평생 살아가며 일할 내 직업으로서 행복하다고 말할 때까지 살아남아야 한다.' 고 되뇌이곤 하였다. 그래서일까? 노력한 만큼 결과가 돌아오는 걸까? 아니면 마음 자세를 하늘이 도와서일까? 유치원교사가 천직이었고 유치원교사일 때가 무척 행복하였다.

나는 시간 관리자

유치원교사의 업무량은 적은 편이 아니라서 시간을 제대로 활용하지 못한다면 근무 시간을 초과하기가 쉽다. 신임교사일 때 가장 힘들었던 부분이 시간 활용이었다. 모든 게 처음이고 낯선 업무라 전체적인 구상을 하는 것은 엄두도 못 내었을 뿐 아니라 모든 업무에 경험이 없던 터라 한 가지를 생각해 내는데도 많은 시간이 소요되었다. 경력교사들이 업무를 빨리 수행하면 할수록 내 가슴은 요동치기 시작했고, 숙련되지 못한 손놀림은 요동치는 가슴과 반비례하게 움직이곤 하였다. 특히 주위에서 열심히 움직이면 움직일수록, 내가 책상에서 생각하는 시간이 많아지면 많아질수록 나의 자괴감은 커져만 갔다.

시간을 효율적으로 쓰는 것이 첫 성공적인 직장 생활의 큰 관건이라고 생각하여 어떻게 하면 시간을 효율적으로 사용하는 '시간 관리자'가 될 것인지 방안을 짜기 시작했다.

그 때 나의 판단은 유치원에 와서는 생각하고 계획하는 것을 멈추고 오로지 실행하는 것을 주로 한다면 해결될 것이라는 결론을 가지게 되었다. 그래서 생각하고 계획하는 것은 출퇴근 시간을 활용하는 것으로 하였고, 차량지도 담당일 때에는 첫 유아가 유치원 차량을 타기 전까지 책을 읽으면서 활용할 만한 것을 체크하곤 하였다. 교무실 책상에 앉으면 잠시라도 물끄러미 어느 곳인가를 응시하는 시간이 한 순간도 없이 계속 업무를 수행할 수 있었고 선임교사에 의해 두근거리는 증상도 없어졌다. 그리고 난 후 오히려 나의 업무 진행 속도는 무척 빨라져 선임교사의 일 속도에 비해 전혀 손색이 없게 되었다.

회의를 진행하기 위해 모이는 자리에서도 잠시 기다리는 시간을 이용하여 미리 계획하였던 업무를 하게 되니 근무 시간 내에 맡겨진 모든 업무를 처리할 수 있게 되어 퇴근 시간을 고수할 수 있었다. 앞에서 강조하였듯이 생각하고 계획하는 것은 의미 없는 시간을 활용하도록 할 것이며, 근무지에서는 생각하고 계획한 것을 효과적으로 실행에만 옮긴다면 훨씬 근무 시간을 단축시킬 수 있으리라 본다.

'시간 관리자' 가 되라. 훨씬 생활도 윤택해질 것이다. 더불어 미리 업무에 대해 계획하고 하여야 할 일을 목록화한 후 중요한 일의 순서를 정하여 중요한 일부터 먼저 수행한다면 훨씬 업무가 효율적으로 될 것이다.

도토리 키 재기 – 넌 무슨 수업을 해 보았니?

신임교사가 되어 3개월이 지났을 즈음에 동아리 모임으로 학교에 오랜만에 방문하였더니 그동안 적응하느라 연락을 하지 못한 친구가 와 있었다. S와 나는 서로 상반되는 분위기의 유아교육기관에 근무하고 있었다. 내가 근무하는 곳은 긴장감이 돌고 잠시도 휴식 시간이 없이 저돌적으로 근무를 하는 곳이라면 내 친구가 근무하는 곳은 편안하면서도 느슨한 곳이었다. 한 예를 들자면 내가 근무하는 곳에서는 교사들이 모여 점심식사를 하지 않고 10~20분 정도 비는 시간을 이용하여 각자 먹고 잠시 모이는 티타임을 갖지도 않는데, 그곳은 모든 교사가 다 같이 모여 이야기도 하고 티타임도 즐기며 짧게는 1시간에서 길게는 2시간 정도를 점심 및 담소를 나누곤 하는 곳이었다.

오랜만에 만나 그 동안 지냈던 이야기와 반 아이들에 대해 이야기를 하다 교사가 되어 어떤 종류의 수업을 해 봤는지 하나하나씩 열거하며 도토리 키 재기를 하게 되었다.

"넌 무슨 수업을 해 봤니?"
"동극해 봤니?, 노래는 가르쳐 봤니?, 음악 감상은?"

서로가 서로에게 물으며 대화하던 중 친구가 해 보지 못한 수업을 하고 있으면 왠지 더 발전한 것 같은 느낌이 들었던 기억이 난다.

신임교사가 되어 하루 일과를 계획하다보면 교육 실습 때 성공했던 수업, 학생 때 실기 수업 시 교수님께 칭찬과 격려를 받았던 활동에 자신감이 생겨 그 활동은 시도하기 쉽지만 학교 때 배우지 않았던 것, 실기 수업을 해 보지 않았던 활동, 실기 수업을 했을 시 그리 평이 좋지 않았던 활동은 신임교사가 되어 수업을 계획할 시 자꾸만

피하게 된다는 것이다. 교사가 자신감이 결여되고 즐겨하지 않는다면 그만큼 활동에 대해 성공감을 가지기 어렵다. 누구나 항상 처음이란 것을 거쳐야 하는 것이고, 누구나 실수가 경험한 후에 성공감을 크게 맛볼 수 있듯이 두려워하여 웅크리지 말고 시도하고 점프하자!

신임교사가 되어 몇 개월 뒤 친구와 만났을 때 "넌 그 동안 어떤 수업을 해 봤니?" 라는 물음에 다양한 활동을 시도했음에 뿌듯해 하고 실수 뒤에 성공감을 맛볼 수 있음에 기뻐하는 교사가 되도록 하자.

시집살이가 심한 곳일수록 더 좋다?

유아교사가 될 예비교사인 당신은 취업 시 가장 중요하게 생각되어야 할 것은 무엇이라 생각하는가? 그것이 앞으로의 인생에 어떤 영향을 주게 될 것인가를 신중히 생각할 시간은 가져보았는지 한 번 생각해 보자.

바로 앞 장에 이야기한 것과 같이 첫 근무지였던 유치원은 그 당시 일이 많기로 유명한 곳이었다. 다음 날의 수업을 계획하여 준비하는 시간보다는 한 달 전 또는 두 달 전에 행사를 위해 준비하는 것이 많았다. 그렇다고 보여주기 위한 행사를 많이 하였던 곳은 아니었지만 학급 일을 제외하고도 공동으로 할 일이 무척 많아서 공동일을 다 해야 내일 수업 준비를 할 수 있었고, 그 당시 시집살이가 무척 심하다는 생각을 하게 만든 곳이었다. 공동일도 많으면서 주제에 맞게 교실의 영역을 모두 다 변화시켜야 하고 매주 주제에 맞는 교구를 1점씩 제출해야 했다. 또한 가끔씩 교육계획안을 들고 나타나는 원감선생님은 교육계획안대로 각 영역마다 제시가 되었는지 점검을 하셨고, 점검 후 제대로 제시되어 있지 않은 교실은 준비를 다 해놓은 후 점검을 받고 가게끔 하기도 하였다. 지금 생각하면 교사들이 나태해졌을 때 가끔 충격요법으로 순회를 하셨던 것으로 생각이 든다.

첫 근무지의 일이 익숙하지 않았을 때에는 1주에 하나씩 제출하는 교구도 힘이 들었지만 나중에는 시간을 효율적으로 쓰니 제작된 교구 몇 점이 항상 예비되어 있어 그 중 골라서 하나씩 제출하기도 하였다. 사람은 환경에 따라 잘 적응하는 존재인지라 여유 없던 시간도 많은 업무량도 시간 내에 업무를 완수할 수 있었다. 또한 미리미리 한두 달 전에 일들을 계획하여 공동 업무를 하도록 하였던 것은 오히려 계획성 있게 앞을 내다보며 준비하고 실천하는 태도를 길러주게 되었다.

첫 근무지에서 2년을 근무하고 다른 곳으로 이직하였을 때 느낀 것은 신임교사일 때 시집살이가 심한 곳에서 배운 것이 참으로 행운이었다는 생각을 하게 된 것이다. 2년간 긴장감을 가지고 하루 업무량을 빽빽하게 소화했던 나는 조금 수월하고 가족적인 분위기인 곳에서 근무하기를 원하게 되었고 원하는 대로 근무지를 옮기게 되었는데 2년간 배운 것이 얼마나 알차게 배운 것인지 전 근무지의 원감선생님께 고마운 마음을 가지게 되었다.

전 근무지에서 수행했던 업무량의 반 정도만 수행하여도 능력 많은 교사, 열심히 교육 업무를 이행하는 교사가 될 정도였는데 이전과 비교하면 하루 업무량의 진척 정도라든가 업무 추진 정도는 비교가 안 될 정도였다. 물론 이직한 근무지도 유아들에게 무척 교육적인 환경이었고, 교육 철학 또한 유아교육에 적합하였지만 긴장감 없이 느슨하게 업무를 수행하는 교사들을 볼 때면 첫 근무지의 시집살이가 얼마나 나에게 교사 태도를 올바르게 형성시켜 주었는지 감사할 뿐이었다. 지금도 나는 신임교사일 때 첫 근무지에서 배운 업무 스타일이 내 직장에서의 업무 태도로 구축이 되었다. 함께 근무할 때에는 고마움보다는 부정적인 마음이었는데 오히려 이직을 하고 난 후의 가졌던 원감선생님께 대한 고마움은 이후 너무 잘 배웠노라고, 그래서 감사하다고 원감선생님께 고백을 하기에 이르렀다.

근무하고 있을 때는 몰랐지만 떠나고 나서야 나의 좋은 교사상을 확립시켜준 곳임을 깨닫게 되었는데 신임교사가 될 예비교사들에게 당부하고 싶은 것은 첫 근무지는 평생을 좌우할 교사상이 구축되는 곳이며 첫 근무지에서 보낸 시간은 배움을 가진 학교에서보다도 앞으로의 교사 생활에 더 많은 영향력을 미치게 된다는 것을 강조하고 싶다.

취업을 할 때 가장 우선시되는 것이 거리, 급여, 편안함이어서는 안 된다는 것이다. 교사상을 정립하게 되는 첫 근무지를 선택할 때 제일 먼저 우선시되어야 할 것은 눈에 보이는 편안함과 월급의 많음을 좇기보다는(물론 편안함과 월급의 많음도 중요하다. 하지만…) 배움이 많고, 유아들에게는 교육적인 유아교육기관이며 올바른 교육 철학을 가지고 있는 리더를 만나는 것이 그 외의 것보다 우선순위가 되어야 한다는 것이다. 인생은 길다. 그러나 그 인생을 좌우하는 첫 시기의 선택은 단 한 번뿐이고 습관이 형성될 첫 만남이 잘못되었을 경우 평생을 보낼 나의 직업관 및 태도에 큰 영향을 미치게 되니 그 무엇보다도 중요하지 않겠는가?

학생들에게 취업 시 가장 강조하는 것은 가장 힘든 직장을 선택하라고 말하고 싶다. 그러나 반드시 내가 가지고 있는 교육 철학과 유아교육기관이 가지고 있는 교육 철학이 어느 정도 일치되어야 한다. 교육 철학이 일치하고 배움이 많으면서 할 일이 무척 많은 곳이라면 평생을 좌우할 좋은 교사상을 정립시켜 주는 데에 가장 적합한 곳이 아닐까 생각한다.

"잔소리를 즐겨라. 상사가 해주는 잔소리는 나를 성장하게 하는 달콤한 꿀과 같이 생각하자."

서로의 수업을 공유하자

하루의 일과가 끝나면 대부분의 교사들은 하루 일과 중의 에피소드를 이야기하기에 바쁘다. 기쁜 일, 속상한 일, 나를 행복하게 해 준 유아의 이야기, 수업 활동에 대한 이야기 등 업무를 보면서도 서로 마음이 통하는 교사와의 대화는 지속된다.

이 대화가 신임교사뿐만 아니라 모든 교사에게 간접적으로 이루어지는 장학의 형태로 자리잡게 된다. 이 대화 속에는 유아들이 주의 집중을 하지 않을 때 주의 집중을 시키는 방법이 있고, 수업 활동의 기발한 아이디어도 있으며, 유아와의 상호작용 시 필요한 교사의 기술도 숨어 있곤 한다. 회의를 통해서 하루 일과의 수업을 공유한다거나 일과 중에 일어났던 자잘한 일들을 보고하는 형식은 분위기가 무거워지고 자연스런 공유가 이루어지지 않는다.

이야기를 하며 나의 장점을 다른 교사에게 공유하게 하기도 하지만 선임교사들의 이야기를 귀 기울여 들으며 선임교사의 장점 및 교육 노하우를 잘 찾아내어 교육에 도움이 되도록 하자.

생각하자, 남과 다르게

대부분의 신임교사들은 다음 날의 일일교육계획안을 작성할 때 교육인적자원부에서 나온 책자나 월마다 발간되는 유아교육 잡지를 옆에 펴 놓고 그대로 옮겨 적는 경우가 대부분이다. 요즘은 인터넷의 발달로 아주 편하게 아예 일일교육계획안조차 인터넷의 자료를 복사하여 편집하는 경우가 비일비재해졌다.

하나의 활동을 계획한다 할지라도 동일한 활동임에도 불구하고 서로 다른 수업 흐름을 가지고 있어야 한다. 그것은 자신의 반 유아들을 위해 활동을 어떻게 도입하여야 할지, 도입 후 어떻게 전개해야 할지, 마무리 평가는 어떻게 해야 할지, 각 교사의 특성에 맞게 개성이 있는 교육계획안이 작성되어야 함을 뜻한다.

일 년 열두 달을 활동 하나하나마다 대한민국에서 나만의 교육 활동을 생각하고 교육을 펼친 교사와 매일 책 또는 인터넷 자료에서 자신의 생각을 하나도 넣지 않고 베껴서 교육을 하는 교사가 있다고 하자. 하루하루가 모여 1년이 지났을 때 과연 두 교사는 어떤 차이를 보일까? 학교를 졸업하고 똑같은 자격증을 취득하여 신임교사라는 같은 위치에서 출발하였는데 1년이 지난 뒤의 두 사람의 도착점은 과연 어디에 있을까? 얼마나 많은 차이를 보일까?

자신의 반 유아들을 위해 교육적인 고민을 하면 할수록 유아들은 행복해지고 교사는 교사대로 성숙되고 발전적인 교사가 되는 것이다.

'생각하자, 남과 다르게….'

지켜야 할 원칙 1. 거짓말 하지 말자

신임교사가 되어 생활하다보면 모든 것이 처음이고 익숙하지 못함으로 인해 긴장되어서 그런지 실수를 하는 경우가 종종 있게 된다. 성격이 꼼꼼하고 기록을 해 두는 습관이 있는 교사는 덜 하겠지만 덜렁거리는 성격에 기억에 의존하여 일을 처리하려는 경우는 실수를 하는 횟수가 더 많아지게 된다.

신임교사가 쉽게 하는 실수로는 금요일에 가정으로 보내는 가정통신문이나 주제계획안 등 가정으로 알려야 하는 안내문을 나눠주지 않는 것과 학부모의 요구로 특별히 그 날만 귀가 장소가 바뀌어 매일 반복되는 귀가의 방법대로 귀가하지 않는 경우에 귀가 시 잊고서 실수하는 것 등이 있다.

하루 일과가 매일 똑같이 반복되지만 급하게 귀가 지도를 하게 되는 경우는 실수를 할 확률이 더 높고 특히 신임교사가 적응이 되지 않은 경우에는 더더욱 빈번하게 일어난다. 머피의 법칙처럼 실수를 한 유아에게 반복적으로 실수가 이루어져 원에게도 본인에게도 더더욱 난감하게 되는 경우가 많다.

신임교사일 때는 실수를 해 놓고도 실수한 것을 깨닫지 못할 정도로 정신없이 보내게 되는데 회의 시간에 하루 업무와 관련하여 업무 이행에 대해 확인하는 이야기를 하게 되었을 때 '실수한 것을 모르시겠지' 라고 생각하여 잠깐의 거짓 보고를 하게 되는 경우 그 거짓이 드러나게 되면 신뢰와는 영원히 거리가 멀어지게 된다. 가장 중요한 것은 큰 실수를 하였어도 인정하는 자세, 작은 실수를 하여도 인정하는 자세가 필요하다. 그리고 업무와 관련하여 실수를 범하게 되었을 경우 점검이 이루어졌을 때 실수를 인정하는 것보다 먼저 개별적으로 찾아가 그 날의 실수를 말씀드리고 사과드린 후 다시는 같은 실수를 범하지 않겠다고 다짐하는 것이 훨씬 신뢰도를 높이게 된다.

사람은 누구나 완벽하지 않다. 누구나 작게 든 크게 든 실수를 하며 산다. 되도록 실수를 하지 않는 것이 더 바람직하겠지만 이왕 실수를 했다면 솔직해지는 편이 낫다는 것이다. 그렇다고 잦은 실수를 하면서 그 때마다 실수를 보고한다고 그 교사에게 신뢰를 갖게 되는 것은 아니다. 한 번의 실수로 끝나야 하는 것이고 같은 실수를 반복한다면 그것 또한 교사의 능력에 흠이 가는 것이다. 그러나 능력에 흠집이 가는 것보다 신뢰에 흠집이 가는 것이 더 무서운 일이라는 것을 명심하자.

지켜야 할 원칙 2. 잘못은 바로 시인하자

'핑계 없는 무덤 없다' 라는 속담이 있다. 모든 일마다 다 핑계거리가 있고, 많은 사람들이 핑계와 변명을 하기에 이런 속담이 나왔을 듯하다.

잘못을 하였을 때나 억울함이 있을 때 잘못된 일에 대해 다른 데에 탓으로 둘러대는 변명을 하게 되고, 자신의 의도와는 다르게 방향이 흘러갔을 때는 자신의 의도를 정당화하기 위해서 핑계를 대기도 한다.

'그런데, 사실은…', '하지만, 제 의도는…' 으로 시작되는 말인 변명과 핑계는 오히려 더 구차해지고, 하고 나서는 찜찜한 감마저 들만큼 초라해지는 것은 사실이다. 잘못을 했을 때는 그 자리에서 바로 시인을 하고 사과를 드리는 습관을 갖자. 그리고 꼭 의견을 이야기하고 싶으면 며칠이 지난 후 조용히 이야기할 수 있는 시간을 마련하여 변명이 아닌 원인과 결과에 대한 속마음을 이야기하도록 하자.

지켜야 할 원칙 3. 같은 잘못은 2번 다시 하지 않는다

어느 날, 한 학부모에게서 원장님에게로 전화가 왔다. 내용인즉슨 다른 반 엄마와 이야기하다 보니 같은 사항인데 내용이 다르다며 어느 것이 맞는 것인지 정확히 알려달라는 것이었다.

교사들 중에는 자신이 모르는 사항을 학부모에게 알려지는 것이 싫어 임기응변으로 대답을 하는 경우가 있기도 하고, 또 전달 내용에 대해 숙지가 되지 않아 잘못 입력된 기억을 근거로 전달함에 따라 생기게 되는 실수이기도 하다. 위의 사례가 돈과 관련된 교육비, 급식비 등과 관련된 경우라면 원은 무척 난감해지는 사안이 된다.

담임교사의 실수는 아주 작은 것이라 할지라도 숨기려 해도 어떻게 해서든지 드러나게 되기 마련이다. 그러한 이유로 먼저 실수를 인정하자는 것이기도 하지만 먼저 실수를 고백하고 사과를 드리게 되면 학부모로부터 전해들을 때보다 훨씬 실수에 대한 반응은 부드러워지며 실수로 인해 생길 일들에 대해 대처할 수 있는 시간과 기회를 갖게 된다.

신임교사들은 경력교사들에 비해 더 많은 실수를 하게 된다. 1년이라는 첫 경험의 긴 시간이 가기 전까지 모두 다 처음 경험하는 것들이기 때문에 신임교사라는 딱지가 떼어지는 1년이 지날 때까지 긴장을 놓칠 수 없다.

신임교사들이 실수를 하게 되는 이유로는

- 업무에 대해 제대로 파악이 안 되었을 때
- 전달 사항을 기록해 두지 않아서
- 일의 우선 순서를 모르기 때문 등이다.

그러므로 신임교사들은 실수를 최대한 하지 않도록 하기 위해서는

- 전달 사항을 반드시 기록으로 남기고
- 기록된 전달 사항을 이행하였는지 체크를 하며 확인하고
- 월 단위, 주 단위, 하루 단위이든 하여야 할 업무에 대해 기록을 한 후 우선되는 일의 순서를 정하여 오늘 지금 당장 꼭 해야 하는 급한 업무부터 이행하여야 한다. 그러함에도 불구하고 누구나 실수나 잘못은 할 수 있으며 똑같은 실수를 두 번 다시 하지 않도록 주의를 기울여야 한다. 특히 외부로 비춰지는 잘못은 교사에 대해 신뢰도와 원의 이미지를 실추시킬 수 있기 때문에 더욱 더 주의를 기울여야 할 사항이다.

각 원마다 원 특색이 있고 그 원만의 문화가 있어 신임교사를 채용하게 되면 하나하나 안내하며 신임교사를 훈련시켜야 하는데 이러한 노력이 힘이 들어 신임교사 채용을 기피하는 원이 있기도 한 것은 사실이다. 1년이 다 가기 전까지 원장님들은 신임교사에 대해 안심을 놓지 못한다는 이야기를 하기도 한다. 이 이야기는 대학에서 전공하여 배운 유아교육 학문만으로 현장에서 요구되는 교사의 역할을 다 채워주지 못하기 때문이기도 하며 신임교사의 각 개인 성향에 따른 결과라고도 볼 수 있다. 한 명의 신임교사가 1년이라는 기간동안 알아야 할 것과 배워서 수행해야 할 일들이 많기에 모르면 선임교사에게 물어보며 익히고, 재차 확인하여 실수를 줄이고, 실수하면 바로 인정하며 두 번 다시 같은 실수를 반복하지 않도록 한다면 흡족한 1년을 보내게 되어 신임교사라는 이름에서 벗어날 수 있지 않을까?

지켜야 할 원칙 4. 지각하지 말자

직장인으로서 가장 중요시 되는 덕목은 무엇일까?

우리들은 유아를 교육하는 직업이다 보니 인성을 꼽을 수 있을 것이다. 그 다음 중요시 되는 덕목으로 나는 성실을 든다. 아무리 다양한 재능을 가지고 있다 할지라도 성실 앞에는 장사 없다는 것이 사회생활을 하면서 깨달은 이치이다. 반짝거리는 재능도 노력 없이는 퇴색되는 것을 많이 보아왔고 아주 작은 재능을 가지고 있다 할지라도 성실히 노력하면 이후 아주 큰 보석을 캐는 사례를 많이 보아왔기 때문이다.

그렇다면 성실한지 아닌지를 알 수 있는 첫 잣대로 나는 출근 시간을 지키는지 지각을 자주 하는지로 평을 한다. 아침에 지각하지 않고 성실하게 1년 동안 출근 시간을 지킨다는 것은 쉬운 일이 아니기 때문에 성실의 잣대로 사용한다. 두 번째 잣대로는 약속 이행을 본다. 업무 수행에 있어 약속한 날짜를 지키는지를 잣대로 삼는데 이 두 가지를 지키는 사람은 학부모 관리든, 무슨 일을 하든 간에 신뢰할 수 있었다.

교사들 중에는 지각을 하고 나서도 핑계와 변명이 무척 많다. 겨울이면 눈 때문에, 잠이 많은 사람은 알람 소리를 못 들어서, 그 외로는 차가 막혔다느니….

남들보다 10분 일찍 출근할 수 있도록 하여 보자. 성실이 쌓이면 이 세상에 못할 일은 없을 테니까….

지켜야 할 원칙 5. 첫 해에는 제일 늦게 퇴근하자

나의 남편이 첫 직장을 다닐 때(그 당시에는 남편이 아니었지만) 나는 경력 2년차일 때인데 만나기가 너무 어려웠었다. 대부분 밤 11시나 12시경에 집 앞에서 얼굴을 잠시 볼 수 있는 것도 일주일에 한두 번 정도로 바뀌는 것이었다. 왜 이리 바쁜 것인지 이유를 물었더니 갓 입사하여서 알아야 할 것도 많고 익혀야 할 것도 많아서 그렇다는 것이었다. 다른 사람들도 모두 이렇게 늦느냐는 물음에 이것은 스스로 자신이 알아서 하는 것이지 누가 시켜서 하는 것이 아니라고 말하였는데 그렇게 멋있어 보일 수가 없었다. 입사한 회사에서 업무에 필요한 능력을 키우기 위해 자발적으로 남아서 자신을 발전시키는 모습을 보니 내가 신임교사일 때 나는 원에서 필요한 능력을 키우기 위해 무엇을 했었는지 나의 신임교사일 때의 모습을 비교하여 보았다.

경력교사가 되어 다른 근무지로 이동하였을 때에도 새로운 근무지의 문화를 익히고 적응하는데 2~3개월이 소요되었었는데 신임교사의 적응은 더 오래 걸렸었다. 내가 신임교사일 때 적응 기간을 생각해 보면 거의 한 학기 정도가 되었던 것으로 기억이 되는데 실상 모든 적응은 1년 모두가 소요된 셈이다. 그래도 어느 정도 덜 긴장되고 뭔가 익숙한 기분이 들기 시작한 때가 한 학기를 마무리할 때쯤이었던 것으로 기억한다.

컴퓨터와 관련된 업무에 대해 함께 근무했던 선생님 중의 좋은 예를 들어보고자 한다. 어느 해부터인가 컴퓨터가 교무실에 일반화가 되면서 컴퓨터로 계획안 및 가정통신을 작성해야 하는 능력이 요구되었다. (내가 신임교사일 때에는 글씨를 잘 쓰는 교사가 예쁘고 단정한 글씨체로 글을 쓰면 복사하여 가정으로 배부하였다.) 1997년도 근무했던 원에 5명의 교사가 근무하고 있었는데 컴퓨터를 다룰 줄 아는 교사는 3명이었고 컴퓨터를 다룰 줄 모르는 교사는 원감선생님과 5년 경력차 선생님이었다. 5년차 경력자였던 P선생님은 컴맹이었었는데 컴퓨터와 관련된 업무를 다룰 줄 아는 선생님에게 부탁을 하고 그 선생님이 오려야 할 단순한 작업을 교환하며 컴퓨터 업무의 도움을 받고 있었다. 그러다가 바로 컴퓨터를 장만하더니 어느 사이 스스로 컴퓨터를 다루며 혼자 스스로 문서를 완성하는 모습을 보며 존경과 감탄을 한 적이 있다.

이와 반대되는 예로는 2001년도 만난 신임교사 K에 대한 이야기이다. 신임교사 K 또한 컴퓨터를 다룰 줄 모르는 교사였다. 그래서 1년간 다른 교사에게 컴퓨터 관련 업무를 부탁하고 대신 그 반의 단순 업무를 교환하여 일을 해 주며 근무하였는데 1년 내내 다른 교사에게 도움을 청하며 타 교사에게 의존하며 업무를 수행하다 결국 그 K교사는 컴퓨터로 인해 능력 부족을 한탄하며 그 해 다른 직장으로 옮기었다. P교사와 K교사를 비교해 보자. 자신이 부족한 업무 능력을 대하는 방법에 따라 어떻게 되었는지 말이다. P교사는 경력교사임에도 불구하고 시대적 흐름에 따른 교사의 필요한 업무 능력을 키우기 위해 아예 컴퓨터를 장만하고 퇴근 후에 컴퓨터 연습을 하며 능력을 키운 반면 K교사는 교사의 필요한 업무 능력을 향상시키고자 노력도 하지 않은 채 근무지 탓을 하며 이직한 것이다.

당신이라면 어떤 선택을 할 것인가? 필요한 능력 함양에 시간과 노력을 투자하지 않으며 탓을 할 것인가? 아니면 시간과 노력을 투자하여 동료교사에게 피해가 가지 않도록 할 것인가? 선택은 당신에게 달렸고 선택은 당신의 인생을 좌우하게 될지도 모른다.

신임교사가 되어 근무를 하면서

- 업무에 대해 파악하지도 못하기 때문에 미리 계획하지도 못하며
- 미리 계획하지 못함으로 인해 적절한 시간 관리를 하지 못해 일 진척은 늦어지고
- 일이 익숙하지 않아 소요되는 시간은 배가 되고
- 일이 마무리를 알지 못해 늘 불안감을 느끼게 되며
- 결국은 누구의 도움 없이 혼자 스스로 서야 함을 느끼게 된다.

원에 필요한 능력을 갖추었다 할지라도 익숙해지지 않았기 때문에 선임교사보다 업무에 소요되는 시간을 훨씬 늦어지는 것은 당연하기 때문에 만약 선임교사와 같은 시간에 퇴근하게 된다면 업무를 다 하지 않았다고 봐도 틀림이 없다.

익숙하기 전에, 나에게 부족한 필요한 업무 능력을 갖추기 전에는 신임교사일 때에는 제일 늦게 퇴근하여 스스로 익히고 다른 교사에게 그리고 원에 피해가 되지 않도록 하는 것은 어떨까? 그럴 때 당신은 전문가로서 한 발자국 앞서게 되고 점차 퇴근 시간에 자유로운 교사가 될 수 있을 것이다.

지켜야 할 원칙 6. 살아남아야 한다!

'살아남아야 한다! 라는 말이 너무 강하게 들리리라 생각한다. 신임교사 중 많은 수가 1년의 기간을 마치고 유아교사로 계속 할지 말아야 할지를 고민한다고 하니, 첫 해 신임교사 기간을 잘 보내고 살아남는 것이 계속 전공을 살려 유아교사가 되는 길이 된다고 볼 수 있다.

나는 다행스럽게도 신임교사의 시기를 무사히 잘 보냈는데 함께 근무했던 신임교사들에게서 보여지는 자기 안의 갈등을 보며 신임교사가 혼자 독립할 수 있게 되기를 기도해 주고 격려해 주는 마음으로 변하였다. 신임교사에게는 담당한 반 업무만으로도 벅차고 힘들며 혼자 서기에도 힘든 존재라는 것을 알기에 공동일이 있을 때에도 신임교사를 배려해 주고, 교실이 안정된 분위기가 아닐지라도 기다려 주며 자긍심을 가지고 살아남기를 기다려 주곤 하였다.

매년마다 신임교사의 1년이 끝나는 시기에는 어김없이 다른 길을 가고자 하는 교사와 상담을 해야 했고, 그 때마다 신임교사라면 누구나 갖는 갈등임을 이야기하며 1년 더 경력을 가지게 되었을 때에 다시 한 번 내가 가야 할 길인지 아닐지 그 때 다시 생각하고 결정해 보자고 설득을 하였었다. 그럴 경우 2년차 경력자의 길에 들어서면 첫 해보다 더 나은 자신의 모습을 보며 자긍심을 가지게 되어 유아교사로서의 길을 가게 되는 경우가 많아졌다.

신임교사에게는 시간이 필요하다. 그들을 기다려 주어야 한다. 혼자 독립할 수 있도록 그들을 지지해 주고 도움을 주어야 한다. 물론 신임교사들은 1년이라는 기간이 쉬운 기간이 아니므로 마음을 다 잡고 극복하고 스스로 발전해 나갈 수많은 노력을 해야 한다. 그리고 1년이 지난 후 부족한 자신을 반성하고 다시 번복하지 않아야 할 실수를 기록하여 개선할 방법을 모색하고 노력하여야 할 것이다.

누구에게나 첫 경험은 힘든 것이 당연한 것이지만 그 다음 해부터는 한 번 경험했던 것이므로 훨씬 수월하게 될 것이고 유아들과의 상호작용 기술, 수업 기술, 상담 기술, 학급 운영이 세련되고 향상되어 점차 나은 교사 자신의 모습을 발견하게 되어 점차 유아교사로서 자긍심을 갖고 나의 길임을 알게 될 것이다.

생존하자! 전공을 살려 직업을 가질 수 있음이 축복임을 알며 감사하고 도약할 수 있는 기회를 반드시 갖도록 하자.

학급운영계획

6년차가 되었을 때 근무하게 된 곳의 이사장님은 건설 회사를 운영하시는 분이셨다. 그 동안 근무했던 유아교육기관에서는 교육 관련 업무에 종사하시다가 유치원 원장님이 되신 분 밑에서 근무하였는데 두 분들과 다른 점은 새 학기를 시작하기 전에 전체적인 학급운영계획을 세우는 것, 한 학기가 지나면 새 학기 때 세운 운영계획과 비교하여 어떻게 실천하였는지 어떻게 생각이 바뀌었는지를 보고서를 쓰도록 하는 것이었다.

누구나 익숙한 것에서 벗어나는 것에 대해 거부감을 가지게 되는데 학급운영계획을 처음 세우자니 막막하기도 하고 왜 이런 업무를 하는지 조금씩 불만을 가지고 있었다. 그러면서 학급운영계획은 학급을 맡은 교사라면 누구나 새 학기가 시작되기 전에 교사로서의 교육 철학을 다시 한 번 재정립하여 보고, 교사로서 우리 반 유아들에게 중점을 두게 되는 사항(원훈 같은 것)이 무엇인지 전체를 보며 세부적인 것까지 자세하면서도 넓게 학급을 운영하기 위한 계획을 세우기 시작하였다.

학급운영계획 보고서 제출에 대해 업무를 시달받았을 때의 부정적인 마음은 오간데 없고 이제까지 한 번도 학급운영계획을 세우지 않고 매해마다 1년씩 보냈다는 것이 부끄러워졌다. 물론 1학기마다 계획했던 학급운영계획과 이후 실천이 어떻게 되었는지 반성을 하고 다시 2학기 학급운영계획에 수정해야 할 사항, 보충해야 할 사항을 수정하며 2학기를 맞이하곤 하였는데 이전의 계획 없이 1년을 교육할 때와 다른 점을 발견할 수 있었다. 그것은 교육관의 정체성, 현혹되지 않는 교육의 방향, 교육 실행에 대한 반성적 사고에 따른 성숙이었다.

물론 원을 운영하는 리더에 의해 교육 철학 및 큰 줄기로서의 교육 프로그램은 정해지나 학급에서 교사의 역량에 의해 진행되거나 교사 자신이 더 관심 갖는 분야를 활성화시킬 수 있는 기회가 될 수 있었다. 그리고 학급운영계획이 세워지면 교사 회의 시간에 각자 생각하는 학급운영계획을 브리핑하는 시간을 가지며 공유할 수 있는 부분은 공유하여 자신의 학급운영계획을 수정할 수도 있었다.

그렇다면 학급운영계획에 포함될 수 있는 항목은 무엇일까?

- 교육 철학
- 교육 프로그램
- 연간교육계획 및 행사
- 유아상
- 교육 중점 사항
- 학부모 관리 계획; 상담의 방법, 상담의 횟수
- 관찰 기록
- 독특한 우리 반의 문화 등

학급운영계획을 세워보자. 새 학기가 시작되기 전에 우리 반을 운영하기 위한 커다란 지도를 그리고 지도를 따라 항해하여 길을 잃지 않는 항해사가 되도록 하자.

'그런데요…, 하지만…' 이 아닌 '네!'

사람은 누구나 그 시기에는 가장 최선이라고 생각하였고 그 시기에는 가장 올바른 것이라 생각하였던 것이 세월이 지나면 후회가 따라오게 되는 것 같다. 신임유아교사일 때 가장 후회가 되는 부분이 바로 '네' 라고 대답하지 않고 상사의 이야기에 "그런데요…." 라고 끝말을 붙였던 부분이다. 이 사실을 깨닫게 된 것은 나와 똑같은 신임교사와 근무하게 되었을 때인데 그 교사를 보며 내 신임교사일 때의 모습이 떠오르며 얼마나 속상하셨을까 생각이 미치게 되었다.

물론 다른 의견을 가진다는 것, 의견을 제시하는 것이 나쁘다는 것이 아니다. 다른 의견을 제시하는 토론의 시간과 업무를 시달받을 때는 구분이 되어야 한다는 것이다. 토론 시간에는 의사를 개진하여야 하는 것이 당연한 것이고 그래야만 좋은 결과로 도출될 수 있다면 업무를 시달받을 때 자꾸만 "그런데요…." 라며 뒷말을 다는 것은 바람직하지 않다는 것이다.

이러한 단점을 발견하곤 경력교사가 되었을 때 반드시 상사가 업무를 시달하면 '머릿속으로 될지 안 될지를 판단하지 말고 먼저 실행해 보고 안 될 때 다시 의사를 개진하자' 라고 다짐해도 쉽게 고쳐지지 않는 버릇이었다. 물론 머릿속 판단이 옳을 때도 있고 옳지 않을 수도 있다. 머릿속 판단으로 하면 시간과 노력을 단축할 수 있을 거라는 생각으로 '길을 돌아서 갈 필요가 없지 않겠는가?' 라고 생각하며 "그런데요." 라며 의사를 개진하려 하였는데 나의 신임교사 때와 똑같은 신임교사를 밑에 데리고 지내자니 자꾸만 내 신임교사 때의 일이 생각나서 얼굴이 발그레해지는 것이었다.

어느 날, 나의 신임교사 때와 너무나도 닮은 신임교사를 가만히 불러 이야기했다.

"선생님, 선생님은 나의 신임 때와 너무도 닮았네요. 의견이 있다는 것은 적극성을 나타내고 또 나는 의견이 많은 선생님을 좋아해요. 선생님! 의견을 나눌 때와 업무가 주어질 때를 구분하면 어떨까요? 업무가 주어질 때에는 먼저 수행해 보고 의사를 개진하면 어떨까요?"

신임교사에게 이야기를 하고 있을 그 당시에도 나 또한 상사에 의해 주어진 업무를 머릿속으로 생각해보고 '이건 아닌데…' 라고 생각하면서도 "네!" 라고 먼저 대답하여 수행해 보고 난 후, 되는지 안 되는지, 무엇이 문제인지 다시 판단하여 의견을 개진하는 훈련을 스스로 할 때였다.

상사가 업무를 시달할 때는 먼저 "네!" 라고 시원스럽게 대답하자. 그리고 이행해 보자. 그런 다음 의견을 개진하여도 늦지 않다. 먼저 노력하는 모습을 보인 다음 의견을 개진한다면 수용해 주지 않을 리더는 없을 것이다. 업무를 시달하는 리더 앞에 반대 의견을 제시하며 리더의 의견을 수용하지 않는다면 누가 당신의 의견을 좋은 마음으로 수용해 줄 수 있을까?

주인의식을 갖자

늦은 저녁에 식당에서 아들과 식사를 하며 누가 주인일지, 누가 종업원일지 알아맞히는 게임을 한 적이 있다. 그 음식점의 주인은 젊은 나이였고 종업원과 같은 앞치마를 하였었기 때문에 알 수 없는 상황이었고 처음에는 '주인이 없이 모두 종업원들만 일하나보다' 라고 생각하였었다.

아들과 재미있는 게임을 하며 식사를 하면서 나는 유독 한 사람이 주인일 거라는 확신이 들기 시작하였다. 물론 모두 종업원이라 할지라도 내가 심증을 굳힌 사람이 종업원이라면 음식점의 주인은 정말 복된 사람일 것이라고 생각하였다.

내가 심증을 굳힌 주인의 징후는

- 항상 미소를 짓고 있는 표정
- 손님의 요구에 즉각적인 반응
- 한 옥타브 높은 목소리
- 빠른 몸놀림
- 늦은 시간임에도 생기 넘치는 표정
- 손님의 반응을 살피는 부지런함 등이었다.

또 이와 반대되는 종업원이라고 생각한 사람들의 모습은

- 지쳐 있는 표정
- 느린 몸놀림
- 수동적인 자세

- 손님의 요구에 대답 없이 움직이는 모습
- 미소가 보이지 않음이었다.

아들과 식사를 하며 주인 찾기 게임은 어쩌면 싱겁게 끝났는지도 모른다. 너무나 확연하였기 때문이었는데 혼돈이 왔던 것은 주인이 너무나 젊어 보여 젊은 종업원인 줄 생각하였던 것이다. 아들은 주인 찾기 게임을 하며 나의 추론에 수긍하여 같은 사람을 내세웠지만 이 날의 관찰은 아들에게도 깊은 인상으로 각인되었을 것이라 생각한다.

주인과 종업원의 차이는 이 음식점에서만 일어나는 일은 아니다. 신임교사가 근무하게 될 유아교육기관에서도 똑같이 일어날 수 있는 일이며 유아교육기관의 장 또한 음식점의 주인과 같은 모습의 교사를 간절히 원하고 있다.

나는 내 소유의 원을 운영해 본 적이 없이 리더까지 되었는데 함께 근무하는 교사들에게 당부하는 이야기가 '주인의식을 갖자', '내 것처럼 하자' 였다.

'내 물건이라면 분실이 되어도, 훼손이 되어도 아무런 감정이 안 생길까?', '내 집이라면 벽에 그려진 낙서 및 더러움이 아무렇지도 않게 느껴질까?', '내 자료라면 쉽게 버릴 수 있을까?'

유아교육기관에서도 주인의식을 가지고 근무하는 교사와 그렇지 않은 교사는 표정, 태도, 움직임, 물건 관리, 학부모 관계 형성 등 모든 분야에서 서로 다른 모습을 보이게 된다. 스스로는 못 느끼겠지만 자신 이외의 사람은 모두 다 느낄 수 있는 부분이다.

생각해 보자. 내가 주인의식을 가지고 근무한다면 과연 누구에게 좋은 일일지 말이다. 그건 윗사람에게 잘 보이기 위함이 아니요. 바로 내 자신의 양심에 올바른 선언을 하는 것이고, 자신이 스스로 열심히 산 시간은 반드시 본인에게 돌아오게 되는 것이다. 그건 돈을 주고도 살 수 없는 삶에서 배우는 값진 것이며 누구에게도 배울 수 없는 나 자신에게서만 배울 수 있는 것이라 생각한다.

나를 위해서 주인의식을 가지고 업무에 임하자. 첫 사회생활의 태도는 평생을 좌우하기 때문에 지금 출발이 당신에게는 무척이나 소중한 발걸음일 것이다.

내가 뿌린 만큼 거둔다

봄철에 농부가 밭에 나가 씨앗을 뿌리면 가을에는 추수를 하게 된다. 그 동안 농부가 어느 만큼의 수고와 땀을 흘렸는가에 따라 수확하는 정도가 달라질 수도 있겠지만 여러 가지 변인에 의해 수확의 정도가 달라질 것이라 생각된다. 토양의 질에 따른 변인, 여름철의 태풍, 가뭄으로 인한 자연 기후적인 변인, 씨앗의 품종과 질이 좋음에 따른 변인, 비료 사용 또는 영양분 공급의 변인, 농부의 사랑과 정성 등 많은 변인들이 있을 것이다.

매번 여름철마다 태풍이나 기후의 변인에 의해 뿌린 씨앗이 수확을 코 앞에 두고 농작물을 망치는 농부도 있지만 문제를 분석하여 다시는 같은 일을 반복하지 않도록 하는 농부들도 있다. 반면 올해 추수가 잘 되어 가격이 좋은 품종이 있다면 내년에도 같은 것을 심거나, 또는 다른 농부가 성공하면 무조건 따라 심었다가 공급이 많아 가격이 떨어져 낭패를 보는 농부들도 있다. 요즘은 전통적인 방법으로 밭과 논을 일구는 농부들도 있지만 젊은 농부들을 중심으로 과학 영농 재배로 과학적으로 접근하여 경쟁력 있는 품종을 개발하기 위해 노력하고 자기만의 새로운 재배법 및 품종을 과학적으로 접근하여 개발하여 좋은 결과를 거두는 농부들도 점차 많이 생겨나고 있다.

유아교사들도 농부와 마찬가지라는 생각이다. 신임교사의 기간 동안 많은 변인은 각 원마다 각 교사마다 다 다를 것이다. 원의 특성, 원의 리더의 성향, 선배 교사들의 배려의 정도, 반 유아들의 특성, 학부모의 특성 등 많은 요인들이 다를 것이다. 그러나 가장 중요한 것은 각기 다른 변인이 있다 할지라도 경쟁력 있는 품종을 개발하기 위해 노력하는 농부와 같이 유아교사가 노력해야 할 부분은 무엇인지 생각해 볼 필요가 있다는 것이다.

만고의 진리인 '내가 뿌린 만큼 거둔다.' 라는 말이 진실이기 때문이다. 신임교사인 내가 어느 만큼의 노력과 사랑과 끈기를 가지고 열정을 다해 노력하느냐에 따라 1년이 지난 뒤, 또 몇 년이 지난 뒤의 나의 모습은 무척이나 달라질 것이기 때문이다. 그렇다면 신임교사로서 1년 뒤에 수확하고자 하는 것은 무엇인지 생각해 보아야 할 것이고, 수확하기 위해 내가 뿌릴 씨는 무엇이며, 그 과정 중에 내가 하여야 할 것은 무엇인지 신중히 생각하고 계획하여 실천해야 하지 않을까?

'당신은 무엇을 수확하기를 원하는가?

'당신은 어떤 씨를 뿌릴 것인가?

'당신은 어떤 노력을 할 것인가?

모르면 묻고 행하라

대학을 다니는 기간 동안 유아교사가 되기 위해 많은 것을 배웠다고 생각하고 배운 것을 바탕으로 잘 할 수 있을 거란 다짐을 하며 첫 출발을 하며 지낸다. 그러나 아주 사소한 것에서부터 곧 찾아드는 갈등은 1년이라는 기간 동안 '이게 맞는 걸까?', '혹, 내가 하는 이 방법이 틀린 것은 아닐까?' 고민하고 갈등하는 순간이 정말 자주 찾아온다.

그러면서도 괜한 자존심 때문에 혼자 해결해 보려고 애쓰고 선임교사나 동료교사에게 무엇인가 묻게 되면 나의 약점이 노출이 될까봐 끝까지 혼자 해결하려 했을 때에는 계속 고민과 갈등의 연속이었다.

시간이 흘러 후배교사들과 함께 직장생활하며 후배들에게 '모르면 묻고 행하라'라는 말을 자주 하게 되었는데 '선임'이라는 낱말은 그냥 가져다주는 것이 아니라는 것이었다. 학교에서 배운 것 전부가 현장에서 하여야 할 업무를 모두 지지해 주는 것은 아니며 학교에서 배우지 못한 현장에서 배워야 할 영역의 것도 있기 때문이며 또 그 유아교육기관만이 갖는 특색은 각각 다 다르기 때문이다.

어느 정도의 경력이 쌓인 후 가장 후회가 되는 것은 모를 때 바로 선임교사에게 묻고 배웠더라면 훨씬 좋은 교사로의 길로 빨리 다다를 수 있었을 텐데, 마음 속 갈등의 긴 시간이 마냥 후회스러울 뿐이었다.

2~4년간의 배움은 깊고 넓지 않음을, 현장에서 성숙의 과정을 반드시 거쳐야 함을, 배움은 끝이 없음을 왜 몰랐을까? 선임교사에게 모르는 것을 물어보면 '그것도 몰라?', '어느 학교 출신이니?'라는 말이 나오는 게 두려워 그리고 자존심 때문에 가슴 앓이하였던 시간들이 무척 아깝기만 하였다. 배움은 끝이 없기 때문에, 그리고 다 안다는 것은 있을 수도 없는 일인데 물어보는 일이 뭐가 그리 두렵고 어려웠는지 모르

겠다.

'그것도 몰라?', '어느 학교 출신이니?' 하고 말할 선임교사가 있다할지라도 용기 있게 묻자! 왜냐하면 내가 담임으로 있는 유아들은 실험 대상이 아니며 갈등으로 보낸 시간이 우리 반 유아들에게는 소중한 시간이기 때문이다. 혼자 속앓이를 하는 갈등의 시간이 적으면 적을수록 나는 빨리 성장할 수 있는 기회가 된다.

걸림돌과 디딤돌

길을 가다가 커다란 바위가 길을 막고 있다고 생각해 보자. 그 길에 있다면 당신은 어떻게 할 것인가? 그 바위가 당신에게 어떤 의미로 다가갈지 생각해 볼 일이다. 누군가는 커다란 바위로 인해 가던 길을 멈춰 앞으로 갈 길을 포기하고 돌아서는 사람이 있겠고 어떤 사람은 사람들이 오기를 기다리다 어느 정도의 사람이 모이면 여러 사람의 힘을 모아 커다란 바위를 길 옆으로 치우고 가던 길을 갈 수도 있겠으며 또 어떤 사람은 커다란 바위 위로 올라가 반대편으로 뛰어 내리는 디딤돌로서 사용할지도 모르겠다. 당신은 위의 3가지 중에 어떤 유형인가? 아님 위의 세 가지 유형 중에 포함되지 않는다면 어떻게 할 것인가?

누구에게나 슬럼프가 있기 마련이다. 누구에게나 어려움이 있기 마련이다. 신임교사에게는 무척이나 많은 어려움이 기다리고 있어 좌절하고 멈춰버리고 싶을 때도 있고, 모든 걸 놓고 도망가 버리고 싶은 마음이 생길 때도 있을 것이다. 하지만 누구에게나 처음이 있으며 그 처음이라는 시간들이 모여 후에 더욱 단련되고 성숙되어 더욱 값진 열매를 맺도록 할 것이다. 그리고 처음이라는 기간동안 생기는 어려움은 처음을 맞이한 신임교사에게 공통적으로 나타나는 어려움일 뿐 나만이 갖는 어려움은 아닐 것이라는 것이다. 그 슬럼프와 어려움을 걸림돌로 여길 것인지 아니면 앞으로 도약하는 도구로써의 디딤돌로 사용할 것인지는 본인에게 달려있다.

세 마리의 개구리 중 나는 어떤 개구리일까?

희망이 없는 어려움에 처한 세 마리의 개구리에 대한 이야기를 들은 적이 있는데 재미있기도 하면서 이야기 속에 삶의 지침이 될 수 있는 이야기라 무척 가슴에 와 닿았었다.

이야기인즉슨 세 마리 개구리가 살고 있던 연못을 나와 세상 구경을 하려 나와서 멀리 점프를 하다가 그만 우유통에 빠졌다고 한다. 그런데 깊은 우유통에 빠진 세 마리의 개구리들이 처한 같은 상황을 인식하는 문제와 대처하는 문제 해결 방법이 서로가 달랐는데 그 차이는 '생 과 사' 의 삶을 좌지우지했다는 짧은 이야기이다.

우유통에 빠진 세 마리 개구리 중 한 마리는 우유통 밖으로 나가려고 계속 점프를 하며 밖으로 탈출하려고 시도하였으나 탈출할 수가 없어 희망이 없는 현실을 그만 포기하며 죽고 말았다. 나머지 2마리 중 한 마리 개구리는 탈출할 수 있다는 희망을 가지고 우유도 먹으면서 헤엄을 치며 물장구도 치다가 밖으로 나가려고 탈출을 시도하고 또 우유를 마시며 헤엄치고 또 탈출할 기회를 가지려 하였지만 결국은 탈출을 하지 못하자 희망의 끈을 놓고 죽고 말았다. 그러나 마지막 남은 한 마리 개구리는 희망을 놓지 않고 그 우유통 안에서의 삶을 즐겼다고 한다. 우유도 마시고 물장구치고 헤엄치며 지내다보니 시간이 지나 우유가 버터로 변하게 되었고 딱딱해진 버터를 디딤돌 삼아 점프하여 다시 연못으로 돌아갈 수 있었다는 것이다.

세 마리의 개구리가 어려움에 처한 현실을 대처하는 방법이 서로가 달랐고 그에 대한 이야기의 결론이 인상이 깊었는데 과연 나는 어려움에 처할 때 어떻게 할지가 참 궁금해졌다. 이 글을 쓰는 이유는 신임교사일 때 어려운 일에 처하는 경우가 생기게 되고 그 어려움을 앞에 쓴 글처럼 걸림돌로 만들 것인지, 디딤돌로 만들 것인지, 아니면 세 마리의 개구리와 같은 희망을 금새 포기하는 개구리가 될 것인지, 노력을 하다

안 되면 희망을 버리는 개구리가 될 것인지, 아니면 요즘 유행하는 말처럼 '피할 수 없으면 차라리 즐겨라' 라는 이야기처럼 현재를 즐기며 최선을 다하다 좋은 결과를 얻는 개구리가 될 것인지는 스스로의 선택에 달렸다고 본다.

유아교사의 신임 1년은 어쩌면 생각한 것보다 더 쉬울 수도 있고 반대로 생각한 것보다 훨씬 힘들고 좌절할 수도 있을 것이다. 그러나 그 선택은 바로 나 자신의 몫이라는 것이다. 신임교사가 되기 위한 사전 준비로서의 마음가짐, 교육 철학 및 전공 이론을 정립하였는지, 실무 능력을 향상시키기 위한 노력을 하였는지, 현장에서 필요한 능력이 무엇인지 사전 조사 및 대비를 하였는지 등 신임유아교사가 되기 전 예비유아교사로서의 철저한 준비도 필요할 것이고, 신임교사가 되었을 때의 마음가짐에 따라 신임교사의 1년이 성공적이거나 다시는 유아교사의 길을 걷지 말아야겠다는 생각을 하게 된다는 것이다. 물론 여기에는 적성에 맞는 것인지도 변인으로 작용할 것이다.

신임교사의 1년은 그리 녹녹하지 않을 것이며 그러나 그러한 시간을 보낸 후에야 전문가로서의 길을 한 걸음 전진할 수 있는 과정임을 잊지 말 것이며 현재의 힘든 과정으로 인해 가져오게 될 훗날 영광을 생각하며 신임교사의 1년을 훌륭하게 보낼 수 있게 되기를 바란다.

PART 2

유아교사의 언어와 태도

3장 현장교사들의 사례

- ✍ 언어와 행동에서 교사다움을 나타내자
- ✍ 유아들을 합죽이로 만드는 교사
- ✍ 이상한 대답을 만들어요
- ✍ 경쟁 분위기를 조장하는 교사
- ✍ 유아의 엉덩이를 본드 칠하는 교사
- ✍ 앵무새를 키우는 교사
- ✍ 엉덩이가 무거운 교사
- ✍ 교사를 바라보는 유아들의 눈
- ✍ 유아의 의견을 들어주면 좋은 교사?
- ✍ 학벌이 좋은 교사를 만들어 주지 않는다
- ✍ 한 명의 유아가 교실에 들어설 때
- ✍ 유치원에서 낮잠을 자는 교사

✍인터넷쇼핑을 즐기는 교사

✍교사와의 대화언어

✍낮춤말과 높임말의 혼란-유아와의 대화

✍낮춤말과 높임말의 혼란-어른과의 대화

✍내 의견이 없는 '~같아요'

✍인성교육이 바탕이 된 교사

✍위치에 따른 시선의 변화

✍내가 원장이라면…

언어와 행동에서 교사다움을 나타내자

'세 살 버릇 여든 간다.'는 속담에서 볼 수 있듯이 습관 형성 시기인 유아기에는 유아 주변에 있는 성인들이 가장 큰 영향을 미치게 된다. 한 번 형성된 습관은 좋은 것이든 나쁜 것이든 평생을 가게 되며 유아기 때 형성된 습관은 쉽사리 바꿀 수도 없다 하니 그 얼마나 중요하고 무서운 일인지 심각하게 생각해 볼 일이다. 오죽하면 아이들 앞에서는 찬물도 함부로 못 마신다는 말이 나올까마는 이 이야기 속에는 유아들에게 비친 모든 언어와 행동이 유아들에게는 모방의 대상이고 배움이 대상이 된다는 것과도 같다.

유아교육기관에 자녀가 입학하고 난 후에 학부모들에게서 많이 듣게 되는 말이다.

'제 말은 아무리 이야기해도 안 들어요.
선생님이 한 마디만 이야기해 주세요.
선생님은 우리 아이에게는 신적인 존재잖아요.'

유아교육기관에 다니는 연령의 유아에게 큰 영향을 미칠 수 있는 성인은 부모 외에 담임교사라고 할 수 있다. 유아교육기관에서 각 유아들의 가정 분위기를 유아를 통해 자연스럽게 알 수 있는 방법이 있다. 유아들이 사용하는 언어, 태도에서 그 집안의 언어와 문화를 알 수도 있지만 가장 뚜렷이 나타나는 것으로는 역할 영역에서 유아들이 하는 '엄마, 아빠 놀이' 속에서 그 집안의 분위기, 어투, 가정 문제까지 자연스럽게 표출되기도 한다. 그렇다면 유아교육기관의 한 교실에서 이루어지는 문화와 언어가 가정으로 전달되는 방법은 없을까?

유아가 유아교육기관을 다니는 가정에서 자주 볼 수 있는 놀이 형태 중의 하나가

'선생님 놀이' 인데, 흐뭇하게 아이들의 놀이를 바라보는 부모에게 비치는 유아에게서 나오는 언어와 태도가 바로 담임교사의 모습이라 할 수 있다. 그 모습 속에는 친절이 담긴 사랑의 언어도 있겠지만 퉁명스럽고 불친절하며 유아들의 의견을 수용하지 않는 언어도 있다. 유아들은 모방하기를 좋아하며, 어른들의 모습을 그대로 받아들여 반영하는 존재이기 때문이다.

한 유치원의 사례를 들어보자.

S교사는 그 해 부임한 경력교사였다. S교사는 출근 시 주변에 계속 술 냄새가 풍기고 어제와 같은 옷을 입고 있어서 동료교사들이 눈살을 찌푸리게 하곤 했다. S교사가 전에 근무했었던 곳은 교사들이 업무가 끝난 후 퇴근하고는 술을 마시러 몰려 다녔고 심지어는 밤새도록 술을 마신 후 바로 출근을 하곤 했던 것이다. 전에 근무하였던 교사 문화로 인해 신임교사 시기에 형성된 술을 과도하게 즐기는 일상 습관은 급기야는 밤새도록 술을 마시고 집에 들어가지도 않고 곧바로 출근하기에까지 이르렀고 술 냄새를 풍기며 유아들과 수업을 했던 것이었다. 이직한 유치원의 분위기는 대부분 신앙을 가진 교사들이 많아 술을 좋아하지 않았으며, 다음 날 수업을 위한 컨디션 조절을 위해 퇴근 후에는 곧 가정으로 가는 상황이라 S교사는 적응하기가 힘들었다고 한다. S교사에게서 유아들이 배운 언어와 태도는 과연 무엇이었을까? 밤새 마신 술과 아직도 술에 절어 있는 옷도 갈아입지 않은 상태에서 유아들에게 과연 어떤 의미 있는 교육을 할 수 있었을까? 유아교사의 바람직하지 못한 언어와 태도로 인해 해맑은 유아들에게 어떤 영향을 미칠 것인가를 다시 한 번 깊게 생각해 보아야 한다.

이 밖에도 유아교육기관에서 역할놀이를 하는 모습을 보며 유아의 가정을 알 수 있었듯이, 가정에서의 역할놀이를 통해서도 유아들이 성인으로부터 학습한 언어와 태도가 무엇인지를 알 수 있다. 유아교육기관에 다니는 유아들에게 가장 큰 존재로서 부각되는 사람이 담임교사이며, 이는 유아들에게 노출되는 교사의 언어와 태도가 중요하다는 것을 의미한다. 대부분의 유아교사들은 소명을 가지고 교사의 직분을 다하지만 소수의 교사들에 의해 이미지가 실추되기도 한다. 그렇지만 교사란 인간 교육을 하는 직업이기에 바람직하지 않은 소수의 유아교사는 있어서도 안 된다는 것이다. 유아들이 언어 전달력이 없을 거라 생각을 할지 모르지만, 유아들이 언어로 전달하지 않더라도 간접적으로 나타나는 교사의 모델링의 역할이 얼마나 중요한 것인지에 대해 다시 한 번 교사로서의 소명의식을 되새겨 볼 일이다.

평상시에 사용하는 언어도 다시 한 번 점검해 보자. 은어를 사용하고 있지는 않은지, 혹 은어인 줄도 모르고 사용하고 있는 건 아닌지, 무엇이 바른 말이고, 유아들에게 좋은 영향을 줄 언어 사용은 무엇인지를 생각해 보자.

유아들을 합죽이로 만드는 교사

합죽이가 됩시다.

합!

많은 유아교육기관의 교실에서 들리는 이 소리는 과연 무엇을 하고자 하는 것일까? 유아들이 집중하지 못하거나 소란스러울 때 한 곳(교사)에 시선을 집중시키기 위해 중간중간마다 일치된 소리를 말하도록 한다.

'합죽이' 는 옛날 이가 다 빠진 할머니를 일컬을 때 사용했던 말로 이가 빠져서 입과 볼이 우므러진 사람을 뜻하는 말이다.

수군거리던 유아들에게 교사가 음을 넣어 '합죽이가 됩시다.' 라고 이야기하면 교실에 있는 유아들 모두 합창하듯이 '합!' 하며 입을 다물곤 한다. 빠른 주의 집중을 요하거나 쉽게 주의 집중을 하기 위해 사용되는 '합죽이' 는 교사가 주의 집중을 하도록 하는 다양한 교수 방법에 대한 고민 없이 교실에서 남용되고 있다. 교사가 '합죽이가 됩시다.' 라고 음을 넣어 이야기하면 자동 반사적으로 '합!' 하고 외치지만 금세 유아들은 또 원 상태로 돌아가 주변의 유아와 이야기에 빠지거나 딴 곳에 주의를 빼앗기곤 한다. 원인은 교사에게 있는 것이기 때문에 '합죽이' 의 효과는 오래 지속될 수가 없는 것이다. 그렇다면 유아들의 시선과 흥미를 끌어들이기 위해 교사는 어떤 노력을 해야 하는 걸까?

이상한 대답을 만들어요

"선생님이 부르면 ♪♬?", "네, 네 선생님!" ♪♬
"ㅇㅇ반을 부르면 ♪♬?", "네, 네 선생님!" ♪♬

1999년 S선생님이 함께 근무하게 되면서 유치원에는 이상한 대답 소리가 시종 들리곤 하였다. 이제까지 함께 근무하였던 선생님들의 교실에서는 들리지 않은 소리였기 때문에 당혹스럽기도 하였지만, 음률을 넣은 유아들의 대답을 들을 때마다 왜 이런 이상한 대답을 만드는지 궁금했다.

한 활동 안에서도 유아들이 조금만 주의 집중이 안 된다 싶으면 어김없이
"선생님이 부르면 ♪♬?", "네, 네 선생님!" ♪♬
"ㅇㅇ반을 부르면 ♪♬?", "네, 네 선생님!" ♪♬ 이라는 소리가 들리곤 하였다. 이런 대답은 교사가 유아들을 부르면 "네!"라고 대답하는 평범한 대화가 아니라 무슨 공연하듯이 울리는 소리였다.

결국 S선생님에게 조심스럽게 이상한 대답을 하지 않도록 요청하였는데, S선생님이 근무하였던 곳에서는 대부분의 교사가 사용하던 것이라 습관이 되었고 앞으로는 자제하겠다고 하였다. 어느 새 S반 교사의 교실에도 이상한 대답은 없어지고 친근한 대화가 오가는 모습이 보이기 시작했다.

교사들이 유아들의 집중력이 흐트러질 때마다 집중을 요하기 위해 불렀던 소리였으며, 유아들은 음률이 들어간 대답이라 그 순간만 반응하고 다시 주의 집중하지 않던 그 전 상태로 또다시 돌아가는 모습을 보이곤 하였다.

이와 같은 방법은 유아들이 주의 집중이 안 될 때 유아들을 집중시키는 쉬운 방법이 될 수 있었지만 근본적인 원인을 해결하지 않은 상태에서 같은 방법만을 되풀이하다 보니, 교사의 수업 기술은 향상되지 않았고 유아들은 조건반사적인 반응만을 보일 뿐 수업의 효율을 결국은 가져오지 못하였던 것이다.

교실에서 유아들이 주의 집중을 하지 못하는 것은 결국 교사에게 책임이 있다는 것이다. 목소리의 변화, 말 빠르기, 표정, 제스처 등 교사의 수업 기술을 개선해야 하는 것이지, 잠시 집중할 수 있는 이상한 대답은 도움이 되지 못할 뿐만 아니라 유아에게 나쁜 습관을 형성하게끔 하는 것이 아닐까 생각한다.

교사의 몸은 교재 및 교구라는 사실을 잊지 말자. 훌륭한 교재 · 교구를 어떻게 사용할지에 대한 방법을 연구하고 개선하자.

경쟁 분위기를 조장하는 교사

'예쁜 새가 나뭇가지에 앉아 제일 예쁜 아이들을 찾고 있어요.' ♪♬

'제일 예쁘게 앉아 있는 사람부터 실외놀이 나가자.'

교사는 유아들과 지내는 하루 4~5시간 동안 자신이 사용하는 언어를 점검해 보아야 할 필요가 있다. 교사가 사용하는 언어로 유아들은 상처받기도 하고 격려받기도 하며 또한 언어로서 경쟁 분위기를 조장하기도 한다.

'제일 예쁜', '제일 착한' 이라는 말을 사용함으로써 교사는 유아들의 질서를 순간적으로 빨리 확립할 수 있을지 모르겠지만 다른 사람이 이야기할 때 듣는 것, 순서에 의해 차례대로 하는 것 등 기본 생활 습관 형성에 의해 질서감 있는 민주적인 교실을 운영하기에는 더 많은 시간과 교사의 신뢰가 필요할 것이다.

빠른 시간 내에 교실의 질서가 확립되기를 기대하지 말자. 조급하게 계획이 이루어지면 교사는 경쟁 분위기 속에서 유아들을 통제하려고 하게 될 것이다. 교사와 유아의 친밀감이 형성되고 교사가 유아들을 신뢰하는 것, 그리고 사랑과 관심이 전해지면 유아들은 교사를 사랑하게 되고 누구나 사랑하는 사람에게는 우호적이게 된다.

경쟁 분위기를 조장하는 어휘를 사용하기보다는 유아와 친밀감을 가질 수 있는 어휘를 사용하자.

유아의 엉덩이를 본드 칠하는 교사

유아들에게 한 자리에 오래 앉아 있으라고 하는 것은 고문일 것이다. 유아들의 집중 시간은 만 3~4세는 10분, 만 5세일 경우에는 15분이므로 활동할 시간 단위를 유아들이 집중할 수 있는 시간에 맞추어 활동을 계획하는 것이 바람직하다. 그러나 유아들의 집중 시간이 약 15분일지라도 교사에 따라 집중 시간이 5분 이내일 수도 있고, 30분일 수도 있을 것이다.

교사의 효과적인 수업 기술은 유아들의 흥미와 관심을 끌어내어 주의 집중 시간의 연장이 가능하겠지만, 그렇지 못할 경우에는 유아 발달상에 나타난 집중 시간도 유지하지 못하게 되는 것이다.

어떤 교실에서는 유아들의 주의 집중 시간이 짧아져 자꾸 자리를 이동하는 유아들이 생기게 됨에 따라 교사들은 유아들의 엉덩이를 본드 칠하여 바닥에 앉히게 된다.

'ㅇㅇ의 엉덩이에 본드 칠하자.' 라는 말은 유아에게 엉덩이에 본드를 칠한 것처럼 움직이지 말고 가만히 앉아 있으라는 말이다. 유아들은 '엉덩이에 본드를 칠하자' 라는 말에 흥미를 느껴 처음에는 바르게 앉으나 계속 반복됨에 따라 그 말에 대한 효력은 점차 떨어지게 된다.

교사가 원하는 교실의 질서와 바람직한 유아들의 행동은 우스꽝스러운 말로 형성되는 것이 아니라는 것이다. 유아교사다운 언어로서 교육적 의미로 유아들과의 관계를 형성하고 교육이 이루어지도록 하자.

앵무새를 키우는 교사

계속 반복되는 이야기이지만 유아교사들의 언어 중 유아가 발표하면 '참, 잘 했어요.' ♪♬ 라고 운율에 맞춰 노래를 부르게 하는 교사들이 있다. 무엇을 발표하든지 발표하는 끝마다 똑같은 반복, 반복….

유아들이 발표할 때마다 격려를 해주기 위해 시작된 것이라 할지라도 1년 열두 달 내내 한 사람씩 이야기할 때마다 똑같은 운율로 '참, 잘 했어요.' ♪♬라고 앵무새처럼 되뇌이게 하는 것은 오히려 식상함을 주어 유아들이 '참, 잘 했어요.' ♪♬를 듣는다 해도 격려를 받는다는 느낌이 들지 않을 것이다.

성인들이 잘못 인식하는 것 중의 하나가 유아들에게 칭찬을 하는 것이 유아들에게 자존감을 키워주고 더 잘 하도록 하는 원동력이 될 것이라 생각하는 것인데, 실제로 칭찬은 성인이 유아들에게 원하는 행동을 얻기 위한 하나의 통제의 수단인 것이다. '나는 네가 바르게 앉기를 원해' 를 위해 '예쁘게 앉은 사람은 ○○, ○○이구나' 라고 칭찬함으로써 칭찬받는 유아뿐만 아니라 나머지 유아들에게도 통제가 이루어지도록 하는 것이다.

앵무새를 만드는 교사는 유아들까지 칭찬에 가세하도록 하는 것인데 유아들의 행동에 대해 칭찬을 해주고 싶을 때는 유아들에게 진심이 담긴 이야기를 해주어 격려하도록 하자. 칭찬이 아닌 격려를 받은 유아들은 스스로 자신이 가치가 있는 존재임을 느끼게 되고 긍정적인 에너지가 생길 테니까 말이다.

엉덩이가 무거운 교사

엉덩이가 무거운 교사란 어떤 교사일까? 그것은 바로 한 번 자리를 잡으면 절대 다리를 움직이지 않는 교사를 뜻한다. 교실에서든 교사실에서든지 한 번 자리를 잡으면 일어나지 않고 모든 것을 해결한다.

교실에서는 한 자리에 앉아 유아들을 불러들인다. 한 곳에 앉아 가까운 유아들에게나 먼 곳에 있는 유아에게나 똑같은 위치에서 유아들을 부르고 이야기한다. 위험한 상황이 있거나 유아들끼리 갈등이 있어도 큰 소리로 이야기하고 거의 움직이는 법이 없다.

교사실에서는 다른 교사가 움직이는 틈을 타 자신의 볼 일을 해결한다. ‘일어선 김에 ~해 줄래?’, ‘일어선 김에 ~을 가져다줄래?’라며 움직이는 교사를 활용하기 바쁘다.

교실에서 교사는 민감하게 유아들의 반응을 살피며 조력자로서의 역할을 하여야 함에도 불구하고, 한 곳에 앉아 호령한다면 유아들에게 성의 있는 사랑과 관심을 줄 수 있을까? 과연 그런 교사에게서 유아들은 어떤 생각을 하게 될까? 그리고 그러한 태도의 교사에게서 어떤 발전을 기대할 수 있을까?

또한 교사실에서 엉덩이가 무거운 교사는 기피 대상이 된다. 자신의 편의를 위해 다른 사람의 수고로움을 취하는 교사의 모습에서 어떤 발전적인 모습을 기대할 수 있을까? 유아교육 전문가로서 유아교사가 되었다면 유아들에게나 동료들에게 좋은 영향력을 미치는 교사가 되어야 하지 않을까?

내가 어떻게 현재를 사느냐에 따라 내 미래의 유아교사 모습은 어떠할지 깊이 생각해 볼 일이다.

교사를 보는 유아들의 눈

교실 문을 들어설 때 교사들의 표정이 변화되는 것을 보면 참 마음이 아프다. 무뚝뚝한 표정으로 유아들을 관리 감독하다 원감, 원장이 들어가면 유아들에게 친절한 표정을 지으며 다가가는 모습을 볼 때면 더욱 가슴이 아프다.

유아교사들은 교육하는 유아들에 대해 어리다 생각해서인지 교사 자신의 이미지 관리를 하지 않는다는 것이다. 유아들은 어른들이 생각하는 것보다 훨씬 더 능력이 많다.

6년차 교사 때인 것으로 기억한다. 어느 날 유아들과 함께 하는 수업 시간 중 자유선택활동 시간에 순간 무표정으로 유아와 앉아 있는 내 자신을 발견하곤 깜짝 놀란 적이 있다. 우리가 성인과 함께 있을 때에는 자세도 곧추세우고 표정도 관리하며 자신의 이미지 관리를 하는데 교실에서 유아들과 있을 때 간혹 잊게 되는 경우가 있다는 것이다. 순간 나는 다짐한 것이 있었다. '유아들과 있는 시간 동안 어느 곳에서든지 360도 모든 곳에서 나를 보는 눈이 있다고 생각하고 유아들에게 최선을 다하자' 라는 다짐이었다. 물론 그 날 이전에도 최선을 다했다고 자부하곤 하였는데 그 날 순간 깨달은 나의 무표정은 경력 6년차인 나에게 새로운 마음가짐을 갖도록 하는 좋은 계기가 되었다. 그 다짐을 한 후로 난 어느 곳에서든지 유아들과 함께 있을 때면 입 꼬리를 올리고 눈은 반달 모양이 되어 유아들을 대하였고 기분 좋은 긴장감은 유아들을 상냥하고 기분 좋은 표정으로 대하도록 하였으며 곧추세운 내 모습은 품위 있는 교사의 태도를 갖추게 되었다.

그 후로 나는 교사 교육을 하게 될 경우 나의 이런 사례를 들며 유아와 함께 있을 때의 유아교사로서의 자신의 모습을 되돌아볼 것을 이야기하곤 한다.

내가 교실을 들어설 때 가장 마음이 행복한 교실은 유아에게 친절한 표정으로 다정다감하게 대화를 나누고 있는 교사의 모습을 볼 수 있을 때이다. 반면 교실을 들어설 때 가장 가슴이 아픈 교실은 유아들과 무관하게 무표정한 표정으로 따로 시간을 보내는 모습을 보게 되거나 유아들에게 질책을 하는 교실이다.

교사들을 보는 유아들의 눈은 성인들의 눈과 같다. 유아들이 어리다고 무표정한 표정, 좋지 못한 자세(팔꿈치를 무릎에 대고 앉은 모습, 두 다리를 벌리고 등을 구부린 자세 등)를 보이며 방심하지 말자는 것이다. 사랑하는 사람에게 최상의 모습을 보여주고 싶어 하는 것과 같이 사랑하는 아이들에게도 최상의 모습을 보여주도록 하자. 사랑하니까 말이다.

유아들의 의견을 들어 주면 좋은 교사?

교사들 중에는 민주적으로 학급을 운영하는 규칙 결정에 대한 잘못된 인식을 하는 경우가 있다. 교사의 잘못된 인식으로 인해 민주적인 교실을 운영하고자 하였던 과정에서 유아와 학부모에게 지울 수 없는 상처를 준 유치원의 예를 들어 보겠다.

어느 날 한 유아의 어머니가 전화를 했는데 무척이나 흥분된 상태였다. 아이가 집에 와서 선생님이 바늘로 손목을 세 번 찔렀다며 울면서 이야기를 하길래 손목을 확인하니 바늘자국이 세 개가 있다는 것이다. 엄청 흥분한 유아의 어머니는 아무리 우리 아이가 잘못을 했다고 하여도 도대체 바늘로 아이를 찌르는 일이 있을 수 있냐며 나중에는 울먹이기까지 하였다.

담임교사를 불러 사건의 진의를 파악하기 위해 이야기를 들어보니 학급 규칙에 약속을 세 번 이상 어길 시에는 손목을 바늘로 세 번 찌르기로 하였으므로 전혀 문제가 될 것이 없다며 보고를 하였다.

담임교사는 유아들의 의견을 따라 약속을 어긴 유아에게 규칙대로 이행한 것이니 별 문제가 없다는 논리를 폈고, 규칙을 정한 것도 유아들이고 약속을 어겼으니 규칙대로 유아의 손목을 주사기 바늘로 찔렀다는 보고를 받은 원장은 아연 질색할 수밖에 없었다.

신임교사였던 담임교사는 대학에서 배운대로 학급의 규칙을 만들기 위하여 유아들의 의견을 존중하는 토의를 통하여 다수결의 원칙에 의해 학급 규칙을 만들었는데 그 중에 하나가 '약속을 3번 지키지 않으면 손목을 바늘로 세 번 찌르기' 로 결정이 되었다는 것이다. 원장과 이야기를 나누기 전까지도, 유아의 손목을 바늘을 찌르고 나서도 잘못되었다고 생각을 하지 않았다 하니 교사의 사고와 판단에 의한 오류가 얼마나 많이 교실에서 일어나고 있을지 두려움으로 다가오기 시작하였다.

결국 원장이 가정방문을 하여 무릎 꿇고 사죄를 드린 후 일단락되었으나 유아와 학부모의 가슴에 남겨진 상처는 영원히 치유될 수 있는 것이 아니며 한 교사의 잘못으로 인해 원장은 씻을 수 없는 오명을 간직하게 되었다.

유아의 의견을 들어주면 좋은 교사라는 잘못된 생각으로 인해 어떻게 되었는지 한번 새겨보아야 할 일이다. 유아들이 제안한 의견 중에는 허무맹랑한 의견도 있고 전혀 해서는 안 될 의견도 있을 수 있다. 물론 창의적인 유아들에게서 나오는 아이디어로 수업에 많은 활력이 되는 것도 사실이지만 유아들의 의견을 무조건 쫓아가는 것은 바람직하지 않다는 것이다. 이때 판단은 교사가 하는 것이기 때문에 교사의 역할이 중요하며, 교사가 판단을 할 때는 한 번 더 생각해 보자. 판단으로 인해 상처받을 유아는 없는지, 그 판단이 우리 반 모두가 행복해질 수 있는 것인지, 더 발전적인 것인지 심사숙고해야 한다. 유아들의 모든 의견을 교육적 가치를 고려하지 않고 무작정 쫓는다는 것은 곧 좋은 교사를 뜻함이 아니라 방임의 뜻도 포함될 수 있음을 명심하도록 하자.

학벌이 좋은 교사를 만들어 주지 않는다

이제까지 함께 근무한 교사들은 2년제 전문대학을 졸업한 교사에서부터 4년제 대학을 졸업한 교사, 석사학위를 받은 교사까지 다양하다. 다양한 학력의 배경을 가진 교사와 근무를 하면서 어떤 다른 점이 있을까 궁금증을 가졌던 것도 사실이며 일반적인 선입견을 가졌던 것이 사실이기도 하다. 그러나 경험을 통해 느낀 것은 좋은 교사란 학벌이 좋은 교사를 뜻함이 아니며 오히려 대학을 졸업하고 난 후의 교사의 개별적인 노력에 의해서 만들어져 감을 알게 되었다.

몇 년 전 좋은 대학을 나오고 좋은 대학에서 석사학위를 취득하고 이후 박사학위를 취득할 예정이며 교수가 되는 것이 꿈인 야망이 큰 B교사와 함께 근무를 하게 되었다. 물론 교사 경력도 어느 정도 있었던 교사였다. 자기소개서에 쓰여 있는 화려한 학력과 경력은 그 교사에게 무척이나 큰 기대를 하게 하였고, 열심히 사는 인생관으로 인해 무척이나 진취적인 직장 분위기가 될 것임을 기대하였다. 하지만 바로 그 기대는 하나씩 허물어져 갔다. 취업이 되고 난 후 자신에게 배정받은 교실을 준비도 하지 않은 상태로 퇴근하며 입학식에 유아들을 맞이하더니, 급기야는 외부 견학을 나갔을 때 유아의 목 뒷덜미를 잡아끌고 가는 모습을 목격하곤 무척이나 씁쓸했던 적이 있었다. 결국 그 교사와는 금방 헤어졌지만 학력으로 포장된 교사의 능력은 허상이었음을 깨달았었다. 그렇다고 모두 다 그런 것은 아니다. 1장의 '내가 원감, 원장이 되었을 때 만난 작은 목소리의 선생님' 또한 석사학위를 취득한 선생님이었으나 B교사와 달리 유아들에게 친절하고 겸손하며 자신의 개발을 위해 열정적이던 교사였다. 작은 목소리의 선생님은 지금 외국에 나가 유학 중인데 훗날 좋은 교수로서 후학들을 가슴으로 가르치는 좋은 교수가 될 것이라 믿는다.

B교사의 충격으로 2년 동안의 학업을 마친 선생님들과 근무를 하게 된 경우가 많아지게 되었는데 나와 함께 근무했던 선생님들은 대부분 좋은 인성과 노력을 아끼지 않는 선생님들이었고, 그들을 만나 무척이나 좋은 관계를 맺을 수 있었다. 한 예를 들어 보면 교생 실습으로 지도교사와 교생선생님으로 만났던 C교사는 졸업 후 함께 동료교사로 근무하게 되었었는데 2년제 전문대학을 졸업한 교사였다. 물론 신임교사 시절의 생존기를 홍역을 앓듯이 겪었지만 C교사는 교육에 있어 최선을 다하고 늘 연구하며 거듭나려는 노력을 하였고 한결같이 유아들을 존중하고 사랑하는 마음은 이후 좋은 교사로 성장하게 하였고, 학부모로부터도 무척이나 존경을 받는 교사로 성장하였다.

우스운 소리이지만 나는 목에 깁스한 교사를 싫어한다. 학력이 좋음에 학력으로 목에 깁스하고 노력과 변화를 가지려 꾀하지 않는 자는 발전이 없으며 유아들에게 행복을 주지 않기 때문이다.

이 글을 통해 일반화를 시키는 것은 무척 위험한 일이다. 학벌이 좋으면 많이 배워 좋은 교사가 될 것이라는 논리가 맞지 않음을 이야기하고 싶으며, 좋은 인성이 바탕이 되어 꾸준히 노력하고 발전하고자 하는 교사만이 유아들에게 필요한 소중한 존재임을 이야기하고 싶다. 내 주변에 그러한 교사가 많음이 얼마나 소중하고 복된 일인지 모른다.

한 명의 유아가 교실에 들어설 때

하루 일과가 시작되는 수업 시간의 시작은 언제부터일까? 유아들이 교실에 다 가득해야 그 날 수업이 시작되는 걸까? 교사들 중에는 유아 한 명이 교실에 들어오게 되면서부터 하루 일과의 수업이 시작되는 것에 대해 모르는 교사가 많은 듯하다. 왜냐하면 유아들이 한 명, 한 명 교실에 들어와 있는데도 불구하고 유아들은 교실에 남아 있고, 교사는 교무실에서 커피를 마시거나 교사와 담소를 나누거나 어제 미리 준비하지 못한 수업 준비를 하고 있으니 말이다.

유아가 교실에 들어오기 전 교사는 무엇을 해야 할까? 한 명의 유아가 교실에 들어설 때 교사는 어디서 무엇을 어떻게 해야 하는 걸까?

집안에 손님을 초대하고 손님을 맞이하기 전에 무엇을 먼저 하는지 생각해 봐야 할 것 같다. 대부분 가정에서는 집에 손님을 초대했을 때 초대받은 손님을 위해 청소를 하여 깨끗이 정돈을 하고, 실내 공기를 환기시키며 실내를 환하게 하기 위해 불을 켜거나 꽃을 꽂아 놓고, 손님이 오길 기다리다 도착했다는 벨 소리와 함께 환한 웃음을 지으며 맞이하러 나간다. 그리고 손님이 편안하게 지낼 수 있도록 배려하고, 대화하며 교류하고, 손님에게 다과도 대접하고 교류가 끝나면 대문 앞까지 나가 예의를 다하여 배웅을 하게 된다.

생각해 보자. 어느 정도 인원이 되기 전까지 교실에 방치해 두는 유아들을 손님이라고 생각해 보자. 손님이 집으로 들어왔을 때 아무도 맞이해 주지 않고 집 주인도 없는 방에 들어가 손님 스스로 불을 켜고 어디에 앉아야 할지 모르는 상태로 서서 집주인을 기다리다 집 주인이 오면 그제서야 교류한다고 생각해 보자. 손님은 집주인의 불친절과 배려가 없음에 큰 실망을 하게 될 것이고 다시는 그 집에 초대를 받는다 하여도 방문하지 않게 될 것이다.

한 명의 유아가 교실에 들어설 때 집안에 손님을 초대했을 때와 같은 조건을 만들어 보자. 교실을 환기시키고 환하게 불을 켜고, 정돈이 미처 되지 못한 곳을 정돈하며 맞이할 준비를 하여 보자. 한 명의 유아가 교실에 들어설 때 환하게 웃으며 맞이함으로써 애쓰는 선생님의 사랑과 관심을 유아들이 느낄 수 있도록 하자.

작은 아이가 교실로 들어와 발뒤꿈치를 들고 어스름한 교실의 불을 켜도록 하지 말자. 유아 한 명 한 명을 소중한 내 손님처럼, 내 아이처럼 사랑으로 맞이하고 관심을 갖자. 작은 아이는 그런 사랑과 관심을 필요로 하고 그 사랑과 관심을 느낄 때 비로소 잘 성장할 테니까….

유치원에서 낮잠을 자는 교사

유아들과 하루 4~5시간 동안의 교육 업무를 하고 나면 오늘도 무사히 보냈다는 안도감이 생기며, 긴장감이 풀어지다 보면 나른해지기도 하고, 시간을 보내는 것이 느슨해지기도 한다. 그러나 대부분의 교사들은 아침 출근부터 퇴근 시간까지 시간을 쪼개어 무척이나 충실히 보내며 다음 날 교육 준비를 하기가 바쁘다.

유아들을 귀가시키고 나서 낮잠을 자던 신임교사에 대한 이야기이다. 신임교사가 낮잠을 자던 교실에는 공간을 효율적으로 사용하기 위해 한쪽 코너를 2층으로 만든 곳이 있었다. 2층의 적당한 장소에 자리잡아 누우면 감쪽같이 누가 있는지조차 모를 정도였다. 하지만 꼬리가 길면 잡힌다는 속담처럼 길고 긴 낮잠 행렬은 직원에게 들통나게 되었다. 그 교사는 신임이었는데 그 교사가 맡은 반은 하루에 꼭 한 가지 문제가 생겼다. 차량에 한 명 덜 태운다든가, 가정으로 보내야 할 문서를 보내지 않는다든가, 유아들끼리 싸움이 나서 얼굴에 상처가 났다든가 단 하루도 조용히 보내는 날이 없을 정도였다.

신임교사 시절이라면 긴장하고 확인해 보고 또 확인해도 실수가 있을 때인데 한가하게 낮잠을 매일 즐겼으니, 가뜩이나 손이 느리고 업무 진행이 늦는 신임교사 시절에 얼마나 유아들에게 소홀했을지 알만하였다.

위의 예는 평범하지 않은 예일 수 있겠지만 업무를 하다 책상에 엎드려 잠을 자는 교사의 모습은 빈번히 볼 수 있는데 업무 중에는 나태한 모습을 보이지 않도록 하자.

인터넷쇼핑을 즐기는 교사

문명의 발달로 어느 새부터인가 교실마다 컴퓨터가 설치되어 있다. 컴퓨터를 활용한 교육을 하기 위해 들여온 매체가 과연 교실에서 잘 활용되고 있을까?

프로젝트 접근법이 활성화될수록 컴퓨터와 인터넷의 효과는 유아들이 조사하고 탐색하고자 하는 데 정보를 제공해 주어 무척이나 유용하게 사용되기도 하며, 컴퓨터를 활용한 멀티미디어 교육에서는 CD-ROM 타이틀을 활용한 교육과 인터넷 검색을 통해 빠른 정보 검색으로 궁금증을 해결하기도 하고, 다양한 사이트에서 유아교육에 유용한 프로그램을 사용할 수도 있다. 이와 대조적으로 컴퓨터 활용이 제대로 이루어지지 않아 컴퓨터를 이용하여 게임만 하는 교실이 있기도 하다.

교실 안에 이렇게 컴퓨터와 인터넷을 설치하는 것은 유아들에게 멀티미디어를 활용한 교육에 관심을 가지고 지원하는 것인데 어떤 유치원에는 인터넷을 교무실에만 설치하고 교실에는 설치하지 않는다는 것이다. 그 이유는 인터넷쇼핑과 채팅을 즐기는 교사가 있어 업무 시간에 사적인 일에 시간이 많이 소요되므로 교실 안에 인터넷 설치를 할 수 없다는 것이었다.

근무 시간 내에 사적인 인터넷쇼핑을 즐긴다면 그것을 수용해 줄 리더는 없을 것이라 생각된다. 어느 사이엔가 인터넷을 검색하여 연예인 가십거리를 검색한다든가 인터넷쇼핑을 하는 교사가 늘어났으며, 근무 시간 내에 업무를 이행하지 않고 행해지는 인터넷 즐기기는 서로 간의 불신만을 키울 뿐이다.

근무 시간 내에는 업무와 관련된 일을 합리적으로 효율적으로 함으로써 퇴근 시간을 앞당기는 것도 직장 생활을 만족스럽게 보내는 한 방법이 되겠다.

교사와의 대화 언어

교사와의 관계에 있어 친분이 두터울수록, 특히 동년배나 친구가 같은 원에 취업이 되어 근무할 경우에 많이 실수하는 부분이다.

개인적으로 만날 때에는 서로의 호칭을 경어를 사용하든 낮춤말을 사용하든 상관이 없겠으나, '안에서 새는 바가지 밖에서도 샌다.' 는 속담처럼 문제가 되는 것은 개인적으로 이야기하던 낮춤말이 유아들 앞에서나 교사들 앞에서도 낮춤말로 이야기하게 되어 문제가 된다. 더욱이 학부모가 있는 앞에서 실수가 이루어지면 교사의 품위가 떨어지게 된다.

근무지 안에서는 한결같이 서로를 존중하는 언어를 사용하는 것이 바람직하겠다. 유아들 앞에서는 서로가 서로를 존중하는 언어를 사용함으로써 유아들에게 높임말에 대한 언어적인 모델링을 보여주는 것이 중요하다.

근무지 안에서 사용하는 언어는 교사의 품위 있는 태도와도 연결되어 있다. 서로를 너무 편하게 친구를 대하듯 낮춤말을 사용하다 보면 스스럼없는 관계라 행동도 흐트러질 우려가 높기 때문이다. 원에서 품위 있는 교사의 이미지를 구축하는 것은 어느 누구도 할 수 없는 일이며 바로 내 자신이 구축해야 할 일이다.

낮춤말과 높임말의 혼란- 유아와의 대화

'선생님이 해 주실게.'

'오늘 조형 영역에는 구슬 굴리기를 준비했어요. 여러분은 자유선택활동 시간에 조형 영역에서 구슬 굴리기를 하실 수 있고요.'

'오늘 준비한 동화는 토끼와 거북이란다. 선생님이 들려주시는 동안 너희들은 어떻게 하면 좋을까?'

교사와 유아들과의 대화에 대하여 살펴보면 올바른 언어 사용 모델링을 보여주는 교사도 많지만, 교사 자신을 높임으로써 유아들에게 혼동을 주는 경우가 있다. 위의 예처럼 교사가 유아를 위해 무언가를 해주게 될 때 '선생님이 ~하실게.' 라는 말을 사용하여 교사 자신이 자신을 높여서 이야기하는 교사들은 그렇게 이야기해야 유아들이 높임말을 배울 수 있다고 생각하여 문법에 맞지 않는 언어를 사용한다.

유아들에게 좋은 모델링이란 자연스러운 생활 안에서 누구나 사용하는 언어와 태도를 보여주었을 때 가장 효과적이며, 인위적인 잘못된 어법으로 유아들이 바람직한 언어를 배우는 것은 아니다.

교사는 부모 외의 유아에게 가장 많은 영향력을 미치는 성인이다. 교사인 나로 인해 유아에게 좋은 영향을 줄 수 있도록 가장 기본적인 언어 상호작용의 기술부터 점검해 볼 필요가 있다. 하루에 30분에서 1시간 정도 유아와 상호작용하는 대화를 녹음해 봄으로써 자신의 언어 사용의 장 · 단점을 파악하여 개선할 수 있는 기회를 갖도록 한다. 이때 동료 또는 선배교사와 함께 평가해 보며 조언을 구하는 것도 좋은 방법이다.

낮춤말과 높임말의 혼란- 어른과의 대화

'원장선생님, 원감선생님께서 서류를 가져다 드리래요.'

'○○선생님, 원장선생님이 원장실로 오래요.'

가장 연배인 사람에게 나보다 나이가 많거나 상사인 다른 사람을 지칭할 때 어떻게 해야 할지 곤혹스러울 때가 많다. 원감선생님도 나보다 연배가 많으면서 상사이기 때문에 높여서 이야기해야 하겠고, 원장선생님은 원감선생님보다 연배도 위면서 원감선생님보다 더 상사이기 때문에 당연히 극존칭을 해야 할 것은 당연하다. 원감선생님 앞에서 원장선생님을 이야기할 때에는 아무런 문제가 없는데 원장선생님 앞에서 원감선생님에 관련된 이야기를 하려 하면 어떻게 말을 해야 할지 모를 때가 있다.

그럴 때는 원장선생님이 더 상사이고 연배이기 때문에 원감선생님을 존칭해서는 안 된다. 원장선생님 앞에서 존칭할 수 있는 사람은 원장선생님보다 나이가 연배이고 더 윗사람일 때 가능하다.

"원장선생님! 원감선생님이 서류를 가져다 드리라고 했어요."

"○○선생님, 원장선생님께서 원장실로 오시라고 합니다."

내 의견이 없는 '~같아요'

사람마다 언어 사용에 있어 불필요한 습관을 가지고 있는 경우가 있다. '어', '에', '음' 등과 같이 대화 중간중간에 계속 반복하여 들어가는 추임이 있는데, 스스로는 자신의 좋지 않은 언어 습관에 대해 인식하지 못하는 경우가 많다. 이 외에도 언어 사용에 있어 요즘 가장 대두되는 나쁜 언어 습관 중 하나는 말끝마다 '~ 같아요.' 라고 이야기하는 것이다.

이야기를 듣고 나면 이야기를 한 사람의 생각은 없고 그저 추측만 무성한 말들이 나열되어 있어 도대체 무엇을 말하고자 하는 것인지를 모를 때가 많다. 이것은 비단 요즘 사람들만의 문제가 아니라 계속 반복되는 잘못된 모델링을 보며 학습된 것이라 본다.

그래서 교직원 회의 시간에 의견을 나눌 때 '~ 같아요.' 라는 말을 지속적으로 사용하는 선생님에게는 같지 않은 것은 무엇인지, 선생님의 생각을 이야기해 보라고 하는데 얼마나 습관이 오래 되었는지 '~ 같아요.' 라는 말로 끝매듭을 짓지 않으면 문장이 완성이 되지 않는 것이다.

이것은 비단 유아교사뿐만이 아니라 예비유아교사에게도 공통적으로 보여지는 모습이어서 토론 시간을 이용하여 자신의 의사를 또렷이 이야기하는 훈련 아닌 훈련을 시키곤 한다.

유아교육의 질은 유아교사의 질을 넘어 설 수 없다는 이야기는 유아교사의 언어의 질이 유아들에게 어떤 영향을 주게 될지 예측 가능한 이야기일 것이다. 생각한 것을 내 의견으로 또렷이 이야기하는 언어 습관을 갖도록 하자. 내 생각, 내 의견을 또렷이 이야기하는 것은 흑백 논리가 아니며, 서로의 의견을 교류하고 최상의 의견에 합일점을 찾아가는 과정으로 서로의 생각을 나누는 시간은 무척이나 소중하기 때문이다.

인성교육이 바탕이 된 교사

유아교육기관은 회사도 가정도 아닌 그 중간의 사회 기관의 속성을 가졌다는 이야기를 한다. 지금은 규모가 큰 유아교육기관이 많이 생기고 교직원 수가 많아져 회사와 같은 조직력을 갖춘 곳이 있어 직장문화가 달라진 곳도 있겠지만 작은 인원수의 교직원과 대부분 여성들로 이루어진 직장이라 가족적인 분위기인 경우가 많다.

가족적인 분위기의 유치원인 경우 서로가 편안한 관계로 내면 교류가 되다보니 실수를 할 경우가 회사 같은 조직보다 더 많게 된다. 제시될 사례는 가족적인 유치원의 이야기이다. 이곳은 원장실과 교사실이 구분되어 있는 유치원이었다. 여름에 학부모님들이 가져온 수박이 냉장고에 시원하게 보관되어 있었는데 차량 지도를 다녀온 교사가 더운지 오자마자 냉장고를 열어 수박을 꺼내어서 숟가락으로 파먹는 것이었다. 원장실에는 원장선생님이 계셨는데도 불구하고 먼저 대접하지도 않고, 드실지에 대한 의사도 여쭤보지도 않은 상황이었다.

그 당시 나는 그 유치원의 원장님이 도움을 요청하여 교사실에서 컴퓨터 작업을 하고 있었다. 손님인 나 또한 어떻게 해야 할지 몰라 뒤를 돌아볼 수도 없고 아는 체할 수도 없는 참으로 난감한 시간이었다. 나중에 들은 이야기인데 원장실에 계셨던 원장선생님도 볼 일을 보러 나오려다가 그런 모습을 보고 민망해서 나오지 못했다고 하면서 이런 일이 한두 번이 아니라면서 한숨을 쉬었다.

결국 손님이었던 나는 주임교사에게 그 상황을 이야기하며 난처했던 나와 원장실에 갇힌 원장님의 이야기를 전하며 교사들과 토의해 보라고 숙제를 준 적이 있다. 그 이후로 그 원을 방문했을 때 같은 상황은 두 번 다시 반복되지 않았지만 이런 사소한 것도 알려주어야 하는 현실에 과연 대학에서 무엇을 어디까지 알려주어야 할 것인지, 가정교육까지 학교에서 책임을 져야 하는 때가 왔음을 느꼈었다.

대학에서는 유아교육 학문을 가르치고 교사 배출을 하게 된다. 왜냐하면 기본 인성 교육은 대학을 들어오기 전 가정교육에서 이루어져 기본 예절 소양은 갖추었을 거라 생각하기 때문이다. 그러나 현장에서 보는 교사의 모습은 그렇지 않은 경우가 비일비재한 것이 현실이다. 그러나 이런 교사만 있는 것은 아니다. 기본 예절을 갖추고 유아교사로서 소양을 갖춘 교사들도 훨씬 많지만, 유아교사들이 자주 실수하는 사례를 들어 본다면 다음과 같다.

- 원에 방문한 손님에게 인사하지 않는 경우
- 원에 방문한 학부모에게 담임교사 외에는 인사를 하지 않는 경우
- 방문한 손님이 가실 때 자리에 앉은 채 말로만 인사하는 경우
- 교사가 전화 상담을 하고 있는데 목소리를 낮추지 않고 깔깔대며 이야기하는 경우
- 원에 들어온 음식류를 상사에게 보고도 하지 않고 다 먹어버리는 경우

사람은 누구나 정도의 차이는 있겠지만 편한 것을 추구하고 자신의 입장이 우선이 되는 개인주의적인 성향을 가지고 있다. 그러나 조직 사회의 한 일원인 경우에는 자신을 낮추고 상대방을 먼저 생각하며 때와 상황에 맞는 기본 예절을 갖추고 지낼 때 가장 편안한 직장생활이 되지 않을까 생각한다. 내가 속한 직장에서 서로에게 배려하고 예의를 지킨다면 아침에 눈을 떴을 때 입가에 미소가 번지지 않을까?

위치에 따른 시선의 변화

같이 근무하는 교사를 보는 시각은 어느 위치에서 보게 되느냐에 따라 달라진다.

내가 주임교사일 때 신임교사를 보는 시각은 신임교사의 적응에 대한 어려움을 덜어주고 싶고 작은 실수가 그리 미워 보이지 않았다. 그런데 총책임을 지는 자리에 위치해 보니 같은 실수인데도 달리 보이고 심기가 몹시 불편해졌다. 예를 들면 매주 금요일마다 가정으로 보내는 가정통신을 귀가 시간에 놓쳐 보내지 못했을 경우 주임교사일 때는 다음에는 놓치지 말라고 등을 토닥거려 주었는데, 총책임자일 때는 원의 약속을 지키지 못함에 학부모들이 어떻게 생각할지 속이 부글부글 끓어오르며 심기가 무척 불편했다. 심기가 불편하니 실수를 한 교사에게 좋은 표정을 지을 리 만무했다. 같은 사람인데도 같은 환경에서 근무한다 하여도 책임의 위치에 따라 같은 사안이 그렇게 다르게 받아들여지고 다르게 반응이 되었다. 마냥 예쁘기만 했던 후배 교사들이 총책임 자리에 올라가니 마냥 예쁜 교사로 다가오지가 않았다.

선임교사에 대한 생각도 마찬가지이다. 내가 아랫사람일 때에는 후배교사를 감싸주고 일을 많이 만들지 않는 선임교사(주임 또는 원감)가 좋았다면 총책임을 맡았을 때에는 체계적으로 계획성 있게 일을 완수하는 선임교사가 좋게 보인다는 것이다.

누구나 신임교사일 때가 있는 것이고 경력이 쌓이다 보면 주임교사, 원감, 원장직을 맡게 되는 것은 당연한 일이다. 경험이 쌓여 직책을 맡아가며 적응하고 성숙되겠지만, 경력이 낮은 교사일 때부터 각 직책에 따른 업무 수행 능력을 보고 배우게 되며 자신의 모델링으로 삼게 될 것이다. 무조건 수용을 하였을 경우 학습되지 말아야 할 것까지 배우게 되므로 장 · 단점을 파악하여 수용해야 할 모델링과 버려야 할 모델링을 구분하여야 할 것이다.

누구나 좋은 리더가 되기를 원한다. 그러나 누구나 좋은 리더가 되지는 않는다. 좋은 리더의 길은 너무나 어려운 길이며 꺾이고 좌절하며 터득하고 선회하며 배워나가야 하는 자리이다. 좋은 리더의 상을 구축하고 실행해 나가는 것은 그 자리에 가서 생각하기에는 너무 늦으므로 경험하고 배우며 하나하나씩 구축해 나가며 실천을 하는 미래의 리더가 되기를 바란다.

계획을 세우자! 10년 후의 나의 모습을 계획하여 매년마다 목표로 하는 교사상을 정립하고 실천해 보면서 또 계획을 수정하며 수행하다 보면 계획성 있게 10년을 보낸 교사와 단순히 10년을 보낸 교사는 방향과 걸어간 거리가 무척이나 차이가 날 것이다. 위치에 따른 시선의 변화를 가져보며 상대방의 입장이 되어 조망하고 계획하며 실천하기를 바란다.

'10년 후의 당신의 모습은 어떻게 변화되어 있을까?

내가 원장이라면…

교사와 중간자(주임교사 또는 원감), 원장은 모두 다 위치와 입장이 다르기 때문에 서로가 서로에게 바라는 것이 각기 다를 것이라 생각한다. 초임교사부터 시작한 유아교사의 출발은 주임교사, 원감, 원장의 역할을 각각 맡으면서 변화하는 생각을 경험하게 되었다.

초임 때에는 조금은 뻔뻔스럽게 '초임이니까 실수를 이해해 주시겠지?' 라는 생각으로 편안한 마음으로 지냈더니 오히려 실수를 하지 않고 생각보다 쉽게 1년을 지낼 수 있었다. 오히려 나의 경우에는 초임 때 가진 '초임이니까 실수를 이해해 주시겠지?' 라는 생각이 경력이 쌓이면서 경력의 숫자만큼 무게로 가중이 되어 더 힘들게 하였다. 경력 2년차일 때에는 1년간의 첫 경험을 모두 마치고 익숙함으로 신나게 지냈다면 3년차일 때 이직으로 인해 또 변화에 대한 적응이 3개월 정도 소요가 되었고, 4년차부터 원감선생님이 없는 주임 역할을 하며 책임감이라는 것을 느끼며 새로운 직책에 맞는 교사로 거듭나려고 노력하였었다. 결국 제일 경력이 많은 교사가 된 5년차에는 5년차인 교사에 대한 기대감을 예상하며 1년 동안 무척이나 두렵고 어려운 시간을 보냈다. 어느 누구도 나에게 '그 경력 차만큼의 능력을 보이시오' 라고 강요는 한 적은 없지만 스스로 만든 굴레가 버거워 5년 경력을 마치고 3년간의 휴직을 하였었다. 물론 그 기간 동안 출산과 육아, 대학원 진학을 병행하였지만 직장을 그만둔 가장 큰 이유가 '초임이니까 실수를 이해해 주시겠지?' 로 시작한 편한 마음으로의 출발이 스스로를 옥죄게 된 내 자신이 만든 굴레였다는 것이다.

3년간의 휴직을 끝으로 신설 유치원에 취업하여 주임, 원감, 원장직을 차례로 맡게 되면서 나의 교사 생활을 가장 후회하였던 것은 내가 모셨던 원장님의 마음을 헤아리지 못했던 것이었다.

원장이 되기 전까지 나는 원장이라는 자리의 어려움을 전혀 짐작도 하지 못했다. 교사에게도 초임이 있듯이 주임, 원감, 원장 직책에도 초임은 적용이 된다는 걸 경험을 통해야서만 안다. 그래도 주임, 원감의 첫 경험은 어렵지 않았지만 원장의 첫 경험은 어려운 자리이기는 하였어도 유치원을 둘러싼 모든 것을 새로운 시각으로 볼 수 있었던 좋은 기회였다고 본다.

첫 1년 동안 하나하나 겪으며 내가 지나쳐 온 근무지의 원장선생님에게 따뜻한 마음, 따뜻한 이야기를 건네지 못했음이 참으로 후회스러웠다. 원장이 되기 전까지 원장의 역할이 어렵고 힘들다는 것을 몰랐었기 때문이었다.

철부지 교사인 내 눈에는 원장선생님은 하시는 일도 별로 없이 하루를 보내시는 것처럼 보였고 원장직이라는 자리가 시간을 여유롭게 보내는 자리이고 업무를 하달시키면 되는 자리이며 일은 교사들이 다 한다 싶었으니 정말 철이 없어도 한참이나 철이 없는 교사였다. 사립에서의 원장직은 정말 외롭고 힘든 자리임을 그 시절에야 알았으니, 그리고 깨닫고 얼마나 가슴을 쳤는지 모른다.

우러나오는 마음으로 따뜻한 차 한 잔이라도 드렸어야 하는데, 마음이 담긴 미소를 보냈어야 하는데라는 후회는 지금도 여전하다. 그 이후로 교사 연수를 하기 위한 강의를 할 때에는 반드시 나의 경험을 이야기하며 나처럼 후회하지 않게 되기를, 그리고 행동으로 옮기는 교사가 되었음 하는 바람을 이야기한다. 그런데 참 재미있는 건 강의를 듣는 교사들이 나의 교사 시절과 같은 생각을 한다는 것이다. 그들도 그들 자리만큼의 시야와 생각밖에 미치지 못하고 있으며 사람은 늘 나중에 후회를 남기듯이 늦게 깨닫는 자는 나처럼 가슴을 치는 후회를 하게 될 텐데 말이다.

상대방의 입장이 되어 생각해 보는 일은 그래서 참 중요한 일인 듯 싶다. '내가 원장이라면?' 이라는 가정으로 상대방의 입장이 되어 생각해 본다면 교사로서 해야 할 언어와 태도가 어떤 방향일지 정해질 것이다. '내가 원장이라면?' 나는 어떤 교사를 선호하게 될까? 어떤 교사를 채용하고 싶을까? 한 번 원장의 입장이 되어 나를 점검해 볼 필요가 있겠다.

PART 3

유아교사의 업무

4장 담임교사로서의 기본 업무 〈교육 관련 업무〉

✍ 교육과정 수립

✍ 일일교육계획안

1. 일일교육계획안의 의미
2. 일일교육계획안의 계획
3. 일일교육계획안 작성
4. 일일교육계획안의 다양한 예

✍ 수업 준비

✍ 가정통신

✍ 차량 지도

✍ 점심 지도

✍ 현장학습

1. 현장학습 사전 준비
2. 현장학습 사전 활동
3. 현장학습
4. 현장학습시 교사의 복장 및 태도
5. 현장학습 사후 활동

교육과정 수립

예비유아교사를 양성하는 대학에서의 교육과정을 살펴보면 유아언어교육, 유아수학교육, 유아과학교육, 유아동작교육 등 각각의 교과목으로 제시하고 있으나 각각의 교과목마다 통합적으로 운영되어야 함을 강조하고 있다. 유아교육은 통합적으로 이루어지므로 유아교사에 대한 반 담임으로서의 기본 업무인 교육의 업무를 각각의 교과목으로 이야기할 수 없음은 너무나 당연한 일이다.

유아교사는 교육의 여러 업무 중 제일 먼저 각 연령에 따른 원의 교육과정을 수립한다. 원의 특성에 맞는 프로그램에 따라 주제의 추정 기간이 다르겠지만 신학기의 시작과 함께 주제가 시작될 때마다 교육계획안을 작성하여야 하며, 교육계획안에 따라 일일교육계획안이 작성되어 매일매일의 교육이 이루어지게 될 것이다.

국가에서 제시하는 교육과정에 근거한 교육과정을 수립하여도 좋고, 지역사회의 특성을 감안하거나 원의 철학에 따라 독특한 교육과정이 계획되기도 한다. 교육과정을 수립할 때는 교사 또한 원의 일원으로 자신의 의견을 반영할 수 있으며 관심 있는 것, 자신 있는 것, 시도하고 싶은 것을 제안하며 토론을 통하여 결정을 하게 된다.

일일교육계획안

유치원교사의 하루 일과는 어떻게 될까? 유치원교사의 하루 업무의 시간이 8시간이라면 유치원교사들은 업무의 종류에 따라 시간 활용을 어떻게 하고 있을까? 출근하자마자 시작되는 유치원교사의 업무는 다양하고 많으며 바쁘게 움직임에도 불구하고 8시간이라는 근무 시간은 부족하기만 하다. 유아들을 맞이하기 위하여 창문을 열어 환기하기, 교실의 영역 구성 및 준비 자료를 배치하고 마무리하는 등의 준비하는 시간, 유아들이 동시에 교실에 등원하지 않고 차량 운행에 따라 시차 등원이 이루어짐으로 인해 모든 유아들이 모일 때까지 기다리는 시간, 본 수업 활동 시간(4~5시간), 다음 날을 위한 준비 과정인 수업 준비를 위한 일일교육계획안 작성, 일일교육계획안에 따른 교재 교구 준비, 교실 청결 등 매일매일 해야 되는 교육 관련 업무는 반복된다. 유치원교사의 업무 중 가장 많은 시간이 필요한 업무가 유아들과 함께 지내며 수업하는 시간이며, 유아들이 귀가한 후에도 다음 날 수업 준비를 위해 준비하는 시간까지 포함한다면 교육 관련 업무를 위해 소요되는 시간은 하루 근무 시간 중에 대부분의 시간이라 해도 과언이 아니다.

그렇다면 교사의 업무 중 가장 많은 시간을 차지하는 수업 시간에 대한 일일교육계획안을 계획하기 위해서 무엇을 고려해야 할까? 일일교육계획에 영향을 미치는 요인은 무엇일까?

본 장에서는

- 일일교육계획안의 의미
- 일일교육계획안의 계획

- 일일교육계획안 작성 방법
- 일일교육계획안의 다양한 예

를 제시하고자 하며, 현장에 있는 교사들이 수업 연구의 기록으로서 일일교육계획안이 되었으면 한다. 또한 한 해 누적된 일일교육계획안은 다음 해에 소중한 참고 자료로 활용될 수 있으며, 일일교육계획안을 통해 더욱 다양하고 효율적인 계획안이 많이 나오기를 바란다.

1. 일일교육계획안의 의미

일일교육계획안은 유아들이 유치원에 머무는 시간 동안 교사에 의해 계획되는 하루 동안의 교육계획안을 말한다. 일일교육계획안은 유아들이 유아교육기관에 오는 등원부터 귀가까지의 일련의 시간 동안 일어나는 각 활동마다 교육적 의미를 가지며 또한 유아들의 발달과 흥미를 고려하여 계획되어져야 한다.

유아교육의 질은 교사의 질을 뛰어넘을 수 없고, 교사의 질적 수준은 교수 · 학습 방법을 연구하는 것과 밀접한 관계가 있으므로 교수 · 학습 방법을 연구하고 기록하는 일일교육계획안을 중시해야 하는 것은 당연한 일이다. 일일교육계획안은 언제 작성하는 것이 좋을까? 미리 일주일 분량의 일일교육계획안을 계획해도 되는 것일까? 2~3일 전 일일교육계획안을 계획해도 좋은 것인지, 아니면 매일 그 날마다 다음 날의 일일계획안을 계획해야 하는 것인지 의문이 생기게 된다. 주제의 전체적인 흐름 아래 미리 계획을 세워두는 것은 좋으나 그 계획대로 실행한다면 그때마다 생기는 유아들의 관심과 흥미를 반영할 수 없으며 융통성 없는 하루 일과를 운영하게 되므로 바람직하지 않다. 일일교육계획안은 매일매일 그 날의 유아들의 관심과 흥미를 반영하며 연구해야 하는 것이니만큼 전체적인 주제 흐름에 대해 윤곽을 잡는 단계의 정도로 월별 또는 주별로 계획을 세운 후 유아들의 흥미를 반영하여 매일 다음 날의 계획을 세우는 것이 바람직하다.

교수 · 학습 방법을 연구하는 일일교육계획안의 작성은 교육에 있어 중요한 업무이지만, 일일교육계획안의 중요성을 인식하면서도 유치원교사의 다양하고 많은 업무로 인해 그 중요성을 간과하는 경우가 있다. 또한 교사 경력이 많아질수록 예전의 경험에 의존하여 하루 일과에 대한 계획 없이 개괄적인 흐름만을 머릿속으로 구상하는 경우가 있는데 이럴수록 다시 한 번 일일교육계획안의 의미를 되새겨 보고 연구하는 태도가 필요하다.

2. 일일교육계획안의 계획

일일교육계획안에 의해 교육 활동이 이루어진 후에 모든 교사는 스스로 자신의 수업을 회상하며 교육적 목표를 달성하고 만족스러운 수업을 했다고 느끼기를 바란다. 만족스러웠다면 일일교육계획안을 어떻게 구성하였는지, 또 불만족스러웠다면 어떤 원인에 의한 것인지, 반성적 사고를 통해 원인을 찾아 해결하는 자기 장학을 함으로써 교사 자신에게도 만족스럽고, 피교육자인 유아들에게도 즐겁고 의미 있는 교육이 되도록 하여야 할 것이다. 그렇다면 일일교육계획안을 계획하기 위해 무엇을 고려해야 할 것인가 살펴보도록 한다.

1) 고려해야 할 요인

(1) 하루 수업 시간

하루 수업 시간은 반일제반, 시간 연장제반, 종일반에 따라 또는 지역의 특성에 따라 다르며, 이에 따라 일일교육계획안의 내용도 다르게 된다. 또 하루 수업 시간이 예를 들어 4시간이라 할지라도 유아들이 등원하는 방법이 유치원 차량에 따라 시차 등원이 이루어진다면 등원하여 다 모이는 시간, 첫 귀가하는 차량부터 마지막 귀가 차량까지의 소요되는 시간을 모두 합하여 수업 시간으로 보아야 할지에 따라, 유치원 여건에 따라 하루 수업 시간의 기준은 다르게 된다. 유아들의 특성상 교육과 보육이 병행되어야 하므로 유아가 한 명이라도 교실에 등원하였거나 한 명이라도 귀가가 이루어지지 않았을 경우, 이를 수업 시간으로 생각하는 원이라면 시차제 수업 형식으로 접근하여 소집단, 개별 활동의 형태로 활동을 계획할 수 있다. 시차제 수업인 경우에는 집단의 크기를 줄여 중집단, 소집단의 형태로 수업할 수 있는 시간을 계획할 수 있는 장점이 있는 반면 하루 수업 시간의 양이 늘어남에 따라 교사의 교육 업무량이 많아져 부담이 될 수 있다.

(2) 지원되는 인적 자원

학급을 운영하는 교사가 1인인지, 공동 담임 2인 체제인지, 정담임 1 · 보조교사 1인 지원인지, 항상은 아니지만 원장선생님, 원감선생님이 지원해 줄 수 있는 여건인지, 학부모 자원봉사를 활용하여 인적 자원을 활용할 수 있는지에 따라 집단의 형태를 다양하게 선택할 수 있다.

지원되는 인적 자원이 있음에도 불구하고 같은 공간에 서로 같은 역할을 함으로써 지원되는 인적 자원에 대한 효율성을 활용하지 못한다면 인력 낭비가 되므로, 지원되는 인적 자원이 있을 경우에 교사 1인 체제일 때와는 수업의 형태가 달라질 수 있도록 한다. 즉, 지원되는 인적 자원이 있다면 대집단의 형태로 진행되었던 수업을 되도록 중집단, 소집단의 형태로 수업이 이루어질 수 있도록 일일교육계획안을 운영하도록 한다.

(3) 물리적 환경 요인

교실 외의 여유 공간, 교실 영역 구성, 기자재와 매체에 의해 수업의 형태가 일일교육계획안에 반영된다.

(4) 시 기

주제의 진행 단계(도입 · 전개 · 마무리 단계), 학기 초 · 학기 중간 · 학기 말, 계절, 지역 행사적인 요소가 일일교육계획안에 반영된다.

2) 활동간의 균형을 이루는 요소

(1) 집단의 유형

집단의 유형은 지원되는 인적 자원과 시설적인 여유 공간에 의해 많은 영향을 받지만 대집단, 중집단, 소집단, 개별 활동의 형태가 골고루 안배될 수 있도록 계획한다. 집단의 유형에 따라 여러 유형의 상호작용이 일어날 수 있으므로 교사-유아, 유아-유아, 유아-교구, 유아-자연 등 다양한 유형의 상호작용이 일어날 수 있는 계획이 필요하다.

(2) 활동의 움직임 정도

활동의 움직임 정도에 따라 동적인 활동, 정적인 활동으로 구분할 수 있다. 동적인 활동만을 연달아 이어 활동한다면 유아들이 금세 지치기 쉽고, 정적인 활동만을 연달아 이어 활동한다면 흥미를 금세 잃기 쉽고 집중하기가 어려워져 유치원이 재미없는 곳이라는 생각을 가지게 된다. 따라서 동적인 활동과 정적인 활동을 교대로 적절히 배치하도록 한다.

좋은 예)

- 동적인 활동-정적인 활동-동적인 활동-정적인 활동

좋지 않은 예)

- 정적인 활동-정적인 활동-정적인 활동-동적인 활동
- 동적인 활동-동적인 활동-동적인 활동-정적인 활동

(3) 활동 수준의 난이도

유아들 간의 개인차를 배려하기 위해 1수준, 2수준, 공통 수준으로 나누어 계획하며, 쉬운 수준, 조금 윗단계의 수준, 모두 공통인 수준을 골고루 안배하여 준비하도록 한다. 수준별 수업을 체계적으로 준비하는 것이 쉬운 일은 아니지만 발달이 늦은 유아, 발달이 빠른 유아들에게 수준별 학습이 이루어지도록 계획하여 제공해 주는 것은 유아의 개인차를 고려하는 중요한 요인이다.

(4) 실내놀이와 실외놀이의 안배

하루 수업 시간 내에 실외에서 활동하는 시간보다 실내에서 활동하는 시간이 훨씬 많으며, 실외놀이를 계획하여 대근육을 움직여 보며 실외 · 자연에서 활동할 수 있는 자유로운 시간을 계획함으로써 유아들이 갖는 스트레스를 해소할 수 있는 기회를 줄 수 있도록 한다. 실외놀이는 실외놀이 시설 환경의 규모에 따라 실외놀이 시간이 영향을 받을 수 있지만 하루에 30여 분 정도의 시간을 계획하도록 하며, 실외 공간이 작은 경우에는 다른 반과 겹쳐서 실외놀이를 하지 않도록 다른 반과 협의하여 계획하는 것도 좋은 방법이다.

3) 일관성 · 융통성 · 민감성

(1) 일관성

일일교육계획안의 일관성이란 시간에 따른 단위 활동이 비슷한 흐름을 가지는 것을 말한다. 일관성 있는 수업의 형식을 갖게 되면 유아들은 다음 활동이 무엇인지 예측을 할 수 있어 안정감을 가질 수 있게 된다.

활동명	월	화	수	목	금
등원 및 인사	등원 및 인사	등원 및 인사	등원 및 인사	등원 및 인사	등원 및 인사
하루 일과계획	하루 일과계획	하루 일과계획	하루 일과계획	하루 일과계획	하루 일과계획
놀이 계획 및 자유선택활동 (소집단 활동)	놀이 계획 및 자유선택활동 (소집단 활동)	놀이 계획 및 자유선택활동 (소집단 활동)	놀이 계획 및 자유선택활동 (소집단 활동)	놀이 계획 및 자유선택활동 (소집단 활동)	놀이 계획 및 자유선택활동 (소집단 활동)
정리 정돈 및 평가	정리 정돈 및 평가	정리 정돈 및 평가	정리 정돈 및 평가	정리 정돈 및 평가	정리 정돈 및 평가
대집단 또는 중집단 활동	신체 표현/ 동작 활동	동극	노래/ 악기놀이	게임	음악 감상
점심 및 이 닦기	점심 및 이 닦기	점심 및 이 닦기	점심 및 이 닦기	점심 및 이 닦기	점심 및 이 닦기

실외놀이	실외놀이	실외놀이	실외놀이	실외놀이	실외놀이
대집단 활동	동화	동시 감상	동화	음악 감상	동화
평가 및 귀가 지도	평가 및 귀가 지도	평가 및 귀가 지도	평가 및 귀가 지도	평가 및 귀가 지도	평가 및 귀가 지도

(2) 융통성

일일교육계획안에 따라 수업을 하고 있을 때 갑자기 창문 너머로 하얀 눈이 내려 유아들이 온통 바깥에 내리는 눈에 관심을 갖는다면 계획된 것을 다음으로 미루고 바깥으로 나가 눈 내리는 풍경을 감상하고 눈을 관찰할 수 있는 융통성을 가져야 한다. 또 예를 들어 이야기 나누기를 하고 있을 때 갑자기 교실 안에 날아 들어온 나풀거리는 노란 나비로 유아들이 진행하던 수업에 관심을 잃고 집중을 하지 못한다면 노란 나비가 이야기 나누기의 주제가 될 수 있는 융통성을 발휘하도록 한다. 유치원교사는 융통성 및 임기응변을 할 필요가 있지만 지나치게 융통성을 발휘하여 전체적인 흐름을 항상 바꾸는 일이 있어서는 안 된다. 즉, 융통성 및 임기응변은 그 상황에 있는 교사만이 교육적 가치와 사회적 가치를 판단하고 결정하여 실행할 수 있는 것이므로 권한에 따른 책임감을 가져야 한다.

(3) 민감성

교사는 유아들의 현재 상태를 민감하게 반영하여야 하는데 민감해야 할 요소로는 유아들의 흥미와 요구, 유아의 신체적 욕구나 리듬이다. 적절한 간식 시간, 휴식 시간, 배변 시간에도 잘 반영하도록 한다.

4) 활동의 계획과 실행에 대한 평가

일일교육계획안이 교사 자신의 활동의 계획과 실행에 대한 평가의 기록을 하는 것이라면 하루 일과 중 유아들에게도 스스로 활동을 계획하고 실행한 후 평가할 수 있는 자립적이며 주도적인 활동을 할 수 있도록 한다. 이에 관련된 활동으로는 자유선택활동에 있어서 계획-실행-평가가 있으며, 활동마다 실행에 대한 평가, 하루 일과 전체에 대한 평가의 기회를 갖도록 한다.

3. 일일교육계획안 작성

제시되는 일일교육계획안의 양식에 의하여 일일교육계획안이 작성되는 예를 보도록 하겠다. 제시되는 일일교육계획안의 양식은 유치원에 맞게 수정하여 사용하며 교사의 연구 자료로 효율적으로 작성되어야 한다. 교육인적자원부에서 제시하는 일일교육계획안의 양식, 다음에 제시되는 양식, 각 유치원 현장에 맞게 새롭게 구성된 일일교육계획안 모두 적합한 것이며 유치원 실정에 맞게 적합한 일일교육계획안의 양식을 새롭게 구성하여도 좋다. 다음에 제시되는 일일교육계획안의 형식은 다른 일일교육계획안과 달리 활동 형태, 활동 정도를 표시하도록 하여 활동이 균형 있게 배치되었는지 한눈에 파악할 수 있는 장점을 지니고 있다. 더불어 〈표 4-2. 일일계획안. 중심활동세안 I-대집단 활동〉에서는 대집단 또는 중집단의 형태로 이루어지는 활동에 대해, 〈표 4-3. 일일계획안. 중심활동세안 II-자유선택활동〉에서는 소집단 또는 개별 활동의 중심세안을 별도로 계획하도록 하여 최소 하루에 2가지 이상의 중심세안을 상세히 연구하여 기록하도록 함으로써 하나의 활동에 도입-전개-평가의 과정을 모색하여 교수 방법에 대해 연구할 수 있도록 하였다.

〈표 4-1. 일일계획안〉에서 중심세안으로 계획되지 않은 활동은 간단하게 어떤 활동인지를 언급하는 정도로 기술한다. 그리고 매일 반복되는 활동인 등원, 인사, 하루 일과 계획, 정리 정돈, 평가, 점심, 이 닦기, 귀가는 입학 초기에는 상세하게 기록하지만 2~3주차부터는 계속 단순 반복되어 변화가 없는 활동 내용은 교사 본인이 인지하고 있다면 기록하지 않아도 된다. 반복되어 기록되는 것은 기본 생활 습관과 관련되어 있거나 매일 일관성 있게 이루어지는 활동이기 때문이다. 그러나 기본적이며 일관성 있게 반복되는 활동이 흐트러지고 강조할 이유가 있을 시에는 일일교육계획안에 강조하여 기록하도록 한다.

표 4-1 일일계획안

<table>
<tr><th>시 간
단위 활동</th><th colspan="2">활동명</th><th>그룹
형태</th><th>활동
정도</th><th>활동
수준</th><th>활동 내용</th><th>자료 및
유의점</th></tr>
<tr><td>08:40~09:30</td><td colspan="2">등원 및
자유놀이</td><td>대중소개</td><td>동·정</td><td>I II 공</td><td>• 반갑게 인사 나눈다,
• 가방을 사물함에 정리한다.
• 자유놀이 • 우유 마시기</td><td>우유, 컵</td></tr>
<tr><td>09:30~09:40</td><td colspan="2">정리 정돈</td><td>대중소개</td><td>동·정</td><td>I II 공</td><td>• 놀이했던 놀이 영역 정리하기</td><td></td></tr>
<tr><td>09:40~10:15</td><td colspan="2">인사 및
하루 일과 계획</td><td>대중소개</td><td>동·정</td><td>I II 공</td><td>• 인사를 나눈다.
• 오늘의 날짜를 알아본다,
• 오늘의 날씨에 대해 이야기 나눈다.
• 하루 일과 알아본다.
• 유아 이름카드로 이름을 부르며 출석을 확인한다.</td><td>하루 일과판
날짜판
유아 이름카드</td></tr>
<tr><td>10:15~10:30</td><td colspan="2">산 책</td><td>대중소개</td><td>동·정</td><td>I II 공</td><td>• 실외에 나가 산책하기</td><td></td></tr>
<tr><td>10:30~11:00</td><td colspan="2">토 의</td><td>대중소개</td><td>동·정</td><td>I II 공</td><td>인형극 무대 꾸미기</td><td>칠판, 분필</td></tr>
<tr><td rowspan="4">11:40~12:40</td><td rowspan="4">놀이
계획 및
자유
선택
활동</td><td>놀이
계획</td><td>대중소개</td><td>동·정</td><td>I II 공</td><td>교구 소개 : (과학) 개구리 퍼즐 맞추기
(조형) 인형극 무대 꾸미기</td><td>교구</td></tr>
<tr><td>자유
선택
활동</td><td>대중소개</td><td>동·정</td><td>I II 공</td><td>(과학) 개구리 퍼즐 맞추기
(조형) 인형극 무대</td><td>교구</td></tr>
<tr><td>정리
정돈</td><td>대중소개</td><td>동·정</td><td>I II 공</td><td>• 정리 정돈을 알린다.
• 놀이하였던 물건을 정리한다.</td><td></td></tr>
<tr><td>놀이
평가</td><td>대중소개</td><td>동·정</td><td>I II 공</td><td>• 놀이 평가지에 어떤 놀이를 하였는지 표시한다.
• 자유선택활동 중 친구들에게 소개하고 싶은 놀이를 이야기한다.
• 재미있었던 일, 속상한 일에 대해 이야기 나눈다.</td><td></td></tr>
<tr><td>12:50~13:30</td><td colspan="2">점심식사
및
양치질</td><td>대중소개</td><td>동·정</td><td>I II 공</td><td>• 메뉴 : 잡곡밥, 조개국, 장조림, 김치, 콩나물 무침
• 먹은 순서대로 양치질한다.
• 다른 유아들이 다 점심을 먹기 전까지 개방된 영역에서 놀이한다(언어 영역, 책보기 영역).</td><td>도시락, 수저,음식
치약, 칫솔, 양치컵</td></tr>
<tr><td>13:40~14:10</td><td colspan="2">실외놀이</td><td>대중소개</td><td>동·정</td><td>I II 공</td><td>• 실외 놀이터에서 안전하게 놀이하기</td><td></td></tr>
<tr><td>14:20~14:30</td><td colspan="2">귀가 준비
및 귀가</td><td>대중소개</td><td>동·정</td><td>I II 공</td><td>• 옷 입기
• 자신의 물건(가방) 준비하기
• 대그룹으로 모여 인사 나눈다.
• 하루 일과 회상한다.
• 호차별로 귀가한다.
1호차 도보</td><td></td></tr>
</table>

표 4-2 일일계획안. 중심활동세안 I-대집단 활동

중심활동세안 I	활동명	
	목 표	
사 례		

표 4-3 일일계획안. 중심활동세안 II-자유선택활동

중심활동세안 II	활동명	
	목 표	
사 례		

아래의 〈표 4-4〉에 제시된 번호의 순서대로 일일계획안 작성에 대해 설명하고자 한다.

표 4-4 일일계획안 양식 예

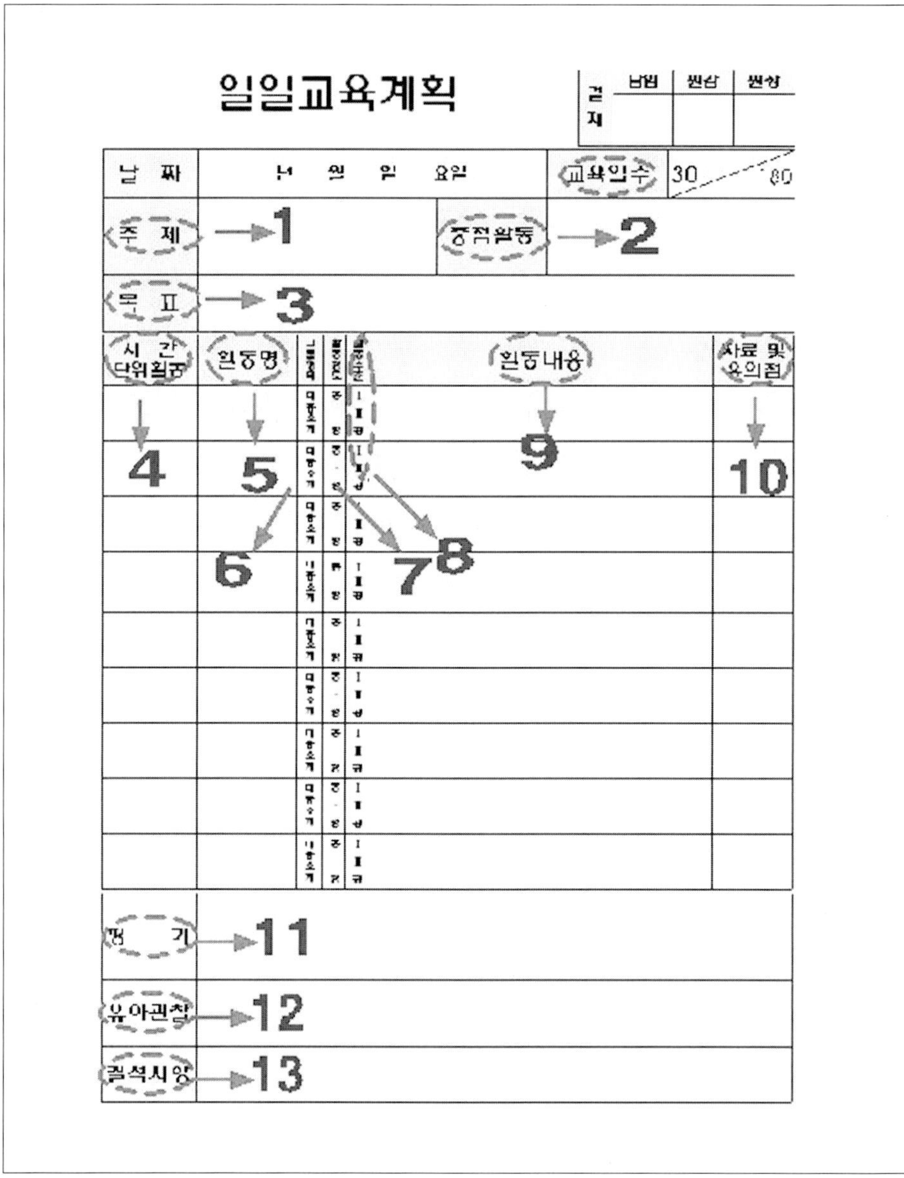

1) 주 제

하루 일과 중 가장 중심이 되는 주제를 기록한다.

4주간 진행되는 실제 주제가 "개구리"라 할 때 개구리를 기록하는 것이 아니라 그 날 활동 중에 가장 큰 주제가 될 수 있는 활동을 기록하면 된다. 아래의 예에서는 「세 마리의 개구리」 동화를 들려 준 후 이어지는 인형극을 준비하기 위한 "개구리 인형극 무대 꾸미기"가 이 날의 주제가 될 수 있다.

날 짜	2005년 4월 13일		교육 일수	30 / 180
주 제	개구리 인형 꾸미기	중점 활동	토의-인형극 무대 꾸미기 교구 소개 (과학) 개구리 퍼즐 (조형) 인형극 무대 꾸미기 (색종이 접기) 올챙이 접기	
목 표	1. '개구리' 인형극 무대를 어떻게 꾸밀지 토의하여 정한다. 2. 개구리의 부분 그림을 보고 개구리 몸의 부분 명칭을 말할 수 있다.			

2) 중점 활동

하루의 일과 시간이 시간 연장제인 경우에는 대부분 3~5시간이다. 하루 일과 중 중점 활동은 유아들에게 직접 소개가 이루어지는 그 날의 중점이 되는 활동으로는 크게 대그룹(또는 반그룹) 활동과 자유선택활동 시간에 유아들에게 의미 있는 활동인 영역 활동을 들 수 있다.

교육의 질은 교사의 질을 뛰어 넘어설 수 없으므로 교사의 다양한 업무에 파묻혀 교사 본연의 업무인 교육에 대해 연구하지 않는다면 교육의 의미는 퇴색되리라 본다. 하루에 최소한 한 가지 대집단 활동과 한 가지 자유선택활동을 중점 활동으로 계획하며 그 이상을 준비한다면 더욱 풍요로운 교육이 될 것이다.

3) 목 표

학습목표는 그 날의 주제와 중점 활동에 근거하여 목표가 설정된다. 학습목표에는 행동적 목표와 표현적 목표로 기술할 수 있다.

조건, 준거, 도달점 행동의 요소가 포함되도록 기술하는 것을 행동적 목표라 하며, 상황, 문제, 과제의 요소가 포함되도록 기술하는 것을 표현적 목표라 한다. 유아교육의 특성상 행동적 목표와 표현적 목표 둘 다를 병행하여 목표 기술을 하며, 기본 생활 습관이나 과학 · 수학 영역의 활동에서는 행동적 목표를 기술하는 것을 선호하고 유아의 발달 특성과 관련된 부분에서는 표현적 목표를 더 선호한다.

행동적 목표의 예〉

개구리의 부분 그림을 보고	개구리 몸의 부분 명칭을	말할 수 있다.
조건	준거	도달점 행동

표현적 목표의 예〉

개구리 몸 부분 퍼즐을 맞추며	개구리의 생김새를	관찰한다.
상황	문제	과제

4) 시간 단위 활동

아침 등원부터 귀가까지 활동 하나마다 소요되는 시간을 예상하여 일일계획안을 기록한다. 유아의 발달에 따라 집중할 수 있는 시간을 유의한다. 특히 대집단 활동에서의 정적인 활동일 경우에는 자칫 유아들이 주의 집중력을 길게 유지할 수 없으므로 20분 내외의 시간을 계획하도록 하고 유아들이 몸을 움직이는 동적인 활동일 경우에는 30~40분 정도의 시간을 계획한다. 유아들의 집중력과 관심, 참여도에 따라 시간 단위 활동은 융통성 있게 이루어져야 한다.

5) 활동명

(1) 등 원

유아교육에서의 활동은 통합적으로 이루어지는데 등원에서 귀가에 이르기까지 일련의 활동을 의미한다. 여기에서 등원을 하고 바로 모여 인사를 나누는 경우에는 "등원 및 인사"로 활동명을 넣거나 등원을 한 후 유아들이 시차적으로 다 모이기 전에 자유롭게 영역놀이를 하게 되면 "등원 및 자유놀이"의 활동명으로 계획한다.

(2) 놀이 계획 및 자유선택활동

유아 스스로 활동에 대한 계획과 실행에 대한 평가가 이루어지는 활동이 "놀이 계획 및 자유선택활동" 시간이다. 대부분 놀이 계획-자유선택활동-정리 정돈-놀이 평가를 하나로 묶어 놀이 계획 및 자유선택활동으로 계획하는 경우가 많은데 대집단으로 모여 교사가 자유선택활동 시간에 새롭게 제시하는 영역 활동에 대한 교구 및 활동에 대해 소개하는 시간, 유아들이 어떤 놀이를 할 것인지 놀이 계획지에 계획하는 시간, 영역을 선택하여 자유롭게 놀이하는 자유선택활동 시간, 놀이를 다 마친 후 정리하는 시간, 정리가 끝난 후 놀이 평가지에 평가하기 및 대집단으로 모여 놀이한 것을 소개하거나 작품 결과를 소개하는 평가 시간을 각각 별도로 계획하여도 좋다.

일련의 과정을 놀이 계획 및 자유선택활동시간을 묶어서 할 경우 자칫 활동을 소개하는 교사의 시간, 유아들이 계획하는 놀이 계획, 자유선택활동, 정리 정돈, 놀이 평가에 대한 활동 중 간과하기 쉬운 활동을 빼는 경우도 있게 되고, 40~50분을 놀이 계획 및 자유선택활동으로 계획하였을 경우 유아들이 진정으로 놀이를 할 수 있는 시간은 20~30분 정도의 시간 밖에 확보를 못하게 된다. 유아교육에서 유아들이 자율성을 가지고 유아-유아, 유아-교구 간의 상호작용이 자유롭게 일어나는 중요한 시간에 대한 확보가 필요하다고 하겠다.

①

놀이 계획 및 자유선택활동
정리 정돈 및 평가

②

놀이 계획
자유선택활동
정리 정돈
놀이 평가

③

놀이 계획 및 자유선택 활동	새로운 활동 소개	* 수학 영역 * 조형 영역
	놀이 계획 및 자유선택활동	
	정리 정돈 및 놀이 평가	

놀이 계획 및 자유선택활동 시간을 분리하여 시간 계획을 세워본다면 1시간 20~30분 정도가 소요된다고 보아야 할 것이다.

시간 단위 활동	활 동 명		활 동 내 용
10분	놀이 계획 및 자유선택 활동	새로운 활동 소개	* 수학 영역 * 조형 영역
5분		놀이 계획	놀이하고 싶은 것을 놀이 계획지에 표시하기
50~60분		자유선택활동	* 소그룹 활동
5~10분		정리 정돈	놀이한 영역 정리하기
10분		놀이 평가	놀이한 것을 놀이 평가지에 표시하기

시 간 단위활동	활동명	그룹형태	활동형태	활동조건	활동내용	자료 및 유의점
08:40–09:30	등원 및 자유놀이	대·중·소·개	동·정	I·II·공	반갑게 인사 나누기, 실내화 갈아신기 자유놀이하기, 우유 마시기	우유 컵
09:30–09:40	정리정돈	대·중·소·개	동·정	I·II·공	놀이했던 놀이영역 정리하기	
09:40–10:16	인사 및 하루일과계획	대·중·소·개	동·정	I·II·공	인사나누기, 오늘의 날짜 날씨 하루 일과 알아보기, 출석확인 기도하기	일과표 날짜판
10:16–10:30	산 책	대·중·소·개	동·정	I·II·공	실외에 나가 산책하기	
10:30–11:00	토 의	대·중·소·개	동·정	I·II·공	인형극 무대 꾸미기	칠판 분필
11:40–12:40	놀이계획 및 자유선택활동	대·중·소·개	동·정	I·II·공	교구소개 : (과학) 개구리 때를맞추기 (조형) 인형극 무대 꾸미기 정리정돈 및 활동평가	교구
12:50–13:30	점심식사 및 양치질	대·중·소·개	동·정	I·II·공	메뉴 : 잡곡밥, 조기국, 장조림 김치, 콩나물 무침 양치질하기	도시락, 수저 급식 치약, 칫솔, 양치 컵
13:40–14:10	실외놀이	대·중·소·개	동·정	I·II·공	실외 놀이터에서 안전하게 놀이하기	
14:20–14:30	귀가준비 및 귀가	대·중·소·개	동·정	I·II·공	겉옷입고 인사나누기 가방메기 하루일과 회상하기, 인사 나누기	

6) 집단 형태

집단 형태에 따라 여러 유형의 상호작용이 일어날 수 있게 되므로 하루 일과 계획을 세울 때 각 시간 단위 활동마다 집단의 형태를 다양하게 계획하도록 한다. 집단의 형태로는 대집단, 중집단(반그룹), 소집단, 개별로 나눌 수 있다. 하루 일과의 집단 형태는 다양하게 이루어질 수 있도록 계획되면 좋은데 집단의 형태는 인적 자원에 대한 지원의 여부에 따라 달라지므로 근무하고 있는 여건 내에서 최대한 효율적인 집단의 형태를 계획하도록 한다.

일일계획안 양식에 그룹 형태를 기록하도록 넣은 이유는 하루의 일과 중 활동에 따라 효율적인 집단의 형태를 계획 · 운영하도록 하기 위함이다. 대부분 한 반에 30명의 원아에 교사 1명이 배정되므로 원에 여유 인력이 있는지, 최대한 지원받을 수 있는 인력의 수를 고려하여 계획하도록 한다. 30명을 기준으로 한다면 대집단의 형태는 30명, 중집단의 형태는 15명, 소그룹의 형태는 5~6명으로 나눌 수 있다.

(1) 대집단 형태로 적합한 활동

대집단 활동은 학급 유아 전체가 참여하게 되는 수업의 형태이다. 개성이 많은 유아들이 다 같이 모여 각각의 참여를 유도하고 좋은 수업 분위기를 유지하면서 흥미를 끌기에는 교사의 많은 노력이 필요하다. 특히 교사가 신임교사일 경우에는 대집단 형태의 수업을 이끌기에는 쉽지 않은 일이다. 수업의 유형 중 대집단의 형태로 활동하였을 경우에 시간의 절약과 효율적인 수업이 되는 경우를 제외하고는 중집단, 소집단 형태의 수업 활동으로 계획하도록 한다. 대집단 형태로 수업하기에 적합한 활동으로는 다음과 같으며 지원될 인사가 있을 경우에는 아래의 활동 중 ③의 활동인 중집단의 형태로 전환하는 것이 더욱 바람직하다.

① 처음과 끝을 여닫는 활동 – 등원, 인사, 귀가 시간

② 전체적으로 알릴 사항이 있거나 자유선택활동 시간에 새롭게 소개하는 활동
  – 하루 일과 계획 시간, 자유선택활동 전 활동 소개의 시간

③ 의견을 제시하지 않고 흥미롭게 참여할 수 있는 활동
  – 게임, 동화, 동극, 시청각 교육 시간, 동작 활동, 평가, 생일 축하

(2) 중집단 형태로 적합한 활동

– 이야기 나누기, 동시 감상, 보여주며 이야기하기, 생각 모으기

자신의 의견을 제시하고 다른 유아들의 의견을 서로 공유하는 시간은 많은 유아들이 참여를 독려해야 하는데 대집단 형태로 이루어질 경우에는 참여하는 몇 명만 이야기를 주도하여 나가게 되어 공통의 흥미를 유지하기가 어렵다. 이야기 나누기, 보여주며 이야기하기 활동은 집단의 형태가 작을수록 효율적이므로 여건이 허락된다면 중집단 또는 소집단 활동으로 이루어지는 것이 바람직하다. 다음의 표는 교사 2인 체제일 경우 15명씩 중집단으로 나누어 40분씩 활동이 이루어진 후 교체하여 활동이 이루어진 경우의 예이다.

요리 활동은 중집단으로 교실에 남아 있지만 중집단 중의 몇 명은 소집단으로 요리 활동을 하는 유아들이 있게 되고 나머지 유아들은 실외놀이를 하게 된다.

10:10~ 10:50	요리 (중집단)	대 중 소 개	동 · 정	I II 공	소그룹 수박화채	동화책 '한 입에 덥석'
10:50~ 11:30	실외놀이 (중집단)	대 중 소 개	동 · 정	I II 공	공원 – 물총놀이	물총

교사 1인 체제일 경우 반드시 중집단의 형태로 수업을 하기를 원한다면 보조교사를 활용하여 유아 수의 반은 교사가 교실에서 활동을 하고 나머지 반은 보조교사의 보호 아래 실외놀이를 하고 있다가 적정한 시간에 교체할 수도 있다.

10:10~ 10:40	동시 감상	대 중 소 개	동 · 정	I II 공	동시–빗방울	• 동시 도입 자료
10:40~ 11:20	실외놀이 (중집단)	대 중 소 개	동 · 정	I II 공	체육–물웅덩이를 지나	• 유니바

또 외부에서 지원되는 강사가 있다면 다음과 같은 방법으로 중집단 활동을 시도할 수 있다. 2학급에서 유아들의 명수 중에 반은 강사가 교육하는 활동으로 보내고 나머지 반은 교실에서 중집단 활동을 하게 된다. 그리고 난 후 다시 교실의 유아와 강사가 진행하는 유아들을 교체하면 같은 수업 시간 내에 중집단의 수업 효과를 볼 수 있다. 학급의 전체 유아를 대상으로 동시 감상과 체육을 할 때 각각 30분의 시간이 소요되어 총 60분의 수업이 진행되었다면 중집단으로 교체하면서 진행되는 수업도 마찬가지로 동시 감상 30분, 체육 30분으로 60분의 시간이 소요되므로 더 많은 수업시간이 할애되지 않아도 더욱 효과적인 수업을 할 수 있게 된다. 그러나 교사가 참여하여 관찰하지 못한 강사의 교육 활동은 강사의 수업 평가를 통해 보충하도록 한다.

시간	'가' 반	체육	'나' 반
10:10~10:40	동시 감상(A $\frac{1}{2}$)	체육(가B $\frac{1}{2}$+나B $\frac{1}{2}$)	이야기 나누기(A $\frac{1}{2}$)
10:40~11:20	동시 감상(B $\frac{1}{2}$)	체육(가A $\frac{1}{2}$+나A $\frac{1}{2}$)	이야기 나누기(B $\frac{1}{2}$)

또 다른 방법으로는 반은 자유선택활동, 반은 중집단 형태로 활동할 수도 있다. 교실의 반은 자유선택활동으로, 나머지 유아는 중집단으로 수업을 진행하는데 이때 자유선택활동을 하고 있는 유아들이 중집단으로 수업하는 팀을 배려할 수 있는 방법에 대해 토의한 후 규칙을 정하고 실행해 본다.

시간	A팀($\frac{1}{2}$)	B팀($\frac{1}{2}$)
10:10~10:40	자유선택활동	이야기 나누기
10:40~11:20	이야기 나누기	자유선택활동

(3) 소집단 형태로 적합한 활동

- 토의, 자유선택활동 시간을 활용한 소그룹 활동
  (요리, 과학, 언어, 프로젝트 활동 등)

많은 교사들에게 혼동이 오는 활동이 소집단 형태의 활동이다. 예를 들어 30명을 6명씩 나누어 소집단으로 활동을 하고자 할 때 교실 전체에서 5집단으로 나눈 6명이 동시에 소집단 활동을 하는 것은 소그룹 활동으로서의 효율성이 떨어진다. 교실에서 전체를 소그룹으로 나누어 동시에 똑같은 요리 활동, 과학 활동, 조형 활동이 이루어진다면 대집단 형태로 활동을 하되 배치 형태만 다르다고 할 수 있는 것이다. 그러므로 가장 바람직한 소그룹 형태의 수업은 인적 자원의 지원이 있는 경우에는 아무 문제가 없지만 교사 혼자서 학급을 운영해야 할 경우에는 자유선택활동 시간 내에 소그룹 활동을 계획하여 유아와 유아의 상호작용과 유아와 교구와의 상호작용이 자유롭게 이루어지는 상황에 교사는 소그룹 활동에 집중할 수가 있게 된다. 그러나 자유선택활동 시간에 교사가 소그룹 활동에만 집중을 하게 되면 유아와 유아, 유아와 교구와의 상호작용이 어떻게 일어나는지 관찰을 할 수 없게 되며 유아들의 활동에 개입이 필요할 때와 확장이 필요할 때의 순간을 포착하기에 힘들다. 교사는 전체 교실을 조망하는 눈과 유아들의 개별 활동에 관심을 가지고 관찰을 해야 한다.

그 날의 자유선택활동의 중점 활동이라 생각하는 영역에서 교사는 유아들과 소그룹으로 만나 활동을 하게 된다. 매일매일마다 자유선택활동에서의 중점 활동의 영역은 매번 달라지므로 영역에 따른 유아들의 발달, 관심, 사고를 골고루 관찰하고 파악할 수 있는 장점이 있게 되며 소집단 활동 안에서 교사는 유아들과 일대일 상호작용을 하게 되어 질적인 상호작용이 한 유아와 한 번씩은 일어나게 되므로 교육적인 효과가 크다고 할 수 있겠다.

단, 새 학기가 시작되는 3월에 교사가 소집단으로 활동을 하게 되면 교실 안에서 유아들의 적응이 되지 않았고 교사에게 자주 도움을 요청하는 일이 빈번하여 소집단 활동의 흐름이 빈번히 깨지게 된다. 또한 자유 속에 질서가 확립되어 있지 않은 상태이므로 유아들 간의 갈등을 중재해야 하고 새롭게 적응하는 유아들을 관찰하고 친구 관계가 형성되지 않은 유아들을 세심하게 배려해야 하므로 유아들이 적응이 되었다 싶은 시기를 잘 포착하여 소집단 활동을 계획하여 운영해야 한다. 교사가 2인 체제일 경우에는 문제가 없겠지만 교사 1인이 교실을 운영하는 경우에는 3월은 소집단으로 활동하기에는 이른 시기임에 틀림이 없다.

새 학기인 3월에 유아들은 새로운 환경에 대해 낯설고 친구 관계도 형성되어 있지 않아 유아교육기관에 다니는 것이 교사가 생각하는 것보다 훨씬 큰 스트레스로 다가옴을 인지하고 편안한 곳, 즐거운 곳, 놀 거리가 많은 곳, 사이좋게 놀이할 친구가 있는 곳, 나를 반겨주고 적극 지원하는 교사가 있는 곳임을 먼저 느낄 수 있도록 지원해 주어야 할 것이다.

(4) 개별 형태로 적합한 활동–자유선택활동, 이 닦기

유아들에게 개별 활동이 일어날 때는 등원을 하고 반 유아들이 모두 모이는 시간 동안의 자유놀이 시간, 계획적으로 실행하여 놀이하는 자유선택활동, 실외 자유선택활동(바깥놀이), 점심 식사 후 시차적으로 이루어지는 이 닦기 활동이다. 유아들이 자유롭게 개인적인 욕구와 개인적인 선호에 의하여 자신이 세운 계획을 실행해 보고 도전해 보는 일은 유아들을 부쩍 성장하게 해준다.

원에 따라 간식이 있는 경우 자유선택활동 시간 또는 등원하는 시간을 이용하여 개인적인 욕구에 의해 간식을 먹도록 하기도 하고 전체 간식으로 일률적으로 먹기도 한다. 자율 간식인 경우에는 개인적인 욕구를 존중해 주는 장점이 있지만 누가 먹고 먹지 않았는지 항상 관리가 이루어져야 하고 간식 영역이 별도로 마련되어 있어야 하므로 공간을 더 확보하여야 한다. 전체 간식인 경우에는 유아들의 개인적 욕구에 의하지 않고 일정한 시간에 일률적으로 간식을 먹게 되어 누가 먹는지, 누가 안 먹었는지, 그 날 간식을 좋아하는 유아와 그렇지 않은 유아들을 관찰할 수 있으며 별도의 간식 영역을 준비하지 않아도 된다.

7) 활동 정도

하루 일과 계획에 중요한 것 중 또 하나는 활동 간 균형을 맞추어 배치하는 것이다. 정적인 활동과 동적인 활동이 어떻게 배분되어 있느냐에 따라 유아들의 흥미 유지와 주의 집중이 결정되기 때문이다. 유아들의 특성상 정적으로 오랫동안 가만히 앉아 있기 어려우므로 정적인 활동과 동적인 활동의 균형이 요구된다. 한 활동이 정적인 활동이라면 다음의 활동은 동적인 활동으로 활동 간의 균형을 맞춤으로써 유아들의 흥미 유지와 주의 집중을 할 수 있도록 배려하여 계획한다. 한편 동적인 활동과 정적인 활동으로 구분이 가는 활동도 있고 정적인 활동과 동적인 활동의 성향을 함께 가지고 있는 활동이 있으므로 유의하여 배치하도록 한다. 동적인 활동과 정적인 활동에 대한 배치가 잘못되어 주의 집중을 잘 하지 못하고 흥미 없는 얼굴로 앉아 있는 유아를 마주하게 되면 교사로서 자존감이 많이 상실하게 된다. 이에 가장 큰 원인이 바로 동적인 활동과 정적인 활동 간의 배치에 대한 오류일 경우가 많으므로 일일계획안을 구성할 때에도 꼭 동적인 활동과 정적인 활동 간의 배치의 적절성을 확인하도록 한다.

(1) 동적인 활동

움직임이 큰 활동은 동적인 활동으로 분류할 수 있다.

- 동작 활동, 신체 표현, 게임, 실외놀이 등

(2) 정적인 활동

움직임이 거의 없는 활동으로 분류될 수 있다.

- 하루 일과 계획, 아침 인사(날씨, 출석), 자유선택활동에 새로운 활동 소개하기, 평가, 이야기 나누기, 토의, 동화 들려주기, 생각 모으기 등

(3) 정적인 활동과 동적인 활동이 함께 있는 활동

앉아서 조용히 집중하는 활동과 움직임이 있는 활동이 병행이 되는 경우가 이에 속한다. 대부분 노래, 동시 감상, 음악 감상은 정적인 활동으로 진행되는 경우가 많은데 동시 감상, 노래, 음악 감상도 유아들이 움직이며 활동적으로 참여할 수 있도록 교수방법을 전환하여 진행하도록 한다. 자유선택활동은 정적인 영역과 동적인 영역으로 구분이 되어 활동이 이루어지므로 정적인 활동과 동적인 활동이 동시에 이루어지는 활동으로 분류하였다.

- 동극, 자유선택활동, 동시 감상, 노래, 음악 감상

8) 활동 수준

활동 수준은 보통 1수준 · 2수준 · 공통 수준으로 나누어 기록하는데 한 교실에서 한 명의 교사가 30명 유아들에 대한 교육 준비를 하기 위해 발달 정도에 따라 수준을 나누어 준비하기가 쉬운 일은 아니다. 어릴수록 유아들의 발달 개인차가 크므로 1수준 · 2수준 · 공통의 수준으로 분류하여 운영해야 한다.

9) 활동 내용

〈표 4-4. 일일계획안 양식 예〉는 하루 일과의 시간 흐름에 따른 활동들의 흐름을 한 눈에 보기에 편리하며 전체적인 일정 중에서 각 활동들이 일일계획안의 원리에 의

해 잘 짜여졌는지 쉽게 점검할 수 있도록 한다. 다음의 체크리스트에서 1~8항목은 수업 전 일일계획안 작성이 잘 되었는지 스스로 체크해 볼 수 있으며, 9~10항목은 수업이 끝난 후 체크하여 일일계획안 계획과 실행에 있어 바람직하게 운영되는지 평가해 봄으로써 보다 나은 교육으로 되도록 한다.

표 4-5 일일계획안 평가리스트

순서	시기	항목	체크리스트
1	수업 전	하루 수업 시간, 지원되는 인적 자원, 물적 환경 요인, 시기 등을 고려하였는가?	상 · 중 · 하
2		하루 일과 흐름 패턴이 일관성이 있는가?	상 · 중 · 하
3		유아의 신체적 욕구나 리듬을 반영하였는가?	상 · 중 · 하
4		유아의 흥미와 요구가 반영되었는가?	상 · 중 · 하
5		집단의 유형이 다양하게 배치되었는가?	상 · 중 · 하
6		동적 · 정적 활동이 골고루 안배되었는가?	상 · 중 · 하
7		실내 · 실외 활동이 배치되어 있는가?	상 · 중 · 하
8		여러 유형의 상호작용이 일어날 수 있도록 계획하였는가?	상 · 중 · 하
9	수업 후	융통성 있게 운영되었는가?	상 · 중 · 하
10		활동의 계획과 실행에 대한 평가를 하였는가?	상 · 중 · 하

10) 자료 및 유의점

활동 내용에 따른 필요한 자료를 자세히 기록한다. 유의 사항은 활동에 있어 주의할 점을 기록하고 수업이 끝난 후 예기치 못한 유의 사항이 발견되었을 경우 구분이 될 수 있도록 색펜으로 기록하여 다음에 참고 자료가 될 수 있도록 한다. 일일계획안은 교사 개인의 연구 자료임을 잊지 말자.

11)평 가

하루 수업이 끝난 후 자신의 수업을 반성적 사고로 조망하여 평가하는 시간을 갖는다. 전체적인 하루의 평가와 활동에 따른 준비, 유아들의 반응, 준비에 따른 효과, 그룹 형태의 적절성, 균형 있는 활동의 배치 등에 대해 평가를 한다. 이 평가는 평가에 그치는 것이 아니라 다음 일일계획안에 반영이 되어 실수를 줄일 수 있도록 한다. 평가란에 전체적인 평가를 기록할 수도 있지만 각 활동마다 간단하게 색펜으로 평가하여 반성적 사고를 하여도 좋다.

또 수업에 대한 평가 외에 저널 평가란을 만들어 일기 형식으로 자유롭게 교사 자신의 마음속 이야기를 기록하는 것도 하나의 방법이 된다. 저널 평가란은 어떤 형식이 없이 교사 자신이 전반적인 업무에 대한 것, 교사로서의 자신에 대해 조망하여 느낌을 생각나는 대로 기록하게 되어 신임교사의 생각의 변화, 갈등 및 내적 성숙의 과정을 볼 수 있는 좋은 자료가 된다.

평 가	아이들과 중점 활동을 하며 아이들의 생각의 깊이에 다시 한 번 놀라게 되었다. 개구리 사는 곳 팀과 간단히 하려고 했던 표상 활동이 견학을 다녀온 아이들의 생각을 회상시키며 여러 가지 기발한 아이디어들이 많이 나왔다. 또한 6세 때와는 차별을 두기 위해 요리 활동 전 자신들이 꾸밀 연못에 대한 표상 활동을 하였는데, 아이들이 과자로 연못을 꾸밀 때는 자신들이 그린 그림과 같게 만들기 위해 과자를 이용하는 모습을 발견하고 여간 기특한 게 아니였다. 아이들의 변화한 사고만큼 교사의 역할의 중요성을 다시 한 번 느끼는 하루였다.
저 널	위태롭기만 했던 첫 시작이 벌써 한 달 전이다. 지금은 안정이라는 낱말이 생각나는 걸 보면 폭풍 같은 3월과 지금의 차이가 큰 것이겠지! 한 달간의 모든 시간들을 정리해 보며 마음 속으로 힘차게 외치는 소리…. "아… 시간이 너무 빠르다. … 새로운 4월을 위해 파이팅!"

12) 유아 관찰

교사의 업무 중 중요한 업무가 바로 유아들을 관찰하는 것이다. 관찰을 함으로써 유아들의 놀이를 확장하거나 개입할 적절한 기회를 포착하게 되며, 또래 관계의 형성, 유아의 관심과 흥미가 어디에 있는지, 욕구는 무엇인지, 적응과 갈등 상황을 알 수 있게 되는 중요한 근거 자료가 된다. 그러나 교사 1인에 30명의 유아들이 학급 구성원으로 이루어졌을 때 소집단으로든 개인별로든 상호작용을 하고 도움이 필요한 유아들을 돕다 보면 관찰하고 기록으로 남기는 게 수월하지만은 않다. 수첩을 꺼내서 정지한 상태로 자세히 기록하려 한다면 유아들을 관찰하는 것이 무척 부담스러운 업무가 될 것이다. 유아들의 특징적인 행동과 언어를 수첩에 기록하여 기록된 것을 근거로 회상하여 수업이 끝나자마자 관찰한 것을 기록하도록 한다. 관찰 기록은 일화기록으로 기록하며 객관적으로 있는 그대로 기록이 될 수 있도록 객관성을 유지하고 제일 마지막에 교사의 소견을 기록할 수도 있다. 매일마다 유아 1인 이상을 관찰하여 기록하도록 하며 이 자료는 상담 자료로 유익하게 활용된다.

<table>
<tr><td>유아 관찰
(정현호)</td><td>대집단으로 이야기 나누기 시간
현호 : (교사 왼쪽에 앉아 있던 현호) 왼손을 뒤로 하며 다리를 뻗는다.
정찬 : 네 다리 때문에 불편하잖아.
현호 : (다리를 앞으로 하며 빛찬이 무릎으로 눕는다.)
빛찬 : (장난치며 현호의 목을 감싼다.)
현호 : (손을 뒤로 하며 빛찬이와 함께 장난을 친다.)</td></tr>
<tr><td>관찰에
근거한
교사 견해</td><td>이야기 나누기나 자유선택활동 시간에 자주 누워서 활동하는 현호.
활동을 하며 의자 자리에 앉을 때도 의자에 다리를 올려 무릎 자세를 하고 엉덩이를 들고 의자를 미는 자세를 많이 취한다.
볼 때마다 주의를 주지만 아직 고쳐지지 않은 모습을 다시금 발견하였다. 현호의 자세에 대해 다시 한 번 이야기를 해 주어야겠다.</td></tr>
</table>

13) 결석 사항

매일마다 유아들의 결석 사항을 출석부에 기록하여 1년이 마무리되는 수료 또는 졸업에 개근, 정근의 근거 자료가 되도록 한다. 결석한 유아는 반드시 수업이 끝난 후 전화를 하여 관심을 나타내도록 하며, 결석 사유를 기록한다.

결석 사항	이경은 - 어머니 출산 준비로 할머니 댁에 감 조규리 - 감기

4. 일일교육계획안의 다양한 예

1) 일일계획안 중심세안 양식

(1) 중심세안-대집단 활동 사례

〈표 4-6. 일일계획안. 중심세안-대집단 활동 사례〉는 하루의 일과에서 대집단 활동 중 가장 중점이 되는 대집단 활동을 상세히 계획한다. 도입-전개-평가의 일련의 순서에 따라 활동 내용을 기록하며 수업의 사례를 디지털 카메라로 찍은 사진, 또는 기록될 만한 것을 기록해 둠으로써 다음 날 또는 다음 해에 참고가 되는 자료로 쓰이도록 한다. 예를 들어 유아들과 주제망을 구성하였다면 주제망은 주제에 관한 유아들의 경험과 사고의 지도와 같은 것이며 이후에 진행되는 주제가 어떻게 전개되어야 할지 방향 설정의 기본 자료가 되므로 수업 사례에 기록해 두는 것이 좋다.

다음의 사례는 인형극을 하기 위해 인형극을 어떻게 꾸밀지 토의해 보는 활동이다. 인형극을 꾸미기 위해 무대 설정, 자료 선정, 담당할 유아들에 대해 한 눈에 보기 쉽게 주제망을 구성해 인형극을 공연하기까지 준비 과정에 방향을 설정하는 자료이므로 수업 사례로 적합한 자료가 된다.

또 다른 사례는 알에서 개구리가 자라는 과정을 신체 표현 활동하는 모습을 디지털 카메라로 찍어 사례를 남긴 활동이다. 수업 활동 중 디지털 카메라로 기록을 남기는 것은 수업의 진행 과정(프로젝트)을 기록으로 남기게 되고, 교실 안에서 이루어지는 수업에 대해 가정통신으로 안내 나갈 수도 있으며 개인 포트폴리오의 자료로도 사용하게 된다.

표 4-6 **일일계획안. 중심세안 – 대집단 활동 사례**

<table>
<tr><td rowspan="3">중심활동세안 Ⅰ</td><td>활동명</td><td>인형극 무대를 어떻게 꾸밀까?-토의</td></tr>
<tr><td>목 표</td><td>개구리 인형놀이에 대해 관심을 갖고 인형극을 어떻게 꾸밀지 토의하여 정한다.</td></tr>
<tr><td colspan="2">1. 개구리 인형을 소개한다. 인형을 갖고 인형이 이야기하듯 한다.
- 안녕? 만나서 반가워.
- 난 이름이 없는데 너희들이 지어줄 수 있겠니?
- 우리 인형극 놀이할 때 또 만나자.
2. 인형극에 대하여 이야기 나눈다.
- 인형극이 무엇이니?
- 인형극에서 무엇을 할 수 있니?
- 인형극은 몇 명이서 하는 걸까?
- 인형극을 하려면 뭐가 필요하겠니?
- 너희들이 원하던 대로 인형극을 할 수 있도록 하려면 인형극 무대를 만들어야 해.
3. 인형극 무대를 어떻게 만들지 토의한다.
- 인형극 무대를 만들려면 무엇이 필요할까?
- 어떻게 만들까?
- 누가 만들까?
4. 유아들과 토의한 내용을 칠판에 기록한다.
5. 토의하여 정한 대로 자유선택놀이 시간 조형 영역에서 만든다.</td></tr>
<tr><td>사례</td><td colspan="2">토의한 사례 1

토의-인형극 무대를 어떻게 꾸밀까?

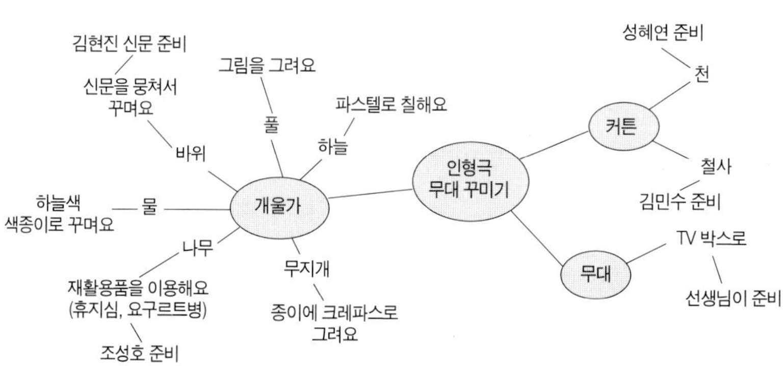
</td></tr>
</table>

(2) 중심세안–자유선택활동 사례

표 4-7 일일계획안. 중심세안–자유선택활동 사례

<table>
<tr><td rowspan="5">중심활동세안–</td><td>교구명</td><td>개구리 퍼즐</td></tr>
<tr><td>영 역</td><td>과학 영역</td></tr>
<tr><td>목 표</td><td>개구리 몸 부분 퍼즐을 맞추며 개구리의 생김새를 관찰한다.</td></tr>
<tr><td>준비물</td><td>퍼즐 기본판 2, 개구리 부분 그림카드 6조각 2세트, 개구리 부분 그림 주사위 1</td></tr>
<tr><td colspan="2">1. 준비된 자료를 살펴본다.
- 무엇이 준비되어 있니?
- (부분 카드를 보여 주며) 무엇일까?
- (주사위를 보여 주며) 주사위에 어떤 그림이 있니?
2. 놀이 방법에 대해 이야기 나눈다.
- 이 교구는 어떻게 놀이하는 걸까?
- 몇 명이서 놀이할 수 있을까?
3. 활동 방법에 대하여 이야기 나눈다.
① 기본판을 하나씩 나누어 갖는다.
② 순서를 정한다.
③ 주사위를 굴려 나온 개구리의 부분을 카드에서 찾아 기본판 위에 올려 놓는다.
④ 만약 주사위의 그림이 먼저 가져간 부분 그림이라면 한 번 쉬도록 한다.
⑤ 먼저 개구리의 몸을 완성하면 게임이 끝난다.</td></tr>
<tr><td>사례</td><td colspan="2">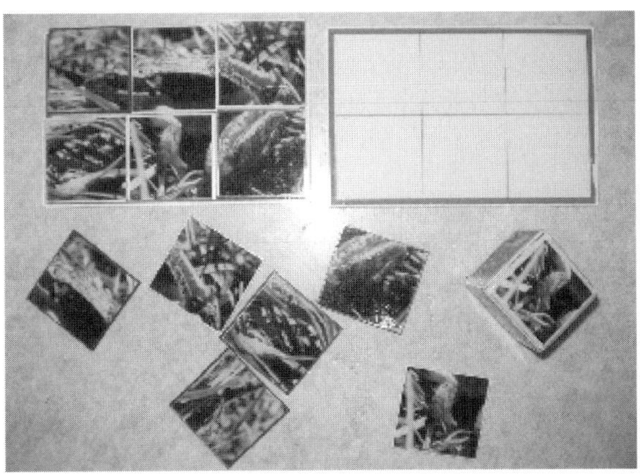</td></tr>
</table>

〈표 4-7 일일계획안. 중심세안-자유선택활동 사례〉는 하루의 일과에서 유아들이 가장 능동적이며 주도적으로 자유롭게 놀이하는 자유선택활동 중 가장 중점이 되는 자유선택 영역 활동을 상세 계획한다. 도입-전개-평가의 일련의 순서에 따라 활동 내용을 기록하며 수업의 사례를 디지털 카메라로 찍은 사진, 또는 기록될 만한 것을 기록해 둠으로써 다음 날 또는 다음 해에 참고가 되는 자료로 쓰이도록 한다. 예를 들어 영역의 교구를 소개하는 것이 중점이라면 교구로 유아들과 교구 활용 방법에 대한 토의 과정을 활동 내용으로 기록하고 교구 사진을 디지털 카메라로 찍어 사례의 부분에 기록함으로써 교재 교구 정리까지 한꺼번에 이루어지게 된다. 이 자료는 다음 해 유익하게 사용될 수 있는 소중한 자료가 될 것이다.

표 4-8 **일일계획안. 중심세안-자유선택활동 사례**

	인형극 무대 꾸미기		
사례	 물을 하늘색으로 색칠해요	 일곱 색깔 무지개	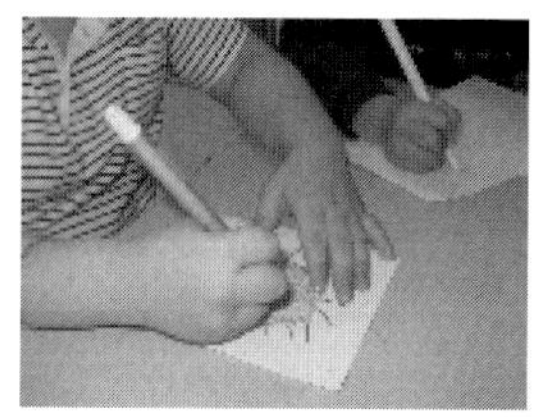 해님도 그려 넣어요
	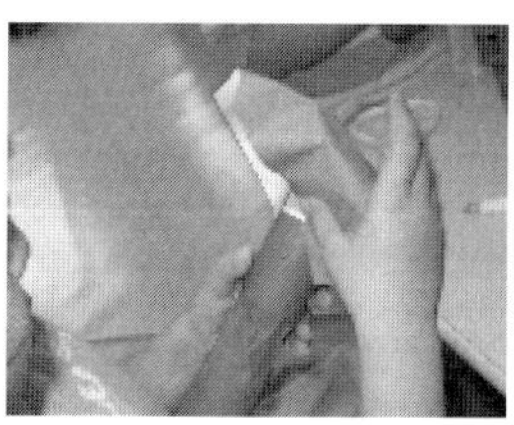 입체 나무 만들기	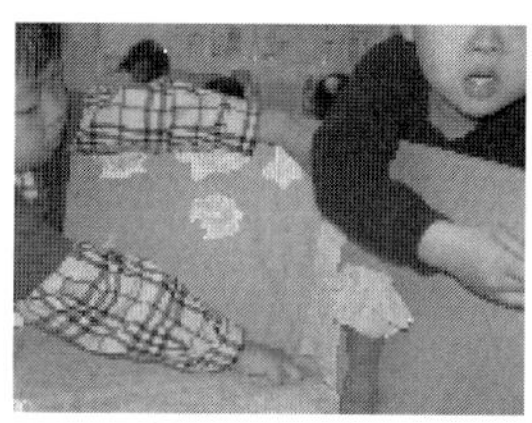 풀도 그려 붙이고…	 커튼까지 만들어 완성해요
	 개울가에 세 마리의 개구리	 인형극 꾸미기	 친구들에게 보여줘요

위의 사례는 대집단 활동으로 인형극을 어떻게 꾸밀지 토의한 후 자유선택활동 시간에 조형 영역에서 소집단으로 인형극 틀을 만드는 과정을 사례로 제시한 것이다.

2) 다양한 일일교육계획안의 사례

〈일일계획안 사례 1〉

결재	담임	원감	원장

일일교육활동계획

날 짜	2006년 6월 8일 목요일		교육일수	68 / 180
주 제	운동 경기	중점활동	1. 탐구생활 – 수학적 탐구 – 기초적인 통계와 관련된 경험하기	
목 표	1. 여러 가지 운동 경기 중에서 우리 반에서 가장 인기 있는 운동 경기는 어떤 것인지 수 그래프로 알아볼 수 있다. 2. 운동 경기에 필요한 노구와 응원 도구 등을 만들 수 있다.			

활동 시간	활동명	그룹형태	활동수준	활동	활동 내용	자료 및 유의점
9:30~	등원	대 중 소	I II 공	정 동	반갑게 인사 나누기 신발장과 사물함 정리하기 가방 속 확인하기	
9:30~10:00	자유놀이 및 정리 정돈	대 중 소	I II 공	정 동	작업 – 내가 좋아하는 운동 경기	활동지, 색연필
10:00~10:10	이름 부르기 하루 일과 계획	대 중 소	I II 공	정 동	이름 부르기 카드를 이용하여 유아의 출 · 결석을 확인한다. 오늘의 날짜와 날씨에 대해 이야기 나누기 하루 일과를 계획하기	이름 부르기 카드
10:10~11:00	자유선택활동	대 중 소	I II 공	정 동	그래프 : 운동 경기 그래프 작업 : 운동 경기 도구 만들기	그래프판, 노끈, 선수번호판 등

11:00~11:20	영어	대 중 소	I II 공	정 동	영어 노래를 불러요.	
11:20~11:40	화장실 가기	대 중 소	I II 공	정 동	화장실 앞에 바르게 줄 서서 앉기 화장실 사용법을 알고 바르게 사용하기	
11:40~12:50	점심먹기	대 중 소	I II 공	정 동	점심 먹을 준비를 하기 맛있는 점심을 먹어요. 점심 먹고 난 후에는 조용히 책을 읽어요.	도시락, 숟가락 포크, 젓가락
12:50~1:30	자유놀이	대 중 소	I II 공	정 동	자유롭게 놀이를 해요. 작업 : 운동 경기 도구 만들기	노끈, 선수번호판 등
1:30~1:40	노래 및 손유희	대 중 소	I II 공	정 동	여러 가지 노래와 손유희를 해요.	
1:40~1:50	평가 및 귀가	대 중 소	I II 공	정 동	하루 일과를 회상하며 내일 활동 소개하기 차량과 도보 순으로 자리에 앉기	

평 가	지난 번 '내가 좋아하는 피자는?' 그래프를 해서 그런지 유아들이 수 그래프에 자신이 좋아하는 운동 경기를 선택해서 잘 붙여주었다. 요즘 월드컵 때문인지 축구를 가장 좋아하였고, 태권도도 유아들이 많이 좋아하였다. 그리고 유아들이 작업 활동을 할 때에는 즐거운 표정으로 활동을 하였다.
유아 관찰	• 관찰 대상 : 고지현(여) • 관찰 장소 : 역할 영역 • 관찰 내용 : 등원을 한 지현이는 가방을 정리하고 역할 영역으로 간다. 그리고 역할 영역 교구장 중에서 여러 가지 그릇 바구니에서 프라이팬을 골라서 집어든 다음 가스 레인지 쪽으로 간다. 그리고 가스 레인지 위에 프라이팬을 놓더니 가스 레인지에 불을 켠다. 그리고 프라이팬을 위, 아래로 흔들면서 가스 레인지 위에서 왔다 갔다 한다. 그리고 프라이팬을 가스 레인지 위에 올려놓은 후 역할 영역 교구장 중에서 손수건 바구니에서 손수건을 꺼낸 후, 접시와 컵을 싼다. 그리고 여러 가지 그릇 바구니에서 나무접시를 찾아서 꺼내더니 전자 레인지에 넣고 옆에 그림으로 된 버튼을 누르는 시늉을 한다. 그리고 다시 꺼낸 후 나무접시와 컵을 손수건에 올려 두더니 접어서 싼다. 그리고 아까 싼 손수건 옆에 나란히 놓는다. 그리고 또 다른 그릇에 주전자를 이용하여 붓는 시늉을 하더니 숟가락으로 그릇을 젓는다. 그리고 손수건을 펼쳐서 접시와 컵을 꺼낸다. 그리고 숟가락으로 손수건에 싸여 있던 컵과 접시에 나눠 담는 시늉을 한다. 그리고 다시 접시와 컵을 싸더니, 지현이가 "선생님 빵이에요. 선생님도 빵 좋아해요?"라고 묻는다.
결석 사항	• 결석생 없음

<table>
<tr><td rowspan="3">중심활동세안 I</td><td>활동명</td><td>운동 경기 그래프</td></tr>
<tr><td>목 표</td><td>여러 가지 운동 경기 중에서 우리 반에서 가장 인기 있는 운동 경기는 어떤 것인지 수 그래프로 알아볼 수 있다.</td></tr>
<tr><td colspan="2">1. 여러 가지 운동 경기에 대해서 간단히 이야기를 나눈다.
- 어제 이야기 나누기 시간에 선생님과 함께 나눈 운동 경기들이 생각나요?
- 운동 경기에는 어떤 것들이 있었지요?
- 많은 운동 경기 중에서 여러분들이 좋아하는 운동 경기가 있지요?
- 어떤 운동 경기가 제일 좋아요?
- 말하지 않고 머리로 생각만 하도록 해요.

2. 그래프 활동을 설명하고 유아들이 활동을 해보도록 한다.
- 오늘은 그래프 활동을 해볼 거예요.
여기에 운동 경기들이 있는 그래프판이 있어요.
- 어떤 운동들이 있는지 같이 볼까요?
- 그래프판에서 내가 좋아하는 운동 경기를 하나 정하고 그 칸에 스티커를 붙이도록 해요.
- 각자 좋아하는 운동 경기를 생각했어요?
- 그럼 지금부터 그래프판에 내가 좋아하는 운동 경기 칸에 스티커를 붙이도록 해요.

3. 유아들이 활동을 끝내면 그래프판을 보고 결과를 내보도록 한다.
- 내가 좋아하는 운동 경기에 스티커를 다 붙였나요?
- 어떤 운동 경기가 우리 반에서 가장 인기가 좋은지 보도록 해요.
- 함께 그래프판을 보고 결과를 보도록 한다.
- 우리 반에서 가장 인기가 많은 운동 경기는 ○○네요.
- 내일 이 경기를 실제로 해보도록 해요.
- 지금부터 이 경기에 필요한 도구들을 만들어보도록 해요.</td></tr>
</table>

<table>
<tr><td rowspan="2">중심활동세안 I</td><td>사 례</td><td>

〈그래프-운동 경기 그래프〉

선생님이 좋아하는 경기는….

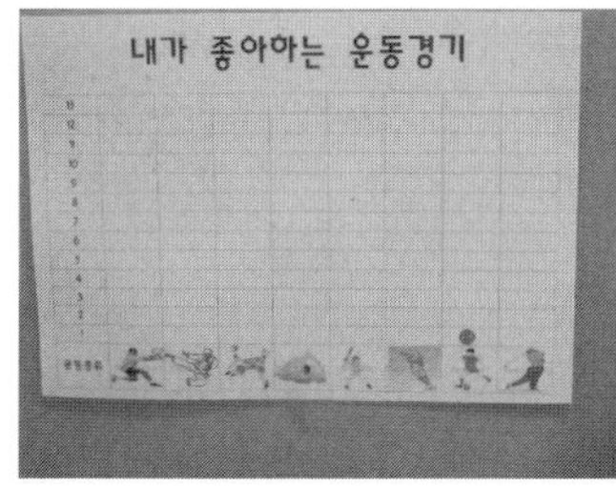

결과가 어떻게 될까?

나는 태권도가 좋아요.

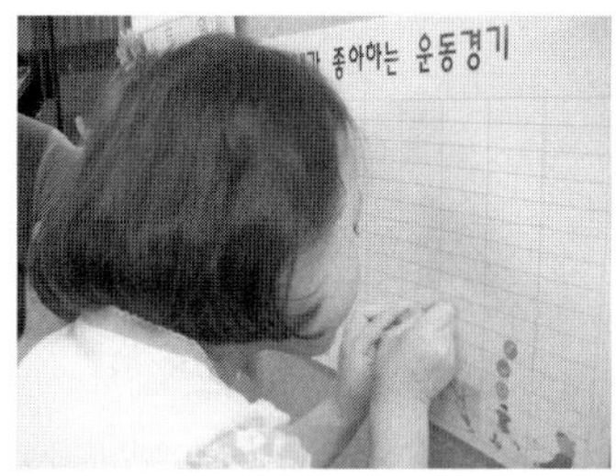

나는 야구가 좋아요.

나는 축구가 좋아요.

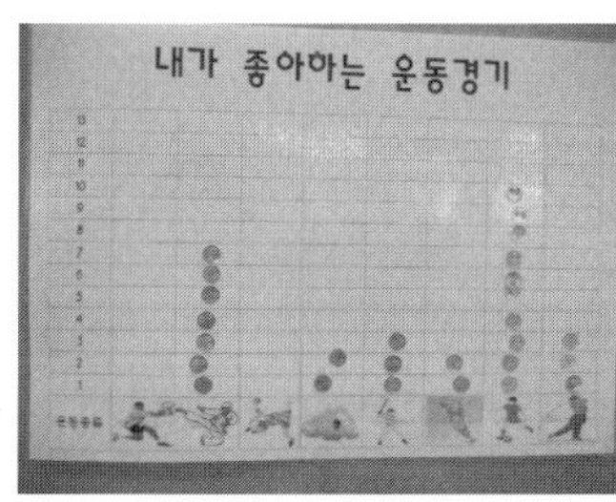

축구가 인기가 많아요.

</td></tr>
<tr><td>평 가</td><td>유아들이 지난 번 경험이 있어서인지 그래프 활동을 어려워하지 않고 즐거워하였다. 어제 이야기 나누기 시간에 나눴던 운동 경기에 대해서도 잘 기억하고 있었다. 수 그래프를 한 결과 축구 경기가 가장 인기가 좋았고, 그 다음으로 태권도에도 많은 관심을 보였다. 지난 번 그래프를 할 때는 유아들이 칸에 붙이는 것을 어려워하여 교사의 도움이 필요했었는데, 오늘은 유아들이 자신이 좋아하는 운동 경기의 칸에 교사의 도움이 없이도 잘 붙였다.</td></tr>
</table>

<table>
<tr><td rowspan="3">중심활동세안 II</td><td>활동명</td><td>운동 경기 도구 만들기</td></tr>
<tr><td>목 표</td><td>운동 경기에 필요한 도구와 응원 도구 등을 만들 수 있다.</td></tr>
<tr><td colspan="2">1. 어떤 도구가 필요한지 이야기를 나눈다.
- 어떤 운동 경기가 우리 반에서 가장 인기가 있었지요?
- 이 운동 경기를 하기 위해서는 어떤 도구들이 필요할까요?
- 그럼, 응원을 하기 위해서는 어떤 도구들이 필요할까요?

2. 필요한 도구를 만들어 보도록 한다.
- 먼저, 응원을 위해서는 수술이 필요해요.
- 여기 끈을 잘게 찢어보도록 해요.
- 그리고 운동 경기를 하려면 선수들에게 번호가 필요해요.
- 여기 번호에 색칠을 예쁘게 해주도록 해요.
그리고 이떤 도구가 디 필요할까요?
- 그래프 결과에 따른 운동 경기에 필요한 도구를 만들도록 한다.

3. 도구를 완성한 후 어떻게 활용할지에 대해서 간단히 이야기를 해주도록 한다.
- 완성된 도구들을 한 번 들어볼까요?
- 이 도구들은 내일 경기에 필요해요.
- 잘 보관해 두었다가 내일 경기 때 쓰도록 해요.</td></tr>
</table>

<table>
<tr><td rowspan="2">중심활동세안 II</td><td>사 례</td><td>〈작업-운동 경기 도구 만들기〉

잘게 찢어야지.

이렇게 찢어요?

나도 같이하자.

전 색칠 할래요.

꼼꼼하게.

예쁘게 만들어야지.</td></tr>
<tr><td>평 가</td><td>수 그래프 활동을 한 후 바로 이어서 이 활동을 설명하였는데, 유아들이 많은 호기심을 보였다. 수 그래프의 결과에 따라서 축구경기를 내일 하기로 하였는데, 유아들이 응원 도구를 만들고 선수번호판을 만들면서 매우 즐거워하였다. 그리고 내일 활동이 기대된다고 이야기도 해주었다. 그런데 응원 도구를 만들 때 노끈을 잘게 찢는 것을 어려워하는 유아도 있었다.</td></tr>
</table>

〈일일계획안 사례 2〉

일일교육활동계획

담임	원감	원장

날 짜	2003년 월 일 요일	수업일수	180
활동주제	바람 (비, 바람)	중심활동	바느질 – 바람때문에
목 표	눈과 손의 협응력을 기르고, 소근육 발달을 돕는다.		

활동시간	활동명	활동 내용	동적	정적	그룹유형 대	소	반	개
8:50~10:00	등원 및 자유선택활동	• 신발, 옷, 가방 정리하기						
10:00~10:30	노래	• 독창발표회에 부를 노래를 친구들 앞에서 자신있게 불러본다.		V	V			V
10:30~12:00	자유선택활동	• 바람 때문에(바느질) 바람을 바느질한 후, 재미있는 상황을 상상하여 그려본다. • 낙하산 기억게임(조작) ① 서로 다른 색의 카드를 갖고 그림이 보이도록 자리를 정해 펴 놓는다. ② 카드의 위치를 확인한 뒤, 동시에 카드의 그림이 보이지 않도록 뒤집어 놓는다. ③ 순서를 정해 서로 같은 색의 낙하산이 있는 자리를 기억하여 카드를 가져간다. ④ 카드를 많이 가져간 유아가 이긴다.	V			V		V
12:00~1:00	도시락 지도 및 이 닦기	• 도시락 사용법과 식사시 유의점 지도	V		V			
1:00~1:20	모래놀이	• 안전에 유의						
1:20~ 1:30	귀가 지도	• 호차별로 귀가한다.						
1:30~	귀가							

교사평가	바늘을 실에 꿰어 바느질을 시작하기 전에 실을 위로 먼저 꽂아 활동지 위에 털실이 밉게 튀어나오는 경우가 자주 있어 다시 한 번 시작 부분을 설명해 주었더니 위에서부터 시작하는 경우는 거의 없었다. 바느질을 하던 중에 정리를 하게 되면 바구니에 담았다가 다음에 다시 찾아 해야 하는데 계속 다시 하는 유아들이 있어 다음에 이야기를 해보아야겠다.

<table>
<tr><td rowspan="2">중심활동세안</td><td>활 동 명</td><td>바느질 - 바람 때문에</td></tr>
<tr><td colspan="2">1. 바람 때문에 생기는 일에 대해 이야기 나누어 본다.
- "바람이 부는 날에는 어떤 일이 일어날까?"
2. 바느질 순서를 다시 소개한다.
① 털실을 적당한 길이로 자른다.
② 자른 털실의 끝부분을 바늘귀에 끼운다.
③ 바늘귀에 끼운 털실을 빠지지 않도록 바늘귀에 묶어 놓는다.
④ 바늘로 활동지의 바느질할 부분(점이 그려진 부분)에 구멍을 뚫는다.
⑤ 점의 시작부분부터 바느질을 시작한다.
- 바늘이 활동지의 아래에서 위로 올라온다.
⑥ 테이프로 활동지의 아랫부분에 털실의 끝을 붙인다.
- 이때 바늘로 뚫어 놓은 구멍이 막히지 않도록 주의한다.
3. 바람 때문에 일어나는 재밌는 일을 상상하여 활동지에 표현한다.
4. 친구들에게 소개한 뒤, 벽면에 전시한다.</td></tr>
<tr><td>활동사례</td><td colspan="2"></td></tr>
</table>

〈일일계획안 사례 3〉

일일교육활동계획

<table>
<tr><td>일 시</td><td colspan="3">2005년 11월 3일 목요일</td></tr>
<tr><td>생활 주제</td><td colspan="3">도구와 기계</td></tr>
<tr><td>주 제</td><td colspan="3">편리한 도구와 기계</td></tr>
<tr><td>목 표</td><td colspan="3">• 부엌에서 사용하는 도구의 용도와 이름을 안다.
• 물질의 변화를 신체로 표현할 수 있다.
• 다양한 재료를 이용하여 창의적으로 꾸밀 수 있다.</td></tr>
<tr><td>교육과정
관련 요소</td><td colspan="3">• 탐구생활 - 과학적 탐구-도구와 기계에 관심 가지기
• 표현생활 - 탐색 - 소리 탐색하기
• 언어생활 - 듣기 - 동화, 동요, 동시 듣기</td></tr>
<tr><td>일일 활동
시 간 표</td><td colspan="3">08:00 ~ 09:20 등원 및 바깥놀이
09:20 ~ 09:40 정리 정돈 및 손 씻기
09:40 ~ 10:00 출석 확인 및 일과 소개
10:00 ~ 10:20 게 임
10:20 ~ 11:10 자유선택활동
11:10 ~ 11:20 정리 및 자유선택활동 평가
11:20 ~ 11:50 이야기 나누기
11:50 ~ 12:00 정리 및 손 씻기
12:00 ~ 12:50 점심 및 이 닦기, 바깥놀이
12:50 ~ 13:20 자유선택활동
13:20 ~ 13:50 실외 활동
13:50 ~ 14:00 평가 및 귀가 지도</td></tr>
<tr><td rowspan="2">활 동 명</td><td colspan="2">활 동 내 용</td><td rowspan="2">자료 및 유의점</td></tr>
<tr><td>1수준</td><td>2수준</td></tr>
<tr><td>등 원
(~ 09:20)</td><td colspan="2">• 선생님께 바른 자세로 인사한다.
• 출석카드에 스티커를 붙인다.
• 자유선택활동 놀이 계획을 한다.</td><td>출석 스티커,
자유선택활동
계획표</td></tr>
<tr><td>정리 정돈 및
손 씻기
(09:20~09:40)</td><td colspan="2">• 가지고 놀았던 모래놀이 도구를 같은 종류끼리 분류해서 정리한다.
• 손 씻고 교실로 들어온다.</td><td></td></tr>
<tr><td>출석 확인
및 일과 소개
(09:40~10:00)</td><td colspan="2">• 출석당번이 이름카드를 제시하면 해당하는 유아가 자기의 이름을 말한다.
• 오늘 일과 순서를 이야기하며 선택활동을 계획한다.</td><td>이름카드</td></tr>
</table>

게 임 (10:00~10:20)	◈ 나무젓가락으로 종이컵 옮기기 • 유아들을 양편으로 나눈 다음 팀 이름을 정하고 한 줄로 앉게 한다. • 게임 방법과 이름을 소개한다. - 신호악기가 울리면 맨 앞의 유아가 나무젓가락으로 오른쪽 옆에 앉은 유아에게 컵을 전달한다. - 컵 5개가 다 전달되면 마지막에 앉아 있는 유아가 종이컵이 담긴 바구니를 출발선으로 가져온다. • 규칙에 따라 게임을 한다. • 게임의 결과를 평가하여 본다. - 게임할 때 즐거웠던 점과 속상하였던 점은 무엇이니?	종이컵, 나무젓가락, 신호악기, 바구니
자유선택활동 (10:20~11:10)	◈ 쌓기 영역 〈비탈길의 바퀴들〉 • 자동차 몸체에 모양바퀴를 달아 굴려본다. • 선택한 모양바퀴를 끼웠을 때 어떻게 될지 예측하여 본다. • 여러 가지 모양의 바퀴를 끼워서 굴려 본 후 서로 비교하여 본다.	여러 가지 종류의 바퀴, 유니트 블록
	◈ 언어 영역 〈카세트 동화 듣기〉 • 교사의 도움을 받아 카세트를 이용하여 전래동화를 듣는다. 〈내가 좋아하는 기계예요〉 • 그림 자료를 보고 이야기를 꾸며본다.	그림 자료, 카세트 라디오, 전래동화
	◈ 수 · 조작 영역 〈일하는 사람과 도구〉 • 준비된 자료를 보며 게임 방법을 이야기해 본다. • 규칙을 지키며 게임을 한다.	게임판, 주사위
	◈ 과학 영역-팝콘 만들기 • 팝콘 요리를 하기 위해 필요한 도구를 살펴본다. • 요리 활동 순서를 이야기 나눈다. • 옥수수의 변화 과정을 관찰한다.	옥수수알, 야외용 버너, 프라이팬, 버터, 숟가락
	◈ 바느질 영역-주전자, 연필 바느질하기 • 주전자와 연필이 그려진 도안에 바늘과 실을 이용하여 바느질을 한다.	바늘, 실, 활동지
	◈ 종이접기 영역- 연필 접어 꾸미기 • 종이접기 순서도를 보며 연필을 접어 꾸며본다.	종이접기 순서표 색종이, 색연필

<table>
<tr><td colspan="2">정리 및
자유선택활동 평가
(11:10~11:20)</td><td>• 정리 음악이 나오면 장난감들을 제자리에 정리한다.
• 자유선택활동 평가표에 오늘 활동에 대해서 기분 표시를 한다.
• 자유선택활동 시간 동안의 활동에 대하여 좋았던 점과 좋지 않았던 점을 이야기한다.
• 각 영역에서 놀이하였던 활동들을 소개한다.
- 친구들에게 소개해 줄 수 있니?</td><td>평가표,
색연필</td></tr>
<tr><td rowspan="3">이야기
나누기
(11:20
~ 11:50)</td><td>도입</td><td>◈ 여러 가지 주방 도구가 있어요.
• '부엌 행진곡' 막대동화를 들려준다.
• 동화를 듣고 나서 주방에서 사용하는 도구들에 대하여 이야기 나눈다.</td><td></td></tr>
<tr><td>전개</td><td>• 과학 영역에서 팝콘을 만들 때 사용했던 도구에 대해서 이야기 나눈다.
• 다른 요리를 할 때는 어떤 도구가 필요한지 이야기 나눈다.
• '만약 음식을 만들 때 도구가 없다면 어떻게 될까?'에 대해 이야기 나눈다.
• 역할을 정하여 신체로 표현해 본다.
- 선생님은 프라이팬이 되어볼게. 너희들은 옥수수가 되어 보겠니?
• 음악에 맞추어 신체 표현을 해본다.
• 과학 영역에서 만든 팝콘을 이용하여 모둠별로 꾸미기를 한다.
활동 1) 종이접시에 꾸미기
• 다양한 재료를 이용하여 종이접시를 꾸민다. • 다양한 재료를 이용하여 종이접시를 창의적으로 꾸민다.
활동 2) 나무주걱에 꾸미기
• 다양한 재료를 이용하여 나무주걱에 얼굴을 꾸민다. • 다양한 재료를 이용하여 나무주걱을 꾸민다.
활동 3) 주방도구 그림 모자이크
• 주방도구 도안 자료에 다양한 재료를 이용하여 모자이크를 한다. • 주방도구를 직접 그려서 다양한 재료를 이용하여 모자이크를 한다.</td><td>막대동화 자료
(주방도구그림)

팝콘, 나무주걱, 털실, 눈알, 옥수수알, 본드, 종이 접시</td></tr>
<tr><td>정리
및
평가</td><td>• 모둠별로 만든 작품을 친구들에게 소개해 준다.
• 옥수수알이 팝콘이 되는 모습을 신체로 표현해 보니 기분이 어떠니?
• 수수께끼놀이를 하면서 주방도구의 이름을 알아본다.</td><td></td></tr>
</table>

정리 및 손 씻기 (11:50~12:00)	◈ 주변을 정리하고 손 씻기	
점심 및 이 닦기 (12:00 ~12:50)	◈ 점심식사 • 질서를 지켜 급식실로 간다. • 배식을 받을 때는 "고맙습니다" 인사를 한다. • "잘먹겠습니다" 인사를 하고 식사한다. • 편식하지 않고 골고루 다 먹는다. • 급식 후 의자를 집어넣은 후 식판을 정리한다. ◈ 이 닦기 • 급식을 다 먹은 유아는 교실 화장실에서 양치질을 한 후 "하얀이 예쁜이" 활동판의 자기의 이름이 붙여 있는 검은 이를 떼어 하얀이로 만든다.	급식실에서 뛰지 않기
자유선택활동 (12:50~13:20)	• 오전에 계획을 했는데 하지 못했던 활동이나 더 하고 싶은 활동을 선택하여 놀이한다.	
실외 활동 (13:20~13:50)	◈ 유치원 가꾸기 • 유아들과 유치원 주변을 둘러보고 더러워진 장소에 대하여 이야기를 나눈다. –유치원 주변에서 더러워진 곳은 어디일까? –왜 더러워졌을까? –유치원 주변을 깨끗이 하려면 어떻게 해야 할까? • 유치원 주변을 깨끗이 하기 위해 필요한 도구들에 대하여 이야기를 나눈다. • 도구들의 사용법에 대하여 알아본다. • 유아들과 여러 가지 도구로 유치원 주변을 가꾸는 활동을 한다. • 유치원 주변에 있는 돌들은 주워서 한쪽으로 치운다.	휴지줍기용 집게, 모종삽, 양동이, 비닐봉지
평가 및 귀가 지도 (13:50~14:00)	• 오늘 활동 중 즐거웠던 점과 아쉬웠던 점에 대해 이야기 나눈다. • 내일 하고 싶은 활동 이야기하여 정하기 • 도우미 친구가 출석카드를 나눠준다. • 안녕 인사 노래를 부르고 선생님께 바른 자세로 인사하고 간다.	

참고문헌

교육부 (2000). 유치원 교육 활동 지도 자료, 1. 총론. 대한교과서 주식회사.
중앙대학교 사범대학 부속유치원 (1989). 활동 중심 통합 교육과정. 양서원.

수업 준비

유아교육기관마다 다양한 프로그램을 진행하기 때문에 수업 준비를 하는 것은 각 프로그램마다 방향이 다를 것이다. 그러나 다음 날의 교육을 위한 준비는 존재한다.

신임교사일 때 훈련받은 것은 반드시 다음 날 수업 준비를 마치고 퇴근을 하는 것이며, 수업 도중에 교실을 떠나 교무실로 갈 수 없는 것이 필수 사항이었다. 그러나 수업을 하다 보면 예상하지 못한 자료를 유아들이 필요로 해서 또는 놓친 자료가 생겨 교무실을 가게 되는 일이 생겼었다.

그 당시 원감선생님이 제시한 수업 준비의 원칙은 수업 준비를 전날 완수하여 수업 중 교무실로 오고 가는 일이 없도록 좋은 습관을 형성시켜주기 위함이라고 생각했고 최대한 다음 날 수업 시 필요로 할 것이 무엇일지 계획하고 예상하여 준비한 후 수업을 진행했었다. 그런데 이런 규칙이 없는 유치원을 방문하였을 시에 놀라운 경험을 하게 되었다. 수시로 교사가 교무실에 들락날락하면서 자료를 하나씩 가져가는 것이었다. 잦은 출입에 의아하여 유치원 원장님께 여쭤보니 하루에 수십 번을 들락날락거리며 자료를 가져간다며 속상한 표정을 지으며 이야기하는 것이었다. 수업을 하다 보면 유아들이 갑자기 의외의 자료를 원하였을 때 자료 제공자로서의 교사 역할을 하기 위하여 자료를 가지러 갈 수 있지만 그 날 내가 목격한 것은 기본적으로 교실에 비치되어야 할 자료를 다 사용한지도 모르고 채우지 못하여 생긴 일이거나 아예 처음부터 교실에 비치하지 않은 이유로 교실을 비우며 자료를 가지러 다니는 것이었다.

다른 교사들도 자료를 가지러 교무실에 들르기도 하였지만 유독 그 교사의 교무실 출입의 빈도는 너무 잦았다.

그렇다면 위의 교사의 예와 같은 일이 생기지 않으려면 다음 날의 교육 준비를 위하여 담임교사는 무엇을 하여야 할까? 그 날의 유아들의 흥미와 욕구를 반영하여 교재 연구록을 계획 작성하여 그에 따라 필요한 자료를 준비하는 것으로 끝나는 것일까? 교육 준비는 다음 날 수업을 위한 교실 청결, 교실의 자료 점검, 교구장의 교재·교구 정리 및 점검, 안전을 위한 점검 등 하여야 할 업무가 많다. 수업이 끝난 후 교무실에서 머물러서는 다음 날의 교육 준비를 위한 계획 및 준비가 어려우므로 교육을 할 장소를 먼저 점검하는 것이 필요하다. 가장 기본적으로 체크해야 할 사항을 표로 만들면 다음과 같다.

			체크리스트
1	• 유아들의 흥미를 반영한 일일교육을 계획하였는가?		예/아니오
2	• 일일교육계획안에 필요한 교수 자료를 준비하였는가?		예/아니오
3	• 교실에 부족한 자료를 채웠는가?		예/아니오
4	• 손상되어 위험한 물건은 없는가?		예/아니오
5	• 가정으로 보낼 자료(예: 가정통신)를 준비하였는가?		예/아니오
6	• 교실을 청결하게 준비하였는가?	교실	예/아니오
		교구장	예/아니오
		교구 바구니	예/아니오

가정통신

가정통신문은 유아교육기관과 가정이 연결이 되는 장치이다. 유아들의 전달력은 한계가 있으므로 유아교육기관에서 누가, 무엇을, 어떻게, 왜, 하는지 알려줄 필요가 있으며 진행된 교육에 대한 알리는 것과 앞으로 진행될 것에 대한 안내가 있을 수 있다.

그렇다면 가정통신에 담을 내용은 무엇인가? 유아교육기관에 따라 독창적으로 가정통신을 구성할 수 있다. 일반적으로 가정통신의 내용으로는 유아교육기관 전체적인 안내 가정통신문, 각 반에서 진행되는 교육 안내에 대한 것으로 크게 2가지로 나눌 수 있다. 교사는 반 가정통신을 어떻게 독창적으로 구성하여 자신의 교실에서 일어나는 교육을 가정에 알릴 것인지 구성하여 부모교육의 차원 및 원 홍보 자료로도 훌륭하게 사용할 수 있다.

■ 공통 가정통신

- 행사 안내
- 견학 안내
- 식단 안내
- 부모교육 자료
- 노래 가사

■ 반 가정통신

- 1주일 동안 진행된 가장 중점이 되는 교육 내용 안내
- 프로젝트 프로그램일 경우 프로젝트의 흐름 안내
- 지원될 자원 목록
- 교실에서 일어나는 에피소드
- 수업에 관련된 부모교육

〈가정통신 예 1〉

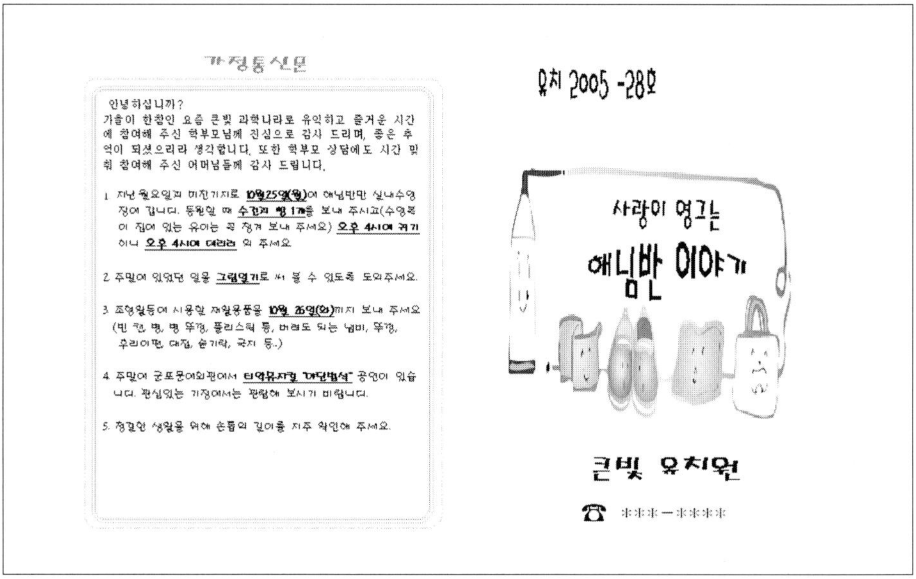

가정통신문

안녕하십니까?
가을이 한창인 요즘 큰빛 과학나라로 유익하고 즐거운 시간에 참여해 주신 학부모님께 진심으로 감사 드리며, 좋은 추억이 되셨으리라 생각합니다. 또한 학부모 상담에도 시간 맞춰 참여해 주신 어머님들께 감사 드립니다.

1. 지난 월요일과 마찬가지로 **10월25일(월)**에 해님반만 실내수영장에 갑니다. 등원할 때 **수건과 빵 1개**를 보내 주시고(수영복이 집에 있는 유아는 꼭 챙겨 보내 주세요) **오후 4시에 귀가**하니 **오후 4시에 데리러** 와 주세요.

2. 주말에 있었던 일을 **그림일기**로 써 볼 수 있도록 도와주세요.

3. 조형활동에 사용할 재활용품을 **10월 26일(화)**까지 보내 주세요 (빈 캔, 병, 병 뚜껑, 플라스틱 통, 버려도 되는 냄비, 뚜껑, 우리이판, 대접, 숟가락, 국자 등..)

4. 주말에 군포문예회관에서 **티약뮤지컬 "개구리"** 공연이 있습니다. 관심있는 가정에서는 관람해 보시기 바랍니다.

5. 청결한 생활을 위해 손톱의 길이를 자주 확인해 주세요.

유치 2005 -28호

사랑이 영그는

해님반 이야기

큰빛 유치원

☎ ***-****

가정통신 앞장

소곤소곤 새근새근 해님반 이야기

해님반 가족 모두 안녕하세요?
"음악" 프로젝트가 계속 진행되고 있는 해님반은 지난 주에 이어 이번 주에도 동화 관련활동을 하였어요. 『피터와 늑대』 교구놀이, 상호작용(창의적으로 생각하기), 주제망 짜기, 피터와 늑대 음악 동극을 위한 토의, 악기점 견학을 하였답니다.
지난 화요일 악기점을 견학하기 전에 악기에 대해 궁금한 것들을 질문하려고 질문 목록을 정한 후 견학을 하였어요.

토의 : 견학가서 질문할 목록 정하기

1. 여기에는 어떤 악기들이 있어요?
2. 모른도 있어요?
3. 유리로 된 악기도 있어요?
4. 악기를 어디서 만들어요?
5. 그 악기는 어떻게 만들어져요?
6. 나팔은 어떻게 소리가 나요?
7. 한 달에 몇 개나 팔려요?

악기나라 견학

플룻을 연주해 주고 있어요.

궁금한 것을 질문하고 설명을 들었어요.

팬플룻의 악기 소리도 들어봤어요.

여러 가지 다양한 악기들을 봤어요.

피아노가 어떻게 소리를 내는지 설명해 주셨어요.

건반을 누르며 어떻게 소리가 나는지 살펴 봤어요.

유아 수영장에는 해님반 아이들만 있어 해님반 전용 수영장이 되어 더욱 편하고 즐겁게 놀 수 있었어요. 가을에 하는 수영의 특혜인 것 같아요. ^^^

지난 월요일에는 점심을 일찌감치 먹고 수영장에 다녀왔어요. 2시간을 넘게 놀았는데 지겨운 기색은 전혀 없고 처음시간과 마찬가지로 열심히 즐겁게 놀이하는 아이들... 몇몇 수영을 배우기 원하는 아이들에게는 수영도 가르쳐 주었는데요... 처음에는 잘 안됐지만 계속 연습을 거듭하더니 제법 잘 하는 모습을 볼 수 있었어요. 한참을 놀고 나니 모두 허기가 져 각자 가져온 간식을 먹으며 배를 채웠답니다. 다음 주부터는 빵을 보내 주시면 더욱 좋을 것 같아요. 점심을 일찍 먹는 대신 급식하는 우유를 가져가서 빵과 함께 먹으려고요.
가정의 배려로 더욱 알차고 즐거운 하루를 보내고 있는 해님반이랍니다. 좋은 추억들이 되길 바래봅니다.

가정통신 뒷장

〈가정통신 예 2〉

두 번째 이야기
행복 찾기
♥ 나의 나무 찾기 ♥
★호수공원에서 나의 나무를 찾았어요.
"선생님 다같이 찍어요."
"오늘 너무너무 재미있어요.
너무 신나요~"
♥ 약속 책 만들기 ♥
★"화장실에서 수건을 사용한 후 제자리에 걸어 둬요."
★약속 책을 예쁘게 만들었어요. "친구들아 한번 들어 볼래?"
♥ 게 임 ♥
즐거운 게임은 언제나 신나요.
♥ 실외놀이 영역 ♥
★신나는 실외놀이 시간이에요. "선생님 사이좋게 모래놀이도 하고, 테라스에서 소꿉놀이도 하고, 즐거운 미끄럼틀도 타요. "선생님 집에 놀러오세요. 맛있는 것 하고 있어요."
다음 주 이야기
우리 가족분들의 작은 이야기가 아이들의 꿈을 키웁니다.^^

차량 지도

유아교육기관에서 가장 최선으로 생각해야 할 것은 유아들의 안전이다. 방송에서 간혹 차량으로 인한 사고 소식이 전해지는데, 차량 사고의 유형은 크게 2가지이다.

첫 번째로는 귀가 지도 시 유아를 차량에서 내려놓고 길을 건네주지 않아 지나가는 차량이나 원의 차량에 의해 사고가 나는 경우이다. 두 번째로는 여름날 차에 유아를 놔두고 문을 닫아 일어나는 질식사의 경우이다. 사고의 예를 보면 사고를 예방할 수 있는 대안이 생기는데 사고를 예방하기 위한 방법을 등원 차량과 하원 차량을 나누어 살펴보도록 하겠다.

우선 등원할 때 차량 지도를 위한 안전 수칙 방법을 살펴보면

첫째, 유아들이 승차하고자 대기하는 장소에는 반드시 한 줄로 기다리고 교사가 줄 앞에 다가설 때까지 기다리도록 한다.

특히 질서와 규칙이 확립되지 않은 새 학기에는 멀리서 등원할 차량이 보이기 시작하면 유아들은 먼저 타려고 차량을 향해 뛰어나오려고 한다. 또한 새 학기에는 날씨도 추워 어머니들이 각자 자녀를 감싸 안아 있기에 줄은 세워 있지 않은 상태라 질서감은 더욱 없기 마련이다. 자녀와 어머니들을 분리하여 줄을 서서 차량을 기다리도록 하며 교사가 차량에서 내려 유아들이 줄을 선 장소에 다가설 때까지 이동하지 않도록 한다. 교사는 유아들이 줄을 선 곳으로 이동하여 어머니와 유아들에게 인사하고 줄 앞에 서서 차량으로 이동한다.

둘째, 유아를 탑승시키고자 할 때 교사는 반드시 차량에서 내려 유아들을 맞이한다.

유아와 교사들이 차량 지도에 익숙해지다 보면 차량에서 내려 유아들을 승차하도록 돕지 않고 차 안에서 선 채로 유아들의 팔을 잡아당기게 된다. 사고는 방심할 때

일어나기 쉬우므로 차량 지도를 할 때는 늘 긴장을 멈추지 않도록 한다.

셋째, 유아들이 자리에 착석하여 안전벨트를 매기 전에는 차량이 출발하지 않도록 차량 기사와 의사소통이 이루어져야 한다.

차량 운행 시간이 여유롭게 배정되어 있지 않아 항상 등원 차량 안은 준비되지 않은 상태로 출발하기 쉽다. 유아가 안전하게 착석하여 안전벨트를 매지 않았을 경우에는 차가 급정차를 하게 되면 유아들은 자리 밖으로 튕겨나가거나 앞 의자 손잡이에 크게 부딪치게 된다. 작은 부주의가 큰 사고로 일어날 수 있음을 잊지 않도록 한다.

넷째, 창문 밖으로 손을 내밀거나 몸을 내밀지 않도록 하며 창문을 열지 않는다.

유아들이 손과 팔을 밖으로 내밀거나 얼굴을 밖으로 내미는 것은 참으로 위험하다. 날씨로 인해 창문을 부득이하게 열어야 할 경우에는 손가락 정도의 굵기만큼만 열도록 하며 교사가 보지 않는 사이에 유아들이 문을 더 열어 위험한 일이 일어날 수도 있으므로 항상 주시해야 한다.

다섯째, 차량 안에서 앞뒤를 살펴보며 유아들이 위험한 상황에 있는지를 점검한다.

차량으로 인한 안전 사고에 대한 위험도 있지만 유아들끼리 장난을 하여서 생기는 안전 사고도 일어날 수 있으므로 주의를 게을리해서는 안 된다.

여섯째, 차량이 원에 도착할 때까지 자리에 앉아 있도록 한다. 차량이 완전히 멈춘 후에 안전벨트를 풀고 앞에서부터 차례대로 내리도록 한다. 내릴 때에도 교사는 차량에서 내려 유아들이 안전하게 내릴 수 있도록 지도하며 이때 차량기사는 차량 안의 안전과 질서를 유지하도록 한다.

일곱째, 유아들이 내린 후에는 남은 유아가 없는지 유아들이 흘린 소지품은 없는지 확인한 후에 하차한다.

날씨가 더울 경우 유아들은 차량에서 잠을 자게 되는 경우가 생긴다. 차량에서 잠이 들어 누워 있을 경우에는 유아들이 몸이 작아 보이지 않게 되어 큰 불상사로 이어지는 경우가 있다. 실제 더운 여름에 차량 뒤에서 자고 있는 유아가 있는지 모르고 차량에 놓아둔 채 내려서 질식사로 사망한 경우가 있다. 반드시 유아들이 내리고 난 다음에는 뒤에서부터 차례대로 남아 있는 유아가 있는지 유아들이 놓고 간 소지품은 없는지 확인하는 절차를 갖도록 한다.

귀가 지도 시 문제 발생은 신학기에 생길 수 있으며 어린 연령일수록 주의를 더욱 기울이도록 한다. 우선 귀가를 할 때 차량 지도를 위한 안전 수칙 방법을 살펴보면 다음과 같다.

첫째, 차량 귀가 지도 서약서를 받는다. 정류장은 어느 곳이며 보호자가 왔을 시 인도해 주어야 할 것인지 보호자 없이 집까지 유아 혼자 귀가하도록 할 것인지에 대해 구체적인 서약을 받도록 한다.

차량 귀가 지도 시 가장 문제가 되는 것이 유아를 약속한 정류장에 내려줬는데 집으로 곧장 가지 않아 유아가 집에 오지 않았을 때와 보호자가 나와서 자녀를 인도 받기로 하였는데 약속한 시간을 훨씬 지난 경우인데 후자인 경우에는 정류장에 유아를 놔두고 올지 원으로 데리고 올지 판단하기 어렵다. 어린 연령일수록 혼자 정류장에서 집을 찾아가지 못하기도 하고, 찾아갈 수는 있으나 아파트 엘리베이터 버튼이 높아 집을 가지 못하는 경우가 있다. 유아가 이런 불안함을 경험했을 경우에는 부모를 떠나는 것이 몹시 두렵게 되고 원에 적응하는 것이 어렵게 된다. 서약에 의해 보호자에게 인도해야 하는 경우에는 보호자가 제시간에 나와 있지 않고 다음 도착할 코스 정류장 약속 시간이 지날 때에는 무척 초조해지고 어떻게 해야 할지 난감하다. 미리 서약에 의한 약속이 학부모에게 유아를 직접 인도해 주기로 하였다면 유아를 내려주지 않고 다시 원으로 데리고 와야 한다.

저자의 원 운영 원칙으로는 만 3세인 경우에 일괄적으로 보호자가 없으면 원으로 다시 데리고 오는 것을 원칙으로 하였고, 원하는 보호자에게만 보호자 없이도 유아를 하차시키곤 하였다. 이에 만 3세 유아들이 보호자와 떨어지는 불안을 줄일 수 있었다. 점차 적응이 되어 만 3세 유아들의 보호자가 보호자 없이 하차하여 스스로 집을 찾아오도록 요청할 경우에는 하차시켜 안전 규칙에 의해 귀가 지도를 수행하면 된다.

둘째, 차량 코스별로 승차하도록 하며 승차 후에는 반드시 유아들이 제대로 탔는지 확인하도록 한다.

처음으로 부모님과 떨어져 보는 경험을 하는 유아들은 귀가 지도 시 무척 불안해 한다. 특히 첫 귀가 시 모든 유아들이 차량에서 내려 집으로 귀가하였는데 혼자 다시 원으로 돌아오게 될 경우에 불안감은 더 커진다. 그러므로 첫 유치원에서 귀가하는 날에는 더욱더 긴장하여 실수하지 않도록 해야 하므로 귀가에 소요되는 시간을 충분히 계획하여야 한다. 차량 코스별로 유아들이 적합한 차량에 탔는지 확인하고 확인이 끝난 후 차량을 출발하도록 한다.

셋째, 정차하는 곳에 도착하였을 경우에는 유아들의 명단을 다시 확인하여 제 위치에서 내릴 수 있도록 한다.

확인을 하고 또 확인을 하여도 신학기에는 실수가 있을 수 있다. 차량을 잘못 탄 유아가 있을 경우에는 반드시 신속하게 원으로 전화를 걸어 상황을 보고하도록 한다. 이런 실수가 학부모들에게는 유아들의 안전에 대한 불신이 형성되기 쉬우므로 실수하지 않도록 유의하며 만약 실수로 유아가 다른 차량에 탔다면 유아가 불안해 하지 않도록 안정감을 가질 수 있도록 노력한다.

넷째, 내려 줄 장소를 지나쳤을 경우에는 원으로 전화하여 보고하도록 한다. 다음 정차한 곳에서 유아가 걸어서 갈 수 있다 하여도 절대 내려줘서는 안 된다.

연령이 높은 유아에게서 일어나는 경우인데 익숙한 동네라 자신이 내려야 할 장소보다 한 코스 더 지나친 장소에서도 집을 찾아갈 수 있다고 호언장담한다. 이때 교사는 다시 데려다 주는 것이 귀찮아 호언장담하는 유아를 믿고 내려주게 되는데 유아가 집을 제대로 찾아간다 하여도 학부모들이 무척 놀라게 되고 원과 교사에게 불신이 생기게 된다. 그리고 한 코스를 더 지나쳐 왔으므로 자동차가 다니는 도로를 건너야 하는 상황도 생기므로 무척 위험한 일이라 할 수 있다.

다섯째, 정차하는 곳에 도착했을 시에는 반드시 보호자 손에 유아를 넘기도록 한다. 만약 보호자가 나오지 않았을 경우에는 유아를 다시 원으로 데려오도록 한다. 그러나 학부모와의 약속이 보호자 없이 하차하여 귀가하기를 원했을 경우에는 유아를 하차시켜도 무방하다.

여섯째, 유아들을 하차시킬 때에는 교사가 먼저 차량에서 내려 유아들이 안전하게 내릴 수 있도록 도움을 준다. 차도를 건너야 하는 경우에는 교사의 인솔하에 반드시 건너주도록 한다.

차량 코스의 시간이 여유롭지 않을 때에는 차량 기사와 교사는 마음이 급해지지만, 횡단보도의 1/3 지점이나 횡단보도 중간에서 유아들만 보내며 건너라고 하지 않도록 한다. 아무리 바빠도 횡단보도를 이용하여 유아를 건너주도록 한다.

일곱째, 유아들이 다 내렸다고 생각되었을 때에는 차량을 뒤에서부터 점검하여 내리지 못한 유아가 있는지, 놓고 내린 소지품이 있는지 점검하고, 소지품들은 원으로 가져간다.

차량 지도는 교육의 연장이며 유아의 안전 교육이 이루어지는 시간이다. 보조교사가 차량 지도를 하는 경우가 있는데, 유아들의 안전을 책임지는 막중한 시간을 담임교사가 이행하여 유아들의 안전에 만전을 기하도록 하자.

점심 지도

먹는 시간은 누구에게나 즐거운 일이지만 원에서 점심 지도를 하며 식사를 하는 교사에게는 그리 즐거운 일은 아니다. 왜냐하면 교사는 급식 배분과 편식 지도, 이 닦는 생활 지도 등이 동시에 이루어져야 하기 때문이다. 그래서 신학기에는 점심 지도를 하다 보면 교사들이 식사를 할 시간조차 없어 전체 귀가가 이루어진 이후에야 식사를 하는 교사가 많을 정도이니 교사 혼자서 점심 지도를 하는 것은 결코 쉬운 일이 아니다.

원의 사정에 따라 다양하게 점심 지도가 이루어지고 있는데 식당 시설이 마련되어 급식 지도 시 필요한 식기 도구를 모두 원에서 보관 사용하게 하기도 하고, 새 학기 선물로 점심 지도용 도시락을 나누어 주어 집에서 비어 있는 도시락을 가지고 와서 먹고 난 후 세척은 가정에 가서 하는 경우가 있다. 대부분 후자의 경우가 많이 이루어지고 있는데 이 경우에는 따로 급식실이 마련되어 있지 않아 놀이했던 교실에서 급식이 이루어진다.

교실에서 급식이 이루어질 경우에는 놀이를 한 책상에서 바로 점심 지도가 이루어지도록 하지 말고 사전에 당번을 정하여 책상을 닦고 책상 위에 식탁보를 펼쳐 놓아 점심을 먹을 수 있는 분위기를 연출하는 것도 좋다. 또는 개인 식탁보를 가지고 와서 각 개인마다 점심식사를 할 책상 위에 마련하도록 하는 것도 한 방법이다. 유아들이 개인 식탁보를 가져올 경우에는 각 가정에서 청결하게 세탁해 줄 수 있는 장점이 있다. 원에서 일괄적으로 식탁보를 준비하여 책상 위에 마련할 경우에는 반드시 식사 후 청결 관리를 하도록 하여 다음 날 식사 시 불쾌한 일이 일어나지 않도록 한다. 식탁보를 여러 개 준비해 두는 것도 좋은 방법이다.

입학원서에 유아들의 식습관에 대해 기록되어 있다 할지라도 학기 초에는 유아들의 식사량 및 식사 습관을 자세히 알지 못하므로 자율 배식보다는 교사가 배식하여 음식을 나눠주는 것이 좋으며, 이때 유아들의 식습관을 관찰하여 편식 습관을 개선하도록 하는 것이 좋다. 신학기부터 의욕적으로 유아들의 편식 습관을 개선시키기 위하여 유아들이 싫어하는 음식을 남기지 않고 다 먹도록 강요하게 되면 유아들이 원을 오기 싫어하는 요인이 될 수 있으므로 너무 강요하지 않도록 한다.

교사가 배식을 할 때에는 미리 자신의 먹는 양에 따라 '덜어주세요.', '더 주세요.'를 말할 수 있도록 한다. 그렇게 하여도 유아들은 원 생활이 익숙하지 않아 자신의 의사를 이야기하지 않고 음식물을 받아가 음식물 쓰레기로 남는 경우가 많이 생기므로 초기에는 일일이 적당한지를 물으며 양을 조절하고 원하는 경우에는 더 가지고 갈 수 있음을 강조하여 유아들의 식성에 맞게 자유롭게 양을 조절하여 더 먹을 수 있는 분위기를 마련해 준다.

학기 초기에는 교사가 유아들의 식성과 양을 알지 못하는 것과 유아들이 분명한 의사 표현을 하지 않는 관계로 음식물 쓰레기가 많이 남게 되는데 음식물의 중요성을 이야기하여 음식물 쓰레기가 남지 않도록 유아들이 의사를 정확히 표현하도록 장려한다. 매일매일 음식물 쓰레기 양이 줄어드는 과정을 유아들에게 알려줌으로써 적극적으로 참여하도록 하는 것이 좋으며 교실 벽면에 그래프를 만들어 음식물 쓰레기 양을 표시해 두면 흥미와 관심을 가지고 적극 참여할 수 있다.

학기 초기에는 유아들이 좋아하는 음식은 충분히, 편식하는 음식은 소량을 먹도록 하여 급식으로 인해 원의 적응에 방해가 되지 않도록 하는 것도 중요하다. 유아가 원에 적응하여 편식 개선으로 인해 원에 오지 않고자 하는 마음이 생기지 않을 것이라는 판단이 생기면 점차적으로 편식 개선을 위한 지도에 들어가도록 한다. 대부분 3월 한 달 정도면 유아들이 원에 대한 적응이 되고 친구가 생겨 원을 생각하면 즐겁고 행복하고 기다려지는 경우가 대부분이므로 3월 말 또는 4월부터는 편식 개선을 위한 지도로 돌입하여도 된다. 대부분 유아들은 친구들과 더불어 먹다 보면 싫어하는 음식에 대한 도전이 쉬워지게 되어 대부분 편식 개선이 이루어지게 되는데 너무 강요는 하지 않도록 한다.

반의 상황에 따라 연령에 따라 달라지겠지만 만 5세인 경우에는 3월 셋째 주부터는 한 개의 반찬은 자율 배식으로 스스로 조절하여 양을 가져가도록 하고 그 다음 주부터는 또 다시 다른 한 개의 반찬도 자율 배식하도록 한다. 자율 배식을 하기 전에는 자율 배식의 의미를 반드시 이야기해 주도록 한다. 유아들에게 자율 배식에 대한 의미는 자율적으로 스스로 가져간 음식에 대해 스스로 책임을 진다는 의미로 가져간 음식은 남기지 않아야 하므로 적당량을 담아 가고 필요 시 또 여러 차례 가져갈 수 있음을 이야기한다.

자율 배식을 할 때 항상 일어나는 사례로는 음식에 욕심이 많은 유아는 먹을 수 있는 양을 생각하지 않고 무턱대고 많이 담아 가서 결국은 음식물 쓰레기로 버리는 경우가 있고, 음식 먹는 것을 즐겨하지 않는 유아는 먹을 양이라고 생각하지 못할 만큼의 너무 작은 양을 담아 가는 경우가 있다. 이같은 극단적인 두 개의 사례 폐단이 생기므로 가장 최저치와 최대치를 이야기하여 원하는 경우 또다시 자율 배식을 더할 수 있음을 이야기해 준다.

교사에 의한 배식에서 자율 배식으로 전환했을 시에는 초기에는 교사에 의한 배식보다 더 많은 음식물 쓰레기가 나올 수 있으나 점차 음식물 쓰레기가 줄어들어 자율 배식을 시작한 후 1~2주 후에는 음식물 쓰레기 '0'를 기록할 수 있었다. 나중에는 음식물 쓰레기통을 교실에서 없앨 수 있었는데 자율 배식의 과정에 대해 유아들을 신뢰하고 자율에 대한 책임감을 강조하는 데 기초한 결과였다고 본다. 그러나 자율 배식 시 교사는 반드시 유아들이 자율 배식하는 과정을 관찰하여 너무 작게 음식물을 가져가거나 한꺼번에 음식물을 너무 많이 가져간 유아들에게는 조정을 해서 주어야 하므로 교사가 나눠주지 않는다고 방관해서는 편식 지도 및 많은 양을 절제하지 못하는 유아에게 절제를 교육할 수 없음을 염두에 두어야 한다.

자율 배식의 장점은 다음과 같다.

첫째, 음식물 쓰레기를 줄일 수 있었고 최종에는 음식물 쓰레기를 없앨 수 있다는 점이다.

음식물 쓰레기를 완전히 없애는 데는 한 달 정도가 소요되었으니 5월부터는 교실에서 음식물 쓰레기가 하나도 나가지 않았음을 뜻한다.

둘째, 점진적인 편식 습관 개선을 들 수 있다.

좋아하는 음식은 조금 더 많이, 싫어하는 음식은 훨씬 적게 가져가 시도해 보도록 함으로써 편식 습관 개선 시기를 앞당길 수 있었다. 또 벽면에 싫어하는 음식을 시도한 그래프를 만들어 표시하도록 함으로써 편식을 개선할 수 있도록 분위기를 만들어 시도할 수 있도록 한 점에서도 좋은 영향을 미칠 수 있었다.

셋째, 각 반찬마다 집게를 사용하여 원하는 양만큼 식판에 덜게 되니 소근육이 발달될 수 있었다.

넷째, 교사는 뜨거운 밥과 국만을 배식하게 되어 훨씬 여유롭게 급식 지도를 할 수 있게 되었다.

자율 배식을 할 때 유아들이 스스로 반찬을 먹을 양만큼 식판 위에 놓는 과정과 시간은 생각보다 무척 길어 줄을 길게 지어 있어야 하므로 반찬을 자율 배식하는 장소를 두 군데에 놓아두면 유아들이 기다리는 시간을 줄일 수 있는 좋은 방법이 된다. 이때는 반드시 밥과 국을 나중에 배식하도록 함으로써 유아들이 가져간 음식의 양을 점검하도록 한다.

유아들이 자율 배식을 하다 보면 반찬이 담긴 그릇에서 식판으로 옮겨가는 도중에 흘리는 경우가 빈번해진다. 이를 해결하기 위해 반찬이 담긴 그릇과 식판의 사이에 공간을 두지 않도록 하는 습관을 갖도록 한다면 음식물을 식판에 놓으며 흘리는 것을 방지할 수 있다. 만약 흘렸을 경우에는 다음 사람을 배려하여 흘린 즉시 닦도록 하여 생활 습관 교육이 이루어지도록 한다.

만 4세인 경우에는 만 5세보다 자율 배식의 시기가 훨씬 늦춰진다. 한 가지 반찬을 자율 배식한다면 그 시기를 한 달 정도를 두고 두 번째 반찬은 그 다음 달에 시작하도록 한다. 6월 정도면 만 4세 유아들에게도 자율 배식이 성공적으로 이루어질 수 있다.

만 3세인 경우에는 점심 지도 시 신학기에는 자리에 앉아 있도록 하여 식판을 가져다 주어야 할 상황이니 너무 욕심을 내지 않도록 한다. 2학기부터 한 가지 반찬으로 시작하는 것이 좋으며 뜨거운 국은 유아들이 자리에 앉았을 때 교사가 돌아다니며 배식하도록 한다. 만 3세 영아들은 자신의 몸도 균형 잡히지 않아 넘어지기 쉬우며, 국을 넣은 경우에는 걸을 때마다 손에 국이 흘러 상해를 입을 수 있다.

현장학습

1. 현장학습 사전 준비

현장학습은 유아들에게 직접 경험을 제공하는 효과 높은 교육 방법 중 하나이다. 현장학습의 효과를 높이기 위해서는 현장학습 가기 전 사전 활동-현장학습-사후 활동을 계획하는 것이 바람직하다. 현장학습의 준비가 소홀하게 되면 보는 경험으로만 교육적 의미를 가지게 되므로 철저한 준비를 해야 한다.

견학 전 준비 사항을 살펴보면 먼저 견학을 가고자 하는 곳을 사전 답사를 가도록 한다. 사전 답사를 통하여 점검해야 할 사항으로는 도착지까지 소요되는 시간, 현장학습 코스 결정, 화장실, 수돗물의 위치 등이다. 또한 현장학습 장소의 부분을 사진 찍어서 '부분을 보고 전체 찾는 활동' 으로 게임 활동 자료로 사용할 수 있다. 예를 들

〈현장학습 장소〉

〈부분 사진〉

어 경복궁을 간다고 하자. 우리나라 건축 양식의 특징에 대해 현장학습의 목표를 설정하였다면 경복궁의 부분 사진을 찍어 경복궁의 어느 부분인지를 찾아보도록 하는 활동을 할 수 있다.

추후 현장학습 시 부분 사진은 개별로 주기보다는 2명 또는 소그룹에게 나누어주어 사진 속의 장소를 찾도록 하는데 이때 우리나라 건물의 특징을 자세히 관찰하며 게임으로 즐겁게 활동할 수 있는 활동이 된다.

〈현장학습 준비 시 점검해야 할 사항〉

항목	점검해야 할 사항	
사전 답사	도착지까지 소요되는 시간	
	현장학습 코스 결정	
사전 계획	교육적 효과를 올릴 수 있는 방안 계획	
	견학 전 사전 활동 계획 수립	
	준비물 점검	응급 약품
		유아 이름표
		유아 명단 및 비상연락망
		기록할 도구
		디지털 카메라

현장학습계획서〈예〉

담 임	원 감	원 장	결재

현장학습 주제	서울대공원 내 과천식물원		
일 시	년 월 일		
장 소	어린이 대공원 내 과천식물원	전화번호	02-500-7008
예약 접수	예약 필요 없음		
비 용	고속도로비 900원×2회×대= ○○○원 유아입장료 490원×명= ○○○원 입장 교사입장료 1050×명= ○○○원 주차비 2000×1대= ○○○원 :총 원		
현장학습 주요 활동	9:40~ 9:50	등 원	
	9:50~10:00	견학에 대하여 이야기 나누기	
	10:00~10:30	식물원 정문 도착	
	10:30~10:40	식물원으로 이동	
	10:40~11:40	식물원 견학(조별로 사진 속의 식물 찾아서 활동지에 식물 이름 쓰기, 조별 사진 촬영)	
	11:40~12:20	점심식사	
	12:20~12:30	차로 이동	
	12:30~ 1:00	유치원으로 이동	
	1:00~	귀가 지도	
개인 준비물	물, 체육복, 깔개, 점심		
유치원 준비물	비상약품, 휴지, 카메라		
인 원	유 아	반 명, 반 명	총 명
	교 사	반 담임, 원감선생님, 원장선생님	총 명
주의사항	미리 가서 찍은 사전 답사 사진으로 미리 유치원에서 이야기를 나누고 사진 속의 식물을 찾아보기를 하였더니 아이들이 무척 잘 찾아 다녔다. 그러나 식물원 안에서 아이들이 찾은 식물 사진과 아이들을 찍을 때에는 사진 기사와 함께 대동하여 찍으면 더욱 효율적으로 사진을 찍을 수 있으리라 여겨진다. 어린이 대공원 후문 쪽으로 차량이 진입할 경우 코끼리 열차를 타지 않아도 되므로 경비를 절약할 수 있어서 좋다. 꼭 어린이 대공원 후문으로 진입하여 하차할 수 있도록 할 것!		
평 가			

현장학습을 가기 전 교사가 준비해야 할 물건으로는 응급 약품, 유치원명, 전화번호가 기재된 유아 이름표를 준비하여 각자 착용할 수 있도록 하며, 유아 명단 및 비상연락망을 준비하여 만일의 사태에 대처할 수 있도록 한다.

2. 현장학습 사전 활동

교사는 현장학습의 효과를 높이기 위해 현장견학 전 활동을 할 수 있으며 현장학습 사전 활동은 사전 활동의 목표에 따라 활동이 달라질 수 있다.

〈사전 활동의 목표에 따른 현장학습 사전 활동 내용〉

항목	현장학습 사전 활동
1. 관찰 위주의 현장학습	표상하기
	현장학습 장소에 가서 중점적으로 보아야 할 것에 대해 학습목표 인식시키기
2. 궁금증을 해결하기 위한 현장학습	궁금한 것 생각 모으기
	질문 목록 작성
	누가 질문할지 역할 정하기

현장학습을 가는 목적에 의해 현장학습 사전 활동이 달라질 수 있으며 또한 현장학습 장소를 교사에 의해 임의적으로 정할 수도 있고 유아들의 토의에 의해 견학 갈 장소를 협의하여 선정하기도 한다. 다음의 예는 주제 "수"를 진행하는 중에 무게에 대한 궁금증을 해결하기 위하여 유아들과 현장학습 장소를 정하는 순서에 대한 교육계획안이다.

현장학습에 대한 계획은 연령별로 예상되는 주제에 관련된 적합한 현장학습 장소를 연간 계획하여 활용할 수 있도록 한다. 예상되는 주제별로 가까운 지역사회의 기관을 우선 활용할 수 있도록 한다. 유아들과 현장학습 장소를 투표에 의하여 결정함으로써 유아들에게는 현장학습에 대한 기대와 흥미 및 목적 의식을 가지고 현장학습의 기대되는 교육 효과를 기대할 수 있어 바람직하지만 원의 상황에 맞춰 진행하도록 한다.

〈현장학습 사전 활동 내용〉

순 서	현장학습 사전 활동 내용
• 제안하기	• 무게를 재는 도구를 사용하는 곳을 견학 가려고 한단다. • 우리 주변에서 무게를 재는 도구를 많이 사용하는 곳은 어디일까?
• 생각 모으기	무게를 재는 도구를 사용하는 견학 가고 싶은 장소에 대해 생각을 모아본다(유아들의 사전 경험이 적어 제안을 하지 못할 때에는 교사에 의해 장소가 적극적으로 제안 될 수도 있다). • 무게를 재는 도구를 사용하는 곳은 어디일까?
• 투표하기	견학 가고 싶은 장소를 투표한다. • 우리가 생각을 모은 장소 중 견학 가고 싶은 곳은 어디이니? • 그 곳에 가면 무게를 재는 도구를 사용하는 걸 볼 수 있을까?
• 날짜 정하기	견학 갈 날짜를 정한다.
• 견학 목적 확인하기	견학 가서 관찰해야 할 것이 무엇인지 이야기 나눈다. • 견학 갈 곳으로 정한 장소에서 우리가 관찰해야 할 것은 무엇이니?
• 궁금한 것 목록 정하기	무게를 재는 상인에게 무엇을 인터뷰할지 목록을 정한다. • 무게를 재어 물건을 파는 분께 무엇을 여쭈어 보고 싶으니? • 인터뷰 목록 중에 제일 궁금한 것은 무엇이니?
• 인터뷰할 역할 정하기	• 누가 인터뷰하겠니? • 인터뷰한 내용을 어떤 방법으로 기록하는 것이 좋겠니? • 기록하기 위해 필요한 것은 무엇일까?

3. 현장학습

사전 답사를 통한 현장학습 계획을 세운 후 현장학습 사전 활동이 끝나면 현장학습을 다녀온다. 유아들에게 현장학습의 목적에 대해 인식시켜 준 현장학습과 그렇지 않은 현장학습은 유아들에게서 많은 차이를 보이기도 한다.

현장학습 시에는 미리 계획하였던 견학 코스를 따라 진행하며 현장학습 시 장점, 단점을 기억하여 추후 현장학습 계획서에 추가 기록해 둠으로써 다음 현장학습 시 단점을 보완하여 효과적인 현장학습이 될 수 있도록 한다.

현장학습에는 유아들이 인터뷰를 한 자료 및 관찰한 것을 간단하게 기록할 수 있는 쓰기 도구 및 밑에 대고 기록할 수 있는 딱딱한 파일철 또는 수첩을 준비하도록 한다. 교사는 디지털 카메라를 준비하여 중요한 장면을 사진 찍어 두어 교실에 와서 사후 활동 시 중요한 자료로 사용할 수 있도록 촬영한다. 동영상이 겸용이 된 디지털 카메라인 경우에는 인터뷰하는 장면을 동영상으로 촬영한 후 추후 기억해 내는 데 도움을 줄 수도 있다.

4. 현장학습 시 교사의 복장 및 태도

• 교사의 복장

현장학습 시 교사들은 어떤 복장을 하는 것이 좋을까? 가방, 신발은 어떠해야 할지 생각해 보자.

간편한 복장(바지)과 운동화를 신어 유아가 위험한 상황에 처하는 일이 생길 때 신속하게 대처할 수 있도록 하는 것이 바람직하다. 간혹 뾰족구두, 뒤가 막히지 않은 슬리퍼 식 구두를 신고 현장학습을 온 교사를 볼 때가 있는데 교육 준비는 활동에 따른 교사의 복장도 포함됨을 이야기하고 싶다.

가방은 배낭 또는 쌕을 준비하여 현장학습에 필요한 물건을 모두 다 넣어 두 손이 자유롭도록 하자. 특히 소풍 시 학부모가 보내준 커다란 도시락을 양 손에 들고 무겁게 들고 가는 경우를 자주 목격하게 되는데 연령에 따라 갑작스럽게 도움이 필요로 하는 경우가 생기게 되므로 종이가방, 도시락 같은 것을 양 손에 들고 가는 일이 없도록 한다.

- 간편한 복장(바지, 운동화, 목걸이로 만든 견학 일정표 · 비상연락망)
- 배낭 또는 쌕
  : 응급 약품, 휴지, 쓰레기 봉투, 비상연락망, 교사 도시락, 교사 물, 종량제 쓰레기 봉투

• 현장학습 시 규칙

현장학습 시 2명씩 줄을 세워 차례대로 진열된 것을 관람하는 형식이 일반적인데 줄을 서서 걸어가며 관람하는 경우 수박 겉 핥기 식의 현장학습이 되기 쉬우므로 유아들과 규칙을 만들어 유아들이 자유롭게 관심 있는 것, 목적을 가지고 관찰해야 할 것을 조사할 수 있는 시간을 주는 것도 좋다. 자유롭게 다니도록 할 경우에는 만 5세에게 해당되며 유아들의 안전을 위하여 반드시 경계가 있는 공간에서만 허용하도록

밀폐된 현장학습 장소에서의 지켜야 할 약속	
	⇩
1	현장학습 장소에서 지켜야 할 약속 토의
	⇩
2	현장학습 장소로 이동
	규칙 재인식시키기 기록 도구 배분
	⇩
3	자유롭게 견학
	규칙을 이행하지 않았을 시 교사와 함께 다니기 기회 1회 다시 부여
	⇩
4	모이기
	제일 뒤에서부터 조용히 모이기

하고 규칙을 지키지 않은 유아는 교사와 함께 다니도록 함으로써 자유에는 반드시 책임이 따름을 알 수 있도록 한다.

예를 들어 만 5세 유아들과 과천 동물 표본실에 견학을 가게 된다면 먼저 유아들과 규칙을 만든다. 현장학습 장소에 도착하여서 다시 한 번 유아들에게 규칙을 상기시킨 후 기록할 도구를 나누어 주고, 유아들은 자유롭게 다니며 관심 있는 것, 조사하여야 할 것을 기록한다. 이때 규칙을 어긴 유아는 교사와 함께 다니도록 하며 약속을 상기시킨 후 다시 한 번 기회를 주어도 좋다. 그러나 재차 규칙을 어긴 경우에는 현장학습 내내 교사와 함께 다니도록 함으로써 자유롭게 현장학습을 다니는 장점을 스스로 느껴 다음 기회에는 규칙을 스스로 지킬 수 있도록 한다. 경계가 있는 공간으로 현장학습을 갈 경우에는 이런 방법을 적용하였더니 오히려 조사한 정도, 질서감이 더욱 좋았다. 자유롭게 조사가 끝나 모일 때에는 공간의 제일 끝부터 조용히 모이자고 이야기하면 뒤로 줄을 서며 신속하게 조용히 현장학습을 마칠 수 있었다. 예를 든 과천의 동물 표본실은 출입구가 하나밖에 없는 길쭉한 형태의 장소였으므로 이런 방법이 가능하나 방이 여러 개인 곳에서는 방 하나씩 같은 방법으로 자유롭게 탐색하고 난 후 모여 다음 장소로 이동하며 관람할 수 있다.

공간이 경계가 없이 트인 곳일 때에는 자유롭게 다니도록 하다 보면 유아들이 다른 일행에 의해 잃어버리기 쉬우므로 이동 시에 세심히 유의하도록 하며 다른 공간으로 이동할 때마다 유아들의 수를 세어 확인하는 절차를 자주 갖도록 한다. 이 경우에는 짝을 지어주는 것도 좋은 방법이다.

• 현장학습 시 도시락 지도

현장학습 시에도 도시락을 지참하도록 하여 여유롭게 현장학습을 하는 경우가 많다. 외부에서 도시락 지도를 할 때의 대부분의 교사의 모습은 돌아다니며 먹는 경우가 있으며, 자신의 도시락을 준비하지 않고 유아들이 준비한 것을 돌아다니며 먹는 경우가 있다. 유아들에게 좋은 모델링으로서의 교사의 모습을 보이기 위하여서는 반드시 교사 자신의 먹을거리는 유치원 자체에서 준비하도록 하고 학부모님들이 준비하신 도시락을 먹을 시간이 없으므로 소풍 시나 견학 시 모두 현장에 가져가지 않도록 한다.

어떤 경우에는 유아들끼리 도시락을 먹도록 하고 교사들은 학부모님들이 보내 준 도시락을 먹느라 모여 먹는 경우도 있는데 도시락 지도 또한 교육의 일부이므로 교사는 자신의 반에서 이탈하지 않도록 한다.

외부에 나가서 도시락 지도 시 지켜야 할 사항은 다음과 같다.

- 도시락 지도할 때 돌아다니며 먹지 않기
- 유아들의 음식물을 뺏어 먹지 않기
- 교사의 음식은 별도로 준비하기
- 유아들이 앉아 먹는 것처럼 교사도 앉아서 식사하기
- 중간에 도움이 필요한지 둘러보기
- 유아들 도시락 점검하기
- 유아가 담고 온 도시락의 남긴 음식 수거하지 않기

가끔 외부에서 도시락 지도를 하는 교사들의 모습을 보면 앉아 있지 못하고 돌아다니며 유아들에게 입을 벌려 한 입씩 유아의 음식을 먹는 경우가 있는데 이때 유아들이 교사와 같은 행동을 하여도 되는지 묻고 싶다. 교사도 유아들과 같이 자리에 앉아서 함께 식사하고 유아들의 도움이 필요로 할 때에는 중간마다 도움을 주는 것이 바람직하며 교사의 몫을 스스로 도시락을 준비해 가도록 한다. 또한 식사를 하는 도중 유아들이 앉은 자리를 돌아보며 점검하는 것은 좋으나 음식을 먹어가며 지도를 하는 모습은 보이지 않도록 한다.

도시락 지도가 끝나면 원 자체에서 유아들이 먹은 도시락을 검사하며 남은 것은 큰 도시락함에 모아 담는 경우가 있다. 도시락에 남긴 음식을 보고 학부모님이 서운해 한다는 이유 때문인데, 유아가 먹을 양만큼의 음식을 적당량 싸서 보내고 음식 쓰레기를 남기지 않도록 하는 것도 유아를 대상으로 하는 교육뿐만이 아니라 부모를 대상으로 하는 교육 중 하나이므로 부모들이 느낄 수 있도록 남은 음식을 그대로 보내도록 한다. 유아들이 먹을 양만큼만 담아 보낼 것에 대한 안내와 유아가 먹을 양보다 많이 보낼 경우 남은 음식은 다시 돌려보냄을 사전에 안내한다면 오해가 생기지 않을 것이다.

5. 현장학습 사후 활동

현장학습을 하고 난 후의 결과물을 공유하고 다시 회상하여 표상하고 기록을 남기는 활동을 한다. 현장학습 자료로는 다음과 같다.

- 유아들이 기록을 한 것
- 현장학습 장소 팜플렛 또는 포스터
- 디지털 사진 자료
- 동영상 자료
- 녹음 자료

현장학습 자료를 이용하여 활동할 수 있는 것을 살펴보면

현장학습 자료		현장학습 사후 활동	
• 유아들이 기록한 것	⇨	• 세밀한 표상 작업 기초 자료가 됨	현장학습 장소에서 밑그림 정도로 스케치한 것을 기억하여 세밀하게 그림으로 표상하도록 한다.
• 현장학습 장소 팜플렛 또는 포스터	⇨	• 벽면 전시	
• 디지털 사진 자료	⇨	• 프리젠테이션	디지털 사진 자료는 컴퓨터에 jpg로 저장되어 사진 자료로 파워포인트 작업을 하여 회상 자료로 제시할 수 있다. 또는 간단히 슬라이드 쇼로 보여줄 수 있다.
• 동영상 자료	⇨	• avi 자료로 프리젠테이션	현장학습 장소 및 내용 재검토 자료로 제시
• 녹음 자료	⇨	• 인터뷰한 내용 다시 듣기	

예전과 달리 교실 안에 멀티미디어 자료 활용이 쉬워졌으므로 현장학습 시 디지털 카메라, 디지털 캠코더를 활용할 수 있도록 한다.

다음의 예는 주제 "수"를 다루고 있을 때 현장학습으로 '숫자 산책' 을 가기 위해 토의하는 활동 내용이며 교사는 숫자를 산책하기 위해 동네 주변을 산책하며 숫자가 어떻게 사용되어지고 있는지 유아들이 발견한 것을 디지털 카메라로 사진을 담는 역할을 하였다.

'숫자 산책' 을 가기 전 사전 활동 내용	
• 제안하기	숫자가 있는 곳으로 견학을 가자고 제안한다. • 숫자 산책을 가려고 한단다. 숫자가 있는 곳은 어디일까? • 어느 곳에서 숫자를 많이 볼 수 있겠니?
• 생각 모으기	숫자 산책을 위해 숫자가 있거나 수를 이용하는 곳이 우리 주변의 가까운 곳에 어디 있을지 생각을 모아본다. • 숫자를 찾으러 '숫자 산책' 을 나갈 거란다. • 우리 유치원 주변 가까운 곳에서 숫자가 있는 곳은 어디일까? • 숫자를 가장 많이 이용하는 곳은 어디일까?
• 견학 목적 확인하기	견학 가기 전 견학을 가는 목적과 질문한 목록을 다시 확인한다. • 우리가 관찰해야 할 것은 무엇이니? • 무엇을 기억하고 와야 할까?
• 궁금한 것 목록 정하기	숫자가 사용되고 있는 곳이 어디일지 예측해 본다. • 숫자를 사용하는 곳은 어디일 것이라고 생각하니? • 그 곳에 가서 무엇을 물어보고 싶니?
• 인터뷰할 역할 정하기	숫자가 사용되고 있는 곳에 가서 질문할 역할을 정한다. • 숫자를 사용하는 곳에 갔을 때 누가 질문을 할 거니? • 그 곳에 가서 어떤 질문을 하고 싶니?
'숫자 산책' -현장학습	
• 현장학습	유치원 주변을 돌아 산책을 하며 숫자가 써 있거나 수를 이용하는 곳이 있는지 탐색하여 본다.
'숫자 산책' 사후 활동 내용	
• 현장학습 사후 활동	교실에 돌아와서 디지털 카메라와 컴퓨터를 연결하여 '숫자 산책' 에서 사진으로 기록한 장면을 살펴보고, '숫자 산책' 에서 관찰한 것을 회상하며 이야기 나눈다. • 우리가 '숫자 산책' 을 다녀온 곳은 어디일까? • 지금까지는 우리가 미처 보지 못했지만 오늘 발견하게 된 숨겨진 숫자는 무엇이었니? • 그 곳에서 숫자는 어떻게 사용되고 있었니?

다음의 예는 현장학습 후 디지털 카메라를 활용하여 사후활동을 하였던 사진 자료이다. 유아들의 기억을 회상하도록 도와주며 표상을 하는 데 참고 자료가 된다.

〈현장학습 사후 활동에 사용된 디지털 사진 자료〉

5장 반 담임으로서의 기본 업무 〈관리 관련 업무〉

✍ 자료 정리-교재 · 교구 정리

1. 교재 · 교구의 효율적인 관리 방법
2. 교재 · 교구 재정리 및 확인

✍ 학부모 관리-부모교육

1. 부모가 유치원에 바라는 것
2. 부모교육 연간계획안
3. 부모교육의 유형

자료 정리-교재 · 교구 정리

교재 · 교구는 유아교육기관에서 없어서 안 될 필수불가결한 것이다. 교재 · 교구의 질과 양, 그리고 교재 · 교구의 적절한 활용은 유아의 상호작용 및 교육 프로그램의 효과에 영향을 미친다. 특히, 구체적인 조작을 즐겨하는 유아들에게 의미 있는 활동을 배려해 주기 위해서는 종류가 다양하고 수준별 교재 · 교구를 새롭게 구입하거나 제작하여 제시하는 것과 더불어 언제, 어디서든 즉시 꺼내어 활용할 수 있도록 교재 · 교구가 한 눈에 들어올 수 있게 정리 보관하는 것은 무척 중요한 일이다.

그러기 때문에 유치원 사정을 잘 모르는 신임교사는 적절한 교재 · 교구의 투입, 활용을 극대화하기 위해서 교재 · 교구가 어디에 어떤 종류가 어느 정도 있는지 우선적으로 파악해야 한다. 만약, 교재 · 교구의 관리와 관리 서식들이 제대로 되어 있지 않을 경우는 다음과 같은 관리 방법을 활용하여 정리하는 방법을 모색해 보자.

1. 교재 · 교구의 효율적인 관리 방법

1) 교재 · 교구를 보관할 공간을 확보한다.

유아교육기관에서는 교재 · 교구를 보관 · 관리할 수 있는 교육 자료실을 확보하여야 한다. 별도의 자료실을 마련할 수 있는 시설, 공간이 없을 경우 보관 · 관리할 수 있는 자투리 공간을 활용하여 정리하는 방법도 생각해 본다.

예) 1층-대그룹 활동 자료(이야기 나누기, 동화, 동시…),
2층-생활 주제별(퍼즐, 바느질 자료…),
3층-영역별 게임 자료, 실험 도구…

2) 교재 · 교구 목록 대장을 마련하여 기록한다.

교재 · 교구 구입 및 기증, 제작 시에도 대장에 기록하여 교재 · 교구의 관리와 활용을 원활히 할 수 있도록 한다.

일련 번호	구입 일자 (제작 일자)	자료명	수량	출처	구입처	구입 가격	비고
1	05. 3. 5	교수 자료	2질	교육산업	교재사	80,000	
2	05. 4. 10	통합 영역 교육 자료	10종	교육청			제작
3	05. 5. 25	전래 동화 자료	1질	한국 육영회	한국 육영회		기증
4	05. 8. 29	전래 놀이 그림 자료	1질	동심	보육사		
5	05. 10. 5	과학 실험 그림 자료	2질	과학교연	과학교연		

3) 유치원의 교육과정에 맞게 생활 주제를 정한다(1~11).

유치원의 교육과정과 관련된 활동의 전개를 도와주고, 상호작용의 질과 양을 결정하는 교재 · 교구를 효율적으로 사용하기 위해서는 우선 생활 주제를 정한다.

1	나와 유치원	즐거운 유치원	6	교통 기관	
		나			
2	계절	봄	7	도구와 기계	
		여름			
		가을			
		겨울			
3	가족과 이웃	가족	8	우리나라와 세계 여러 나라	우리나라
		우리동네와 지역사회			세계 여러 나라
4	동물	애완 동물	9	지구와 환경	지구와 우주
		농장 동물			환경
		야생 동물(동물원 동물)			
		공룡	10	특별한 날	기념일
		곤충과 벌레			명절
		기타 동물			행사
5	건강한 몸과 마음	건강한 생활(음식, 운동 경기)	11	기타 주제	색, 모양, 선
		안전한 생활			소리
		깨끗한 생활			숫자
					요리
					실험
					지역화 자료
					책
					인형

4) 생활 주제와 주제에 맞는 활동들은 활동 형태별로 분류를 한다(A~P).

교재 · 교구마다 생활 주제, 주제에 따른 활동 형태를 한 눈에 알아볼 수 있도록 이야기 나누기, 동화, 동극 등으로 분류하여 알파벳 순으로 표시한다.

생활 주제					주제			
영역 번호	A. 이야기 나누기	B. 동화	C. 동극	D. 동시	E. 이야기 꾸미기	F. 신체 · 음률	G. 게임	H. 요리

생활 주제					주제			
영역 번호	I. 언어	J. 수·조작	K. 과학	L. 조형	M. 쌓기·역할	N. 전통놀이	O. 실외활동	P. 환경구성

5) 활동 형태별로 교재·교구를 분류한 후 분류 번호를 넣는다.

자료를 생활 주제, 활동 형태를 기록한 후 분류 번호(8-생활 주제, 세-주제, A-이야기 나누기, ①-교구 번호 1번)를 순서대로 기록하고, 주제, 활동명, 활동 자료, 수준, 자료 형태, 출처를 기록한다.

생활 주제	8. 세계 여러 나라						
활동 형태	A. 이야기 나누기						
분류 번호	주 제	활 동 명	활동 자료	수준	자료 형태	출처	비고
8-세-A-①	우리나라	이야기가 있는 조각품	그림 카드 4장	II	제시용	육영회	★
8-세-A-②	세계 여러 나라	세계 여러 나라의 친구들	그림 카드 24장	II	융판용	육영회	★
8-세-A-③	세계 여러 나라	세계인이 한 자리에	사진 자료 7장, 그림 자료 1장	II	제시용	육영회	★
8-세-A-④	세계 여러 나라	세계 여러 나라 친구들	그림 자료 1장	II	제시용	보육사	
8-세-A-⑤	세계 여러 나라	인사말이 서로 달라요	그림 자료 6장	II	자석용	보육사	
8-세-A-⑥	세계 여러 나라	아름다운 민속 의상	그림 자료 1장	II	제시용	보육사	
8-세-A-⑦	세계 여러 나라	여러 가지가 있어요	그림 자료 6장	II	제시용	동심	
8-세-A-⑧	세계 여러 나라	함께 살아요	그림 자료 3장	II	제시용	동심	
8-세-A-⑨	세계 여러 나라	우리나라 음식 다른 나라 음식	그림 자료 2장	II	제시용	보육사	

★표시는 작은 자료 상자에 들어 있음

6) 교구는 크기별로 자료 상자에 넣어서 공간 크기에 따라 배치한다.

생활 주제와 활동 형태별로 분류하여 기록한 후 자료의 크기에 따라 공간에 맞게 정리한다.

내용	사물함 모양
④ 이야기 나누기, 동화, 동시, 음률…	
③ 음률, 과학, 조형…	
② 동화, 동시, 동극	
① 이야기 나누기	

※ ①, ②, ③의 공간은 대집단을 위한 활동의 큰 자료(평면 자료)를 넣고 보관한다. ④의 공간에는 작은 자료(융판용, 자석용)를 비닐팩에 담아서 보관하거나 작은 파일철에 평면적인 활동지와 함께 보관한다.

7) 자료 상자의 보이는 면에는 생활 주제와 활동 형태를 기록하고 붙인다.

6)의 공간에 넣은 자료 상자는 한 눈에 쉽게 찾을 수 있도록 보이는 앞면에 생활 주제와 활동 형태를 기록하고 붙인다(자료 상자 크기에 맞게 붙인다).

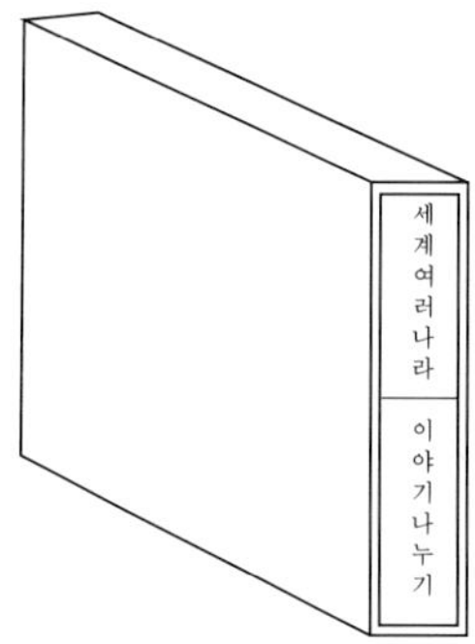

8) 상자 겉면에도 자료 상자에 넣어진 자료의 주제, 영역, 분류 번호, 자료명, 활동 자료를 기록하고 아래와 같이 상자 겉면에 붙인다(왼쪽 상단).

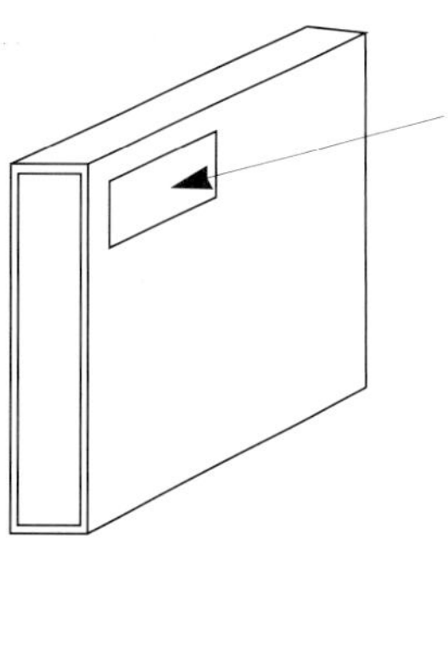

생활 주제	8. 우리나라와 다른 나라	활동 영역	A. 이야기 나누기
분류 번호	주제	자료명	활동 자료
8-세-A-④	세계 여러 나라	세계 여러 나라 친구들	그림 자료 1장
8-세-A-⑤		인사말이 서로 달라요	그림 자료 1장
8-세-A-⑥		아름다운 민속 의상	그림 자료 1장
8-세-A-⑦		여러 나라가 있어요	그림 자료 1장
8-세-A-⑨		우리나라 음식 다른 나라 음식	그림 자료 1장

9) 비닐팩에 들어 있는 자료의 목록을 적어 오른쪽 상단에 붙인다(각각의 내용물에 분류 번호를 적는다).

6)의 공간 맨 위쪽에 넣을 경우 비닐팩과 각각의 내용물에 분류 번호를 붙이고 정리한다.

1	분류 번호	8-세-A-①	2	수준	II
3	활동 영역	이야기 나누기			
4	생활 주제	우리나라와 다른 나라			
5	주　제	세계 여러 나라			
6	활동명	이야기가 있는 조각품			
7	활동 자료	그림 카드 4장			

10) 활동 교구가 적은 것은 한꺼번에 넣는다.

활동 역역	D. 이야기 꾸미기		
분류 번호	주 제	자료명	활동 자료
2-봄-D-①	봄	소풍 가는 길	그림 자료 4장
1-즐-D-②	즐거운 유치원	간식을 먹어요	그림 자료 4장
4-동-D-③	동물원 동물	동물원에서 생긴 일	그림 자료 4장
3-가-D-④	가족	난 옷장이 좋아요	그림 자료 4장
6-교-D-⑤	교통 기관	무늬를 얻은 자동차	그림 자료 4장
2-여-D-⑥	여름	꽃밭에서 생긴 일	그림 자료 4장
2-가-D-⑦	가을	과일 가게에 갔어요	그림 자료 4장
8-우-D-⑧	우리나라	달나라 토끼	그림 자료 4장
2-겨-D-⑨	겨울	썰매 타기	그림 자료 4장
2-겨-D-⑩	겨울	동생에게 주어요	그림 자료 4장

11) 영역에 따른 활동 자료도 분류 번호를 넣고 투명 상자에 넣는다.

즐거운 어린이집	나	봄	여름	가을
겨울	가족	이웃	동물	건강한 몸과 마음
교통 기관	도구와 기계	우리나라	세계 여러 나라	지구와 우주
환경	특별한 날	색, 모양, 선	그림	책
지역화 자료	소리	요리	실험	인형

※ 언어, 수 · 조작, 신체, 쌓기 · 역할, 조형 활동의 자유선택 시간에 자주 사용되는 교재 · 교구 및 게임 자료, 입체 자료와 이를 분류 보관하는 비닐팩에도 같은 분류 번호를 정해서 붙인 후 투명 상자에 넣는다.

※ 비닐팩은 교재 · 교구 크기에 따라 다양하게 준비한다.

12) 생활 주제별로 전체 목록을 작성한다.

교육 활동을 계획하고 전개할 때 교재 · 교구 현황을 쉽게 들여다볼 수 있어서 아이디어를 찾는 데 도움이 될 수 있다. 목록은 복사를 해서 교실에도 보관한다.

생활 주제	1. 나와 유치원			주제		즐거운 유치원		
영역 번호	F. 게임	G. 언어	H. 수, 조작	I. 과학(요리)	J. 조형	K. 쌓기, 역할	L. 전통	M. 안전
①	꼭꼭 숨기기	친구 알기 돌림판	모양 통다리 건너기	색깔 주먹밥	크레파스 묶음 그림	유치원 꾸미기	어디까지 왔나	길을 건너요
②	발 많은 아기 지네	바르게 인사하기	유치원 가는 피노키오	팝콘	기본형 이용한 꾸미기		굿거리 장단	신호등
③	손 아닌 것으로 팥주머니 나누기	즐거운 유치원	돌려서 모양 맞추기		점 이어가기			버스놀이
④		놀잇감 빙고 게임	모양 카드 찾기판					
⑤			하나 큰 수, 하나 작은 수					
⑥								
⑦								
⑧								

13) 생활 주제별 영역별 내용(활동 방법)을 전체 복사해서 자료 대장에 정리한다.

교재 · 교구의 활용을 돕기 위해 활용 방법이 기록되고 해당 교재 · 교구의 사진을 붙일 수 있는 서식을 만들어 두는 것도 좋은 방법이다.

14) 정리된 교재 · 교구의 보관 장소에도 목록을 적어둔다.

1층 교재실 목록	
1	이야기 나누기
2	동화
3	동시
4	이야기 꾸미기
5	신체 · 음률
6	게임
7	과학(요리)
8	조형
9	쌓기 · 역할
10	전통놀이
11	환경 게시
12	전래 동요 큰 책
13	동극 활동 자료집
14	큰 동시책(봄, 여름, 가을, 겨울)
15	생활 주제 자료집
16	특별 활동 자료집

15) 도서 구입 시 대장에 기록하여야 하며 관리를 철저히 하여야 한다.

각 도서에도 대장과 동일한 번호가 붙어 있어 도서 관리 및 활용에 편리함을 가질 수 있어야 한다. 책은 출판사별, 또는 주제별로 분류 번호 순서대로 도서 대장에 기재하고 분류 번호 순서대로 책장에 정리 보관한다.

일련 번호	분류	구입 일자	도서명	저자	출판사	출판 연월일	규격	구입자	금액	비고
1	8-유-①	2000. 12. 03	동물들이 유치원	○○○	새샘	1999. 03. 20	210×297	○○○	100,000	1질
2										
3										
4										
5										

2. 교재 · 교구 재정리 및 확인

교재 · 교구에 대한 유아들의 흥미도가 떨어지거나 주제가 바뀐 경우, 기존의 자료를 다음에 사용할 수 있도록 잘 관리 · 보관하는 일은 매우 중요하다. 보관을 잘 해야 교사가 필요할 때 자료를 찾아 재사용할 수 있기 때문이다. 교재 · 교구를 보관할 경우, 상자와 비닐팩에 체계적으로 분류하여 일정한 장소(자료실)에 보관해야 한다. 그렇게 함으로써 쉽게 다시 찾아 쓸 수 있고, 계속적으로 새로운 교재 · 교구의 보관도 용이하게 정리할 수 있는 것이다. 또한 새로운 한 해를 기다리면서 그에 변화된 연간 계획에 맞추어 새로운 교재 · 교구를 준비하고, 정리하는 시간과 1년 동안 교재 · 교구를 사용하면서 그에 따른 문제점을 보완하는 시간을 가져보는 것도 교재 · 교구 활용을 쉽게 하는 방법이다.

그러기 위해서는 다음과 같은 사항을 고려하는 것도 바람직하다.

1) 교재 · 교구의 종류와 수가 해마다 변하기 때문에 교사는 목록을 가지고 재확인을 해야 한다.
2) 연간교육계획안에 따라 교재 · 교구의 필요 여부를 확인하는 시간을 갖는다.
3) 교사가 새로 구입하거나 제작한 교재 · 교구는 전체 회의를 통해 보여주고 목록에 즉시 기입, 분류하여 정리한다.
4) 교재 · 교구를 꺼내거나 정리할 때는 내용물이 모두 있는지 점검한다.
5) 부서지거나 조각이 분실된 것은 즉시 보완 · 보충시켜 놓는다.
6) 교재 · 교구를 활용한 후, 좋은 아이디어와 확장된 활동 방법이 있다면 포스트잇에 내용을 적어 붙여둔다.

학부모 관리-부모교육

유아를 이해하고 바람직한 성장·발달을 돕기 위한 유치원 교육과정 중 중요한 역할은 가정과의 연계이며, 유치원과 가정과의 연계가 가장 효율적으로 이루어지는 것이 바로 '부모교육' 이다.

부모교육은 부모 역할의 중요성과 부모들에게 놓여진 많은 요구들에 관한 이해를 돕는 필요한 기술과 정보를 제공하고, 유아 양육 행동에 대한 긍정적인 피드백을 통해 자녀의 삶에 효율적인 부모-자녀의 관계를 형성하도록 도와준다. 또한 부모가 자녀들의 교육과정에 참여함으로써 긍정적인 부모-자녀, 부모-교사 관계를 형성하고, 더 나아가서는 부모-지역사회와의 연계를 지원하는 보다 넓은 상호 협력 체계를 도와준다.

따라서 유치원에서는 부모교육을 통해서 바람직한 유아의 발달을 촉진시키기 위한 부모의 역할을 인식하도록 돕고, 이러한 발달을 촉진하는 환경 조성에 관한 지식을 안내한다. 또한 유치원의 전반적인 운영 방침, 교육 철학, 교육과정에서도 부모가 알고 싶어하는 것에 중점을 두어 안내하고 참여하게 함으로써 유치원과 가정이 협력하여 일관성 있는 교육 연계를 꾀할 수 있다.

1. 부모가 유치원에 바라는 것

1) 부모는 참여하기를 원한다.

- 유치원 행사에 참여하고 싶어한다.
- 유치원에 가면 환영받고 싶어한다.
- 유치원에서 초대받고 싶어한다.
- 유치원의 전반적인 활동에 어떻게 참여할 수 있을지 알고 싶어한다.
- 부모 참여 위원회 구성원이 되고 싶어한다.

2) 부모는 교사의 연락을 원한다.

- 담임교사가 전화해 주기를 바란다.
- 개별 및 집단 상담 전에 미리 상담 시기 및 내용에 대하여 의논하기를 바란다.
- 자녀가 유치원에서 무엇을 배우고 있는지 알려주기를 바란다.
- 담임교사를 최소한 한 달에 한 번은 부모교육을 통해 만나기를 바란다.
- 부모와 대화할 때는 지나치게 전문 용어나 기술적이지 않고 간략하면서도 자세하게 말해주기를 바란다.
- 자녀에 대해 부모가 알아야 할 장점과 단점을 정확하게 이야기해 주기를 바란다.

3) 부모는 정보를 원한다.

- 유치원의 철학, 교육 프로그램, 교육의 방향, 학습의 보편적인 목표, 학습의 진행 과정 등에 대해서 제공받기를 바란다.
- 교사와 전화 통화가 가능한 시간, 교사의 전화번호, 유치원의 교직원 이름을 알고 싶어한다.

- 유치원 행사, 지역사회 소식, 특별 활동의 프로그램이 담긴 계획안, 월 · 주간 계획안, 유아의 이해를 돕는 정보지 등을 제공받기를 바란다.
- 부모교육을 위한 강연을 듣기를 바란다.
- 부모는 교사가 자녀의 지속적인 관찰 기록을 제공해 주기를 바란다.

4) 부모는 자녀를 위해 도와주기를 바란다.

- 유치원에서 배운 것을 가정에서 어떻게 연계시켜야 할지 알려 주기를 바란다.
- 자녀에게 어떤 기대를 하고 있는지 알려주기 바란다.
- 부모가 유치원에서의 활동을 위해 어떻게 도와줄 수 있는지 알려주기를 바란다.

5) 부모는 선생님이 유아를 사랑해 주기를 바란다.

- 유아들의 삶에 교사가 얼마나 중요한 영향을 미치는지 기억해 주기를 바란다.
- 유치원에서 유아를 행복하게 하는 것들에 어떤 것들이 있는지 알려주기를 바란다.
- 부모가 불평해도 유아에게 화풀이하지 않기를 바란다.

2. 부모교육 연간계획안

월	유 형	내 용	비고
2	• 초청 강연(졸업생) • 유치원 교육 안내(재학생) • 신입 부모 O.T	• 초등학교 입학 전 학습 준비 및 생활 안내 • 재학생을 위한 유치원 교육 및 생활 안내 • 신입원아를 위한 유치원 교육 및 생활 안내	• 초등 교사 초청 강연
3	• 지상 강좌 • 부모 상담 • 부모 자원 프로그램 토의	• PET(부모 훈련) • 유아기의 중요성 및 유치원 생활 적응(집단 상담) • 부모-교사 협의 체제 및 자원봉사	• 부모 자원 프로그램(자료 수집, 교수 자료 제작, 일일교사, 보조교사 등)
4	• 초청 강연 • 지상 강좌 • 부모 자원 프로그램	• 조기교육의 중요성 • 연령에 맞는 발달 과정과 특징적인 발달 과정 • 교육계획안과 연관된 주제 및 자원봉사	
5	• 부모 참여 수업 • 지상 강좌 • 부모 자원 프로그램	• 부모와 함께하는 참여 수업(각 반별로 자유 선택, 요리, 과학, 역할놀이, 조형놀이 등 선택) • 품성교육 • 교육계획안과 연관된 주제 및 자원봉사	• 참여 수업 주제와 날짜는 협의 후 결정
6	• 초청 강연 • 지상 강좌 • 부모 자원 프로그램	• 경제교육 • 가정에서의 유아 안전 • 교육계획안과 연관된 주제 및 자원봉사	
7	• 부모 상담 • 지상 강좌 • 부모 자원 프로그램	• 개별 상담(6월 초부터 7월 중순까지 학부모와 면담 날짜와 시간 미리 약속) • 여름철 위생과 물놀이 안전 • 교육계획안과 연관된 주제 및 자원봉사	• 개별 관찰 기록 참고 • 면담 기록
9	• 지상 강좌 • 부모 자원 프로그램	• 유아를 위한 동화책 소개 • 교육계획안과 연관된 주제 및 자원봉사	
10	• 부모 참관 수업 • 지상 강좌 • 부모 자원 프로그램	• 연령별 학부모 참관수업 • 가족과 함께하는 전래놀이 • 교육계획안과 연관된 주제 및 자원봉사	• 참관수업 날짜는 설문지 조사
11	• 부모 면담 • 지상 강좌 • 부모 자원 프로그램	• 개별 면담(학부모와 미리 약속) • 겨울철 놀이와 안전 • 교육계획안과 연관된 주제 및 자원봉사	• 개별 관찰 기록 참고 • 면담 기록
12	• 불우이웃 돕기 • 지상 강좌 • 부모 자원 프로그램	• 김장 김치 나누기(설문지를 통해 정하기) • 유치원 이야기 및 원 운영을 위한 설문지 • 교육계획안과 연관된 주제 및 자원봉사	• 유치원신문 • 유치원에 관한 설문지

3. 부모교육의 유형

학부모와 교사는 유아를 위하여 서로 협조적인 관계가 형성되어야 한다. 조화로운 유아교육을 위해서는 가정, 즉 학부모의 공동 관심과 협력이 있어야 효과적인 교육이 가능하다.

따라서 학부모들에게 다양한 유형의 부모교육을 마련하여 가정과 유아교육기관의 효율적인 상호작용을 유도하고 바람직한 유아교육이 될 수 있도록 지도하는 일은 매우 중요한 일이다.

1) 가정통신문

가정통신문은 교사와 부모가 직접 대면하지 않고 일종의 서면을 통하여 의사소통을 하는 것이다. 유치원 교육계획에 의해 매주 가정으로 보내는 주간교육계획안의 가정통신란을 통해 주제, 행사, 기본 생활, 계절, 건강, 안전 및 공지 사항 등을 안내한다.

예) 이번 주는 우리 가족이 주제입니다. 우리 가족에는 얼마나 많은 식구가 있는지, 가족들이 함께 할 수 있는 일들은 어떤 것들이 있는지, 가족들을 위해 내가 할 수 있는 일은 무엇인지 함께 이야기 나누려 합니다. 관련된 가족 스냅 사진이 있다면 유치원으로 보내 주십시오. 교육 활동에 많은 도움이 되겠습니다.

※ 위의 예시를 나름대로 그림 자료와 함께 부모들이 쉽게 이해할 수 있도록 각 기관에 맞게 편집한다.

2) 개인 편지

유아의 생활 상태를 간단하게 전달하는 방법으로 교사의 성의가 느껴질 수 있게 편지를 써야 한다. 무조건적인 칭찬이나 잘못된 점을 지적해서 쓰기보다는 평소에 관찰하고 기록한 것을 토대로 현재 유아의 모습을 기록하고, 보다 향상될 수 있도록 서로 노력할 수 있는 점에 초점을 두어야 한다.

편지는 일방적인 의사소통으로 인식되는 경향이 있기는 하지만 교사가 부모의 대답을 이끌어 내도록 작성하는 것도 좋다. 부모는 항상 자녀가 어떤 새로운 기술을 익혔다는 것을 알게 되면 기뻐하고, 교사가 시간을 내어 긍정적인 면을 부모와 나누게 되면 두 배로 기뻐한다. 간혹, 의견을 설명하거나 이해를 돕기 위해서 활동의 견본, 새로운 경험에 대한 말이나 이야기 녹음 테이프 또는 사진을 찍어 함께 보내는 것도 좋다.

예) 오늘 ○○가 유치원에서 사인펜을 가지고 글자를 만들어 낸 것은 이번이 처음입니다. 견본을 보시면 ○○가 쓰기 발달이 확실히 발전하고 있다는 것을 보여주고 있습니다. 집에서도 글자를 만들어 낸 것을 본 적이 있으신가요?

3) 전 화

전화는 부모와의 연락을 위한 또 다른 형태로 부모를 자주 만날 수 없는 경우 규칙적인 접촉을 위한 대화의 기회를 제공한다. 전화 대화는 서로 얼굴을 대면하지 않기 때문에 밝고 명랑한 목소리로 이끌어야 한다. 상대방의 이야기를 잘 들어주는 것이 매우 중요하며 꼭 메모를 하면서 요점을 파악하여 만족스러운 대화가 되도록 한다.

- 유아가 며칠간 아파서 결석한 후 유치원에 오게 되어 주의할 사항에 대하여 물어볼 경우

예) ○○어머님, 안녕하세요? 저는 ○○의 담임교사인 ○○○입니다. ○○가 건강한 모습으로 유치원에 오게 되어서 기쁩니다. 유치원에서 ○○의 건강을 위해서 주의해야 할 사항은 없나요?

• 유아의 관찰 상황을 알리는 경우

> 예) ○○의 편식 때문에 걱정하시는 것 같아서 전화 드립니다. 요즘에는 편식을 하지 않고 음식을 골고루 잘 먹고 있답니다. 오늘은 시금치와 된장국도 다 먹었답니다.

이처럼 전화는 상호 의사소통을 돕는다. 몇 분밖에 걸리지 않는 전화 통화로 부모는 자녀에 대한 교사의 관심과 지식을 알게 되고 긍정적인 교사–부모 관계 형성에 많은 도움을 받는다.

그러나 교사와 부모가 중요한 문제를 언급해야 할 경우에는 전화로 의사소통하는 것은 좋은 생각이 아니다. 부모의 얼굴 표정을 보지 않고 대화를 하다 보면 완전한 답을 얻기보다는 오해를 불러일으키기 쉽기 때문이다. 그러기 때문에 이러한 대화는 마주보고 하는 개인 면담이 최상이다.

또한 교사는 전화 상담이 가능한 시간을 부모에게 알려줌으로써 의사소통의 기회를 많이 가질 수 있게 된다. 왜냐하면 부모는 상담 가능한 정기적인 시간을 알게 되면 대개는 약속된 시간을 지킬 확률이 높아지기 때문이다.

4) 홈페이지

인터넷을 통한 홈페이지는 부모교육을 위한 또 다른 형태이다. 유치원 홈페이지에는 학부모들이 한 눈에 학부모를 위한 다양한 정보가 있다는 것을 알 수 있도록 할 필요가 있다.

유치원 교육계획이나 교육과정을 수시로 안내하고, 유아들의 유치원 생활 사진 또는 동영상, 작품 견본 등을 올린다.

정보실을 두어 학부모에게 도움이 될 수 있는 유아를 위한 교육 정보도 필요하다. 홈페이지 정보실을 통해 제공되는 정보는 교사 협의에 의해 결정되며, 교사가 부모의 질문과 의견을 듣거나 부모가 도움을 원하는 정보를 찾을 때 정보를 올려놓을 수 있다. 정보실을 통해 제공되는 정보는 책이나 장난감의 선택, 유아기의 질병과 면역 결핍, 유아에게 필요한 영양가 높은 식단, 영화에 대한 제안, TV 프로그램이나 지역 행사, 나들이 장소, 개별적인 정보나 가족 문제의 해결책, 또는 학부모회의 논제에 대한 준비나 잇따른 인쇄물이나 최근 기사, 훌륭한 유아기의 철학에 대한 설명, 전형적인 교실 활동, 긍정적인 지도 등이 적합하며, 이외에 부모로부터 요구되는 정보의 종류를 수록하도록 한다.

홈페이지가 부모에게 유용하게 활용되기를 원한다면, 자주 주제를 바꾸어 좋은 정보를 올려주어야 한다. 몇 주 동안 홈페이지의 내용이 변화가 없이 똑같다면 부모들에게 신뢰와 관심을 잃어버리게 되어 방문이 중단된다.

학부모와 대화를 할 수 있는 대화의 창도 수시로 검색해서 질문의 답글을 그때 그때 지혜롭게 올려 교사의 의견이나 부모의 의견을 자주 교환한다면 색다른 부모교육이 된다.

5) 지상 강좌

지상 강좌는 또 다른 의사소통으로 모든 부모와 매달 정기적인 정보지로 만남을 가진다.

지상 강좌를 편집할 때는 부모가 시간이 너무 많이 낭비된다고 생각해서 제쳐놓고 읽지 않는 경우가 있으므로 한 장 정도의 분량으로 산뜻하고 홍미롭게 제작한다. 정확한 문장과 철자에 대한 주의는 물론 목적이 주어지는 전문적인 내용이 되어야 한다. 지상 강좌에는 다음 네 가지의 목적이 있는데, 첫째는 부모에게 학습 활동 및 계획을 지속적으로 알리기 위함이고, 둘째는 부모가 학습 활동의 기본적인 교육 목적을 이해함으로써 유치원에서의 활동을 가정으로 확대해 연계하기 위함이며, 셋째는 부모와 유아의 의사소통 능력을 강화하기 위함이다. 넷째는 유치원의 행사에 대한 일정과 활동 계획을 통해 그 활동을 도울 수 있는 방법 및 가정에서 실용적으로 유아의 놀이 활동을 조력할 수 있기 위함이다. 마지막으로 유아의 발달에 적합한 양육 태도에 대한 지식을 도와 효율적인 부모 역할에 도움을 주기 위함이다.

• '유아를 위한 부모교육' 으로 매달 정기적으로 가정으로 안내한다.

예) 유아를 위한 부모교육 제○○호
가정에서 대처할 수 있는 상황별 응급 처치
1. 화상을 당했다면
* 차가운 물에 담가서 상처의 열을 식힌다.
* 되도록 물집을 터뜨리지 않도록 한다.
* 화상을 입었을 때 옷을 억지로 벗기려 하지 않는다.
–옷을 입은 채로 찬물에 열을 식힌다.
* 상처에 함부로 아무 약이나 바르지 않는다.
* 화상 입은 부위가 크면 반드시 병원에 가야 한다.

※ 상황별(경련을 일으키면, 머리를 다쳤을 때 등)로 안내한다. 산뜻하고 흥미롭게 편집하기 위해서는 사진이나 그림, 만화 등을 이용한다.

6) 부모 강연회

부모 강연회는 다수의 부모에게 정보를 제공하기 위해 전문적인 외부 강사를 초청하여 강연을 듣기도 하고 워크숍과 토의를 함께 할 수 있는 기회를 대략 1년에 1~3회 정도 갖는 모임이다.

부모 강연회 주제는 유아에 대한 이해와 발달을 도와주는 능력을 향상시키기 위한 것으로 정한다. 유아에 대한 전반적인 이해를 돕기 위하여 뇌 발달과 조기교육, PET 훈련, STEP 훈련, 정신 건강 등 다양하고 폭넓은 서비스 제공을 필요로 한다. 또한 학기 초에 미리 부모에게 설문지를 보내서 의견을 수렴한 후 부모가 관심 있어 하는 분야를 선정하는 것도 좋다.

예) 부모교육 관심도 조사

안녕하십니까?

우리 유치원에서는 부모교육을 계획하면서 주제에 대해 부모님의 관심도를 조사하고자 합니다. 또한 이외에도 부모님이 필요한 주제나 요구 사항을 듣고 부모님에게 좀더 효율적인 정보를 제공하고자 하오니, 아래의 주제에서 해당되는 곳에 선택하여 주시면 많은 도움이 되겠습니다.

부모님과 함께하는 시간이 좀더 유익하기를 바라면서 이 설문지는 다음 주 월요일 유아 편에 유치원으로 보내주시기 바랍니다.

부모교육 주제	관심이 많다	관심이 조금 있다	관심이 없다
품성교육 계발			
창의성 계발			
뇌 발달과 조기교육			
유아기 영양과 건강			
좋은 책 선정과 독서교육			
놀이와 장난감 고르기			
성교육			
아동 발달의 이해			
유아기 안전 사고 및 예방			
부모 역할 훈련 PET, STEP			
정신 건강			
초등학교 가기 전에 준비해야 되는 것			

★ 관심 있는 다른 주제가 있으시면 적어주십시오.

★ 부모님의 많은 참여를 위해서 유치원 방문이 편한 요일과 시간을 적어주십시오.

감사합니다.

7) 개인 상담

부모교육을 위해서 정기적인 연락과 대화, 정보, 강연, 그리고 우연한 대화도 중요하지만 유아를 위한 체계적인 관찰 기록과 검사 자료, 작품 수집 등 계획에 의한 상담의 시간을 제공하는 것은 부모교육에 있어 아주 중요하다.

유치원에서 이루어지는 개인 상담은 부모에게 상세하고 조직된 방법으로 관찰된 유아의 전반적인 발달을 검토할 기회를 제공하고 또한 교사는 부모와의 대화를 통해 가정에서의 유아에 대한 정보를 얻기도 하면서 부모와 교사가 함께 유아의 관심 분야, 욕구, 발달 정도, 걱정되는 문제행동 등에 대하여 상호 협력하는 시간과 기회를 제공한다.

개인 상담의 기회는 보통 1년에 1학기와 2학기 두 번 정도 계획하며, 필요시 개별 통지하여 상담을 하기도 한다. 1학기 상담은 유아의 정보를 부모로부터 얻기도 하고 유아의 발달 정도에 대해 서로 교환하면서 연계교육을 위해 협력적인 관계를 가진다. 2학기 상담은 꾸준히 준비된 관찰 자료를 토대로 유아의 전반적인 발달 상황뿐만 아니라 앞으로의 교육에 대하여 바람직한 지도 방향을 모색한다. 또한 유아가 특정한 행동이나 이상 행동을 지속적으로 보여 상담이 필요하다고 교사가 판단이 되면 상담의 시기가 아니더라도 원장과 의논하여 해당되는 유아의 부모와 상담을 가져야 한다. 이때는 특정한 영역에 대한 자료나 문제점을 상담하는 데 도움과 신뢰를 뒷받침할 관찰 기록과 수집된 정보가 꼭 필요하다.

위와 같은 개인 상담이 효과적으로 이루어지기 위해서는 다음과 같은 계획을 미리 숙지하여 상담을 하는 것이 좋다.

(1) 성공적인 상담을 위한 기본 원리

가. 상담의 목적과 자신의 역할에 대한 교사와 부모의 이해가 있어야 한다.

나. 상담의 시간은 부모와 의논하여 결정한다.

다. 상담실 분위기는 주위가 청결하고 편안해야 한다.

라. 교사는 목표를 설정하고, 그 목표에 상응하는 계획들을 준비한다.

마. 상담은 긍정적인 말로 시작하여 끝은 맺도록 한다.

(2) 성공적인 상담을 위해서 피해야 할 사항

가. 지나친 기술 용어와 전문 용어는 피해야 한다.

나. 교사는 모든 것을 안다는 권위적인 전문가 역할을 피해야 한다.

다. 유아의 능력에 대한 부정적이고 해가 되는 평가는 피해야 한다.

라. 교사 윤리에 어긋나는 대화는 피해야 한다(타인에 대한 이야기, 사적인 이야기, 편견을 가지는 것 등).

마. 원하든 원하지 않든 부모에게 충고는 피해야 한다.

바. 상담 그 자리에서 모든 문제를 해결하려 하는 것, 의견에 찬성을 강요하는 것은 피해야 한다.

(3) 상담의 단계

가. 상담의 준비 단계

가) 상담 시간과 장소를 정하고 1~2주 전에 부모에게 가정통신문을 통해 알린다(상담 시간은 부모와 미리 편한 시간을 계획한다).

나) 유아의 관찰 기록 및 다양한 활동 자료들을 정리하여 준비한다.

다) 부모의 준비를 위해 부모 면담 양식을 보내고, 부모가 해당 양식에 관찰 기록한 자료를 다시 유치원에 보내도록 하여 참고한다.

라) 질문 목록을 미리 준비하여 상담 시 참고한다(어떤 포토폴리오를 보여줄 것인지, 유아의 장·단점, 부모의 관심사에 관한 것, 앞으로의 유아에 대한 부모와 교사 목표 중심 등).

마) 한 부모당 20~30분씩 충분히 상담의 계획을 세운다.

예) 상담 시간 안내 가정통신문

2006년 1학기 개인 상담 안내

______________ 학부모님

안녕하십니까?
우리 유치원에서는 유아들의 전인적인 발달을 돕기 위하여 유치원 생활과 발달 상황에 대하여 가정과 협력하고자 개인 상담의 기회와 시간을 마련하였습니다.
학기 초에 보내드린 설문지를 통하여 학부모님과 개별적으로 아래와 같이 상담할 시간을 마련하여 알려드리오니, 바쁘시지만 좀더 바람직한 유아의 성장, 발달을 위하여 꼭 참석하셔서 함께 해주시기 바랍니다.

1. 상담 시간 : 2006년 ○월 ○일 오후 ○○시 ○○분부터 ○○시 ○○분까지입니다.
2. 장소 : 유치원 각 반 교실
3. 학부모 유의 사항
   - 상담 날짜와 시간을 확인하여 착오가 없으시길 바랍니다.
   - 개인 상담 시간은 20~25분이 계획되었으니, 다음 학부모의 상담을 위하여 정해진 시간에 꼭 방문하시길 바랍니다.
   - 보내드린 부모 면담 양식을 참고하여 상담하시고자 하는 내용을 미리 준비하시면 좀더 유익한 상담 시간이 될 것입니다.
   - 사정이 있어서 상담 시간의 조정이 필요하신 학부모님은 담임교사와 통화하시어 약속 시간을 조정하시기 바랍니다.

학부모님과 유익한 상담을 위하여 유치원에서도 유아에 대한 자료를 준비하고 기다리겠습니다.

2006년 ○월 ○○일

OOOOO 유 치 원 장

예) 부모 면담 양식

상담을 위한 부모 면담 양식

유아명 : ___________ 상담 참여 부모명 : ___________

1. 가족 상황을 적어 주십시오.

2. 가족 중 유아와 시간을 많이 보내는 사람은 누구입니까?

3. 부모님은 어떤 취미를 가지고 있으십니까?

4. 부모님은 맞벌이십니까? 유아와 가정에서 얼마나 함께 하십니까?

5. 자녀에 대하여 교사가 꼭 알아야 할 중요한 것이 있으시다면?

6. 자녀가 좋아하는 음식과 싫어하는 음식은?

7. 자녀의 식습관은?

8. 식습관에 대하여 가정에서는 어떻게 가르치고 있으십니까?

9. 자녀의 수면 습관은?

9. 자녀의 장점이나 단점에 대해 알고 있다면 자세하게 적어 주세요.

10. 자녀가 가정에서 좋아하는 놀이는?

11. 부모님의 양육 태도는 민주적, 권위적, 개방적, 보수적, 무관심 중 어떤 태도를 가지고 계십니까?

12. 최근에 발견하게 된 새로운 행동은?

13. 가정에서 유아를 위한 학습은?

14. 자녀에게 바라는 것은?

15. 교사에게 바라는 것은?

16. 유치원에 바라는 것은?

많은 도움을 주셔서 감사합니다.

나. 상담의 전개 단계

가) 부모가 편안함을 느끼도록 교사가 먼저 반가움과 관심으로 시작한다.

나) 상담의 목적을 안내한다.

다) 유아에 대한 대화가 시작되면, 관찰 기록 및 다양한 활동 자료를 참고하여 현재의 상태, 유아의 장점 등 긍정적인 평으로 시작한다.

라) 따뜻하고, 애정적이며, 열린 마음을 가지고 부모의 이야기를 열심히 들어준다.

마) 교사의 질문과 반사적인 청취로 조성되는 의견 교환의 대화 분위기를 만든다.

바) 상담이 끝날 무렵에는 상담동안 논의된 부분과 앞으로 조력해야 할 계획에 대한 요약을 해준다.

사) 부모의 긍정적인 노력과 참여에 고마움을 전한다.

다. 상담의 사후 단계

가) 상담이 끝나면 상담 보고서 양식을 작성한다.

나) 상담 시 유아에 대해 획득한 새로운 정보나 세운 계획을 숙지한다.

다) 부모와의 상담 내용을 참고로 유치원에서 관찰하거나 개별 지도에 반영한다.

라) 상담 후 부모와 세운 계획에 따라 체크하여 수시로 부모와 이야기하는 기회를 갖는다.

예) 부모 상담 보고서 양식

유아 성명 : 상담 날짜 및 시간 :

상담 부모 :

1. 상담의 목적 :
2. 부모에게 보고된 사항 :
3. 부모의 견해 :
4. 교사의 상담 요약 및 계획 :

8) 부모 참여 수업

학부모 참여 수업은 유치원과 가정과의 연계교육을 활성화시키기 위한 부모교육의 방법으로 일 년에 1~2번 정도 계획된다. 학부모 참여 수업은 부모가 유치원의 교육 프로그램이 어떤 목표를 가지고 어떻게 표현되고 있는지 유치원 교육과정이 진행되어 가는 과정을 이해하는 최선의 방법이다. 이는 유아와 함께 프로젝트 부분 단계 또는 현장 견학, 요리 활동, 조형 활동, 게임 활동, 과학 활동, 자유선택 활동 등 다양하게 계획된 활동에 직접 참여하여 경험함으로써 가정에서도 유치원의 교육과정을 어떻게 풍부하게 구성해야 하는지에 대한 생각을 끌어낼 수 있다. 이를 통해 학부모는 유치원의 교육 이념과 목표를 이해하게 되고 교육 방법을 통해 자녀에 대한 이해와 지식을 증진시키고, 자녀를 긍정적이고 바람직하게 양육하는 방법을 습득하여 올바른 자녀 교육관의 형성을 돕는다.

학부모 참여 수업은 학부모와 유아가 자신의 역할을 제대로 해낼 준비가 되어 있을 때 계획하는데 학부모가 많이 참여할 수 있는 요일을 사전에 설문지를 통하여 조사한 후 3주 전에 부모통신란을 통해 알려준다. 참여 활동 내용은 유치원에서 주제와 활동 유형을 정하고 활동 내용과 참여 수업에 대한 유의 사항 등을 참여 수업 1주일 전에 가정으로 안내한다. 참여 수업에 참석한 학부모님들에게는 교사 · 부모 · 유아에게 친숙함을 주기 위해서 이름표를 만들어 부착하도록 하며 참여 수업 시 유의 사항을 다시 한 번 확인한다. 참여 수업이 끝나면 참관 소견을 작성하도록 하고 함께 평가하는 시간을 갖는다.

9) 부모 참관 수업

학부모 참관 수업은 그들의 자녀가 또래 친구들과 교사와 어떻게 상호작용을 하는지를 알 수 있게 되고 다른 또래와 발달에 적합한 전형적인 행동이나 기술에 대해 관찰하며 어떻게 같은지, 어떤 놀이를 선택하여 얼마나 오랫동안 놀이에 몰입하는지, 어떻게 문제를 해결하고 도움을 받는지, 특별한 관심사는 무엇인지 등 유아들의 전체적인 성장에 대한 이해도를 높여줄 수 있는 부모교육의 형태이다. 또한 참관을 통해 학부모들이 유치원의 프로그램 진행 과정을 관찰하면서 유아를 위한 교육의 지식, 기술, 태도, 상담 등의 다양한 정보를 제공받는다. 학부모 참관 수업의 계획은 1년에 2~4회 정도가 적당하며, 언제든지 학부모가 원할 때는 기관의 사정에 따라 참관실이나 복도에서의 참관을 허용하는 것이 바람직하다. 이런 장소가 허용되지 않는 기관에서는 유아와 학부모가 서로의 존재를 부담스럽게 느끼지 않도록 교사는 학부모님이 관찰자로서의 역할을 어떻게 해야 하는지 교실에서의 행동, 관찰 포인트를 위한 안내에 대한 배려가 필요하다.

학부모 참관 수업 날은 교사가 유아들에게 부모님들이 오실 것이고, 우리들의 교육 활동을 볼 것이라는 것을 설명해 주며 누군가 자신을 지켜보고 있다는 느낌 없이 자유롭게 활동할 수 있도록 한다. 유아에게 자세한 설명을 하였다고 할지라도 학부모에게는 협조가 필요함을 강조한다.

학부모 참관 수업이 끝난 후에는 인상적인 것, 제안하고 싶은 것, 새로운 발견 등을 기록하도록 하여 상담 또는 관찰이 필요한 경우 상담 · 관찰 계획을 세우는 것도 바람직하다.

6장 유치원 학사 · 사무 관리 업무

- ✍유치원교사의 실무-학사 · 사무 관리
- ✍유치원 학사 관리-입학
- ✍생활기록부
- ✍출석부
- ✍유치원 사무 관리-문서 작성(공문서 관리)
- ✍기안문 작성
- ✍문서 접수, 발송 대장
- ✍전언 통신부
- ✍각종 증명서
  1. 재원(취원)증명서
  2. 재적증명서
  3. 퇴원증명서
- ✍문서의 종류 및 보존 연한

유치원교사의 실무-학사 · 사무 관리

학사 · 사무 관리는 유치원에서 교육 활동 과정에서 작성되는 모든 기록과 장부 및 보관을 비롯해서 공문서와 보고의 처리 등의 업무를 총괄하는 것을 말한다.

학사 · 사무 관리는 보통 교육적 업무 활동과 일반적 사무 활동 영역으로 구분되어 책임을 가진다. 교육적 업무 기록의 영역은 교육계획안(연간계획안, 월간계획안, 주간계획안, 일일계획안), 신체검사표의 기록, 생활기록부, 행동 관찰 기록, 출석부 등이며 일반적 사무 기록 영역은 교직원 인사 서류, 비품 대장, 회계 장부 등이다.

이러한 영역에 따른 내용은 유치원의 실정에 따라 교직원의 역할 영역으로 나누어서 다음과 같이 분담할 수 있다.

- 기획 및 연구 : 교육과정 편성, 유치원 연혁, 연중 행사 계획, 부모교육, 평가, 교재 · 교구 연구, 교사 연수 등
- 학적 : 전체 원아 명단 작성, 생활기록부, 출석부, 입원원서, 전 · 출입 기록, 재적 · 취원 증명서, 졸업 대장 및 수료 대장 등
- 교재 · 교구 관리 : 교사 · 유아의 도서의 구입, 도서 목록 및 보관, 교재 · 교구의 구입, 교재 · 교구 목록 정리 및 보관, 도서와 교재 · 교구의 파손 정비 등
- 서무 : 문서 수발에 관한 사항, 제증명 발급, 교직원 출근부 정리, 물품 및 비품 관리, 예산 · 결산 및 회계 사무, 실내 · 외 물리적 시설 관리 등

유치원 학사 관리- 입학

1. 입학 대상 (유아교육법 제2조)

만 3세부터 초등학교 취학 전까지의 유아를 대상으로 한다.

2. 학급당 정원 (2005년 기준)

만 3세반 19명, 만 4세반 27명, 만 5세반 29명, 혼합 연령반 26명을 기준으로 하되 국 · 공립 유치원은 의무적 적용을 원칙으로 하고 기존 사립 유치원은 정원 기준에 준하여 모집하도록 권장한다. 신규 또는 변경 인가할 사립유치원은 인가시 정원을 반드시 그 해 연도의 기준으로 적용해야 한다.

3. 수료 · 졸업(초 · 중등교육법 시행령 제50조)

유치원의 수료에 필요한 출석 일수는 수업 일수의 2/3 이상 출석을 해야 하며, 유치원장은 유치원의 전 과정을 수료하였다고 인정한 자에게는 소정의 졸업장을 수여한다.

4. 수업료의 반환

과오납의 경우 전액 반환을 하고, 전학하는 경우 전출하는 달까지의 수업료를 공제한 잔액을 반환한다. 법령에 의하거나 본인의 질병, 사망, 천재지변, 기타 부득이한 사유로 계속 유치원에 다닐 수 없는 경우 해당 금액을 반환한다.

생활기록부

생활기록부는 반드시 기록해야 하는 20년 보관의 공식 법적 장부이면서 유아의 유치원 활동 전반을 통해서 총체적인 성장 발달을 구체적으로 기록하여 유아를 이해하고, 교수 활동을 지원하며, 부모를 위한 정보 제공을 위해 유아의 발달 상황에 대한 증명으로서 기록되는 아주 중요한 책임 문서이다.

유치원 생활기록부는 유아가 1년간 교육 활동을 통하여 성장 · 발달된 내용 중 특기 사항을 중심으로 유치원에서 이루어지고 있는 대부분의 활동 관찰 결과를 객관성과 신뢰성, 타당성, 해석 가능성 이외에도 원아에게 관련된 모든 정보를 수집하여 일년간의 발달 상황을 마지막으로 기록하여야 한다.

한편, 교사들은 생활기록부의 중요성에 반하여 학년말이 다가오면 정보 자료가 충분하지 않은 상태에서 의미대로 유아의 성장 발달 상황을 기록하는 경우가 많은데, 바람직한 생활기록부를 작성하기 위해서는 1단계로 부모로부터의 정보 수집, 유아 관찰 척도, 일화 기록, 작품 분석, 검사나 과제 제시, 녹음하거나 비디오 촬영 분석을 거치고, 2단계로 각 생활 영역별 유아 발달 상황 판단을 거치고, 3단계로 표준 문장 중 해당 유아의 발달에 적합한 표준 문장을 선택하여 생활기록부를 작성해야 한다.

1. 유치원 생활기록부 관리 지침(교육부 훈령 제540호)

다음은 신임교사들의 생활기록부 작성을 돕기 위해 교육부가 제시한 '유치원 생활기록부 관리 지침' 과 서울시교육청이 제시하는 '표준문장을 활용한 유치원 생활기록부' 를 재편성하여 소개한다.

제1장 총칙

제1조(목적) 이 훈령은 유치원 생활기록부의 기록 · 관리에 대하여 필요한 사항을 규정함을 목적으로 한다.

제2조(적용 범위) 이 훈령은 법령의 규정에 의하여 설립된 유치원(이하 "원"이라 한다)에 적용한다.

제3조(보관) 생활기록부는 원아가 졸업한 해로부터 20년간 당해 원에 보관한다.

제4조(처리 요령) ① 기입은 한글로 하되, 기입란이 부족할 때에는 원의 특성에 따라 중단 또는 첨지하여 활용한다.

② 생활기록부 작성에 필요한 보조부는 각 원의 실정에 알맞게 작성 · 사용함을 원칙으로 하되, 시 · 도교육청별로 일정한 서식을 작성 · 사용할 수 있다.

③ 원아가 전학할 때는 생활기록부 원본을 현 재적원에서 전학하는 원으로 송부하고 현 재적원은 사본을 보관한다.

④ 기재 사항 일부분을 삭제 또는 수정한 때에는 사무관리규정시행규칙(총리령)에 따라 삭제 또는 수정한 글자 중앙에 두 선을 그어 원 안의 글자를 알 수 있도록 삭제 또는 수정된 곳에 날인하여야 하며, 중요한 내용을 삭제 또는 수정할 때에는 생활기록부의 여백에 삭제 또는 수정한 자수를 표시하고 관인으로 날인하여야 한다.

제5조(서식) 생활기록부의 서식은 별표(뒤에 나오는 예시)와 같다.

제2장 기재 요령

제6조(인적 사항) 생활기록부의 인적 사항 기재는 다음 각 호와 같이 한다.

① 원아의 성명은 한글과 한자로 병기한다(순 우리말 이름일 경우 성만 한자로 기록한다. 예 姜 바람).

② 성별은 남 · 여로 표시한다(남, 여에 해당되는 곳에 ○ 혹은 ∨으로 표시한다).

③ 주민등록번호는 아라비아 숫자로 기입한다.

④ 주소는 입학 당시의 주소와 변경된 주소를 차례로 기입한다(맨 아래 칸을 사용할 때에는 연필로 기재하였다가, 졸업 당시의 주소를 마지막으로 펜으로 기재하여야

한다).

⑤ '가족 상황' 란에는 부모의 성명, 생년월일, 직업을 기입한다(입학 전 부모 사망은 성명란에 '사망' 으로 기입하고, 재학 중 부모 사망은 이미 기입된 부모란의 좌상우하(╲)로 적선 삭제하여 '특기 사항' 란에 기입한다).

⑥ '특기 사항' 란에는 부모 이외의 가족과 가족의 변동 상황을 기입한다.

第7조(학적 사항) ① 입학 전 경험은 어린이집, 학원 등의 기관 명칭과 재적 기간을 기입한다.

② 전입 · 휴학할 경우 연 · 월 · 일 란에는 전입 · 휴학한 일자와 원명 및 연령을, '특기 사항' 란에는 특기할 만한 사유를 기입한다.

③ '졸업 후의 상황' 란에는 진학한 학교 등 원아의 진로 상황을 기입한다.

第8조(출결 상황) 출결 상황은 각 항목에 따라 아라비아 숫자로 기입하고, '의견' 란에는 출결에 대한 이유를 간략하게 기입한다.

第9조(신체 발달 상황) '학교신체검사규칙'(교육부령)에 따라 신체 검사 결과를 다음 각 호와 같이 기입한다.

① 키와 몸무게는 아라비아 숫자로 소수 첫째 자리까지 기입한다.

② '의견' 란에는 신체 검사 결과에 따른 소견을 간략하게 기록한다.

③ '특기 사항' 란에는 원아의 신체가 학습 활동에 영향을 미치는 특별한 병력이나 기타 신체의 특징이 있을 때 그 사항을 간략하게 기입한다.

第10조(성장 발달 상황) ① 유치원 교육과정은 5개 생활 영역을 통합적으로 운영하여 교육 목표를 달성하기 위한 교육의 과정이므로 건강, 사회, 표현, 언어 및 탐구 생활 영역의 발달 상황에 대한 관찰 결과를 문장으로 기술한다.

② '종합 발달 상황' 란에는 각 생활 영역 활동의 평가 결과를 참조하여 원아의 성장 발달 상황에 대한 종합적 평가를 간략하게 기입한다.

第11조(기타 사항) ① '졸업대장번호' 란은 5세 유아의 졸업 시에만 아라비아 숫자로 기입한다.

② '사진란' 에는 입원 당시의 천연색 상반신 사진 1매를 붙인다.

2. 유치원 생활기록부 기록 절차 및 작성 방법

1) 유치원 생활기록부 기록 절차

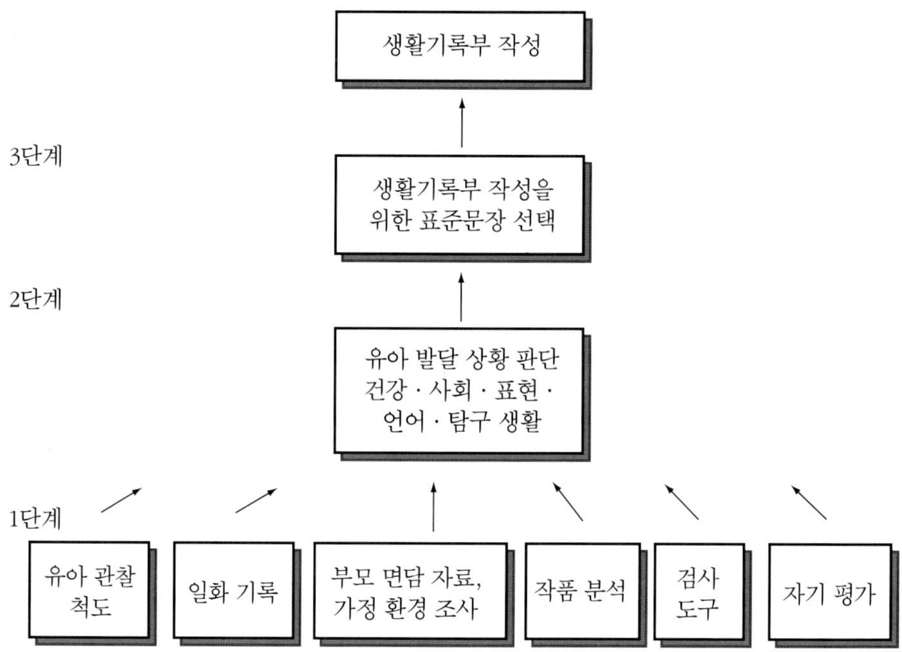

2) 유치원 생활기록부 작성 방법

관찰 결과를 토대로 생활기록부를 작성할 수 있도록 한다.

(1) 유아 관찰 척도, 기본 생활 습관 평가 척도에 포함된 내용과 5개 교육과정 영역의 각 교육 내용이 서로 연계되도록 한다.

(2) 부모로부터의 정보 수집, 일화 기록, 작품 분석, 검사나 과제 제시, 녹음하거나 비디오 촬영 분석 등의 내용도 유아 발달 상황을 판단하는 기초 자료가 되도록 한다.

5개 생활 영역의 발달 상황을 중심으로 생활기록부를 작성할 수 있도록 한다.

(3) 유치원 교육과정 5개 생활영역 건강 생활, 사회 생활, 표현 생활, 언어 생활, 탐구 생활 영역에 포함된 교육 내용이 모두 포함될 수 있도록 한다.

(4) I수준과 II수준 및 공통으로 이루어진 각 교육 목표와 내용을 일차적인 준거로 삼아 유아가 도달한 발달이나 성취를 판단하도록 한다.

생활기록부를 문장으로 기술할 수 있도록 한다.

(5) 생활기록부를 기술하기 위한 기본 단위를 문장으로 제시한다.

(6) 각 문장은 유치원 교육과정에 제시된 수준별 내용을 준거로 한 절대 기준 평가의 내용을 포함한다. 따라서 수준별로 제시된 교육과정 내용을 충분히 성취한 유아와 대체로 도달한 유아 그리고 각 수준에 제시된 내용에 아직 미치지 못하는 유아 발달 상황은 각기 다른 문장 내용으로 제시한다.

(7) 모든 문장은 연결어미(~하고, ~하며, ~하나 등)와 종결어미(~한다, ~이다. 또는 함, 됨 등)의 두 가지 형태로 제시하여, 문장 상호 간의 조합이 가능하도록 기재한다.

☆(별표) 생활기록부의 예시

★ 유치원생활기록부(예시)

연령 구분	3세	4세	5세	사진 (3×4)
반			오름	
담임 성명 (인)			유교(사) ( )에 도장	

졸업대장번호	제2001호	☜ 졸업대장부의 기록 번호와 일치

1. 인적사항

구분											
성명	(한글) 강 제 주	성별	남	주민등록번호	9	9	0	3	2	1	-
	(한자) 姜 濟 洲		여		1	9	1	2	3	4	5
주소	서울시 고전동 1234번지										
	제주시 홍길동 1235번지										
	제주시 번개동 1236번지 (마지막 주소는 졸업 전에 연필로 기재한 후, 졸업 시 펜으로 기재)										

가족사항 (구분 \ 관계)	부	모	특기사항
성 명	강 산 에	강 하 늘	• 가족 상황 : 조부, 동생(1), 삼촌 • 부모 별거 : 아버지 제주에서 근무
생년월일	1969. 03. 21	1970. 11. 05	
직 업	회사원	교원	

2. 학적사항

입학 전 경력	ㅇㅇ어린이집 (2년 개월)	특기사항
2005년 3 월 7 일 ㅇㅇㅇ유치원 만 5세 입학		• ㅇㅇ유치원 전입, 전출 또는 휴원에 대한 사항 기재
200 년 월 일 세 전입		
200 년 월 일 세 휴학		
2006년 2 월 12 일 ㅇㅇㅇ유치원 만 5세 졸업		
졸업 후의 상황	ㅇㅇ초등학교 진학, 기타:	

3. 출결상황

구분 \ 연령	3 세	4 세	5 세
교육 일수			185
결석 일수			3
의 견			• 결석 사유 기재 예) 감기 3일

4. 신체발달상황

연령 \ 구분	3 세	4 세	5세
키	cm	cm	• 소수 첫째 자리까지 114.1cm
몸무게	kg	kg	19.5kg
의 견			• 신체검사 소견을 간략하게 기재 예) 건강 상태:양호
특기 사항			• 원아의 신체검사 결과에 따른 소견을 간략하게 기재

성 명		5. 성장 발달 상황	
영역별 \ 연령	3세	4세	5세
건강 생활 (청 결)			여러 가지 맛의 차이를 잘 구별하고 신체 활동에 적극적으로 참여하며 주변 정리 정돈을 잘함.
사회 생활 (예절 · 질서 · 절제)			바른 언어와 태도로 인사를 잘하고 공공 규칙을 지키며 물건을 아끼고 소중히 다룰 줄 암.
표현 생활			다른 사람의 생각이나 표현을 존중할 줄 알고, 동화 또는 동시를 듣고 감정을 솔직히 표현하나 시작한 활동을 끝까지 해 브려는 태도가 필요함.
언어 생활			다양한 말소리를 정확하게 듣고 경험이나 생각, 느낌을 적절하게 말할 줄 알며 듣는 사람과 상황에 알맞게 자신의 생각을 표현함.
탐구 생활			주변 환경 변화에 민감하게 반응하고 일상생활에 일어나는 일의 순서를 알며 구체적인 모양과 형체를 가지고 있는 물체에 관심이 있음.
종합 발달 상황			신체 활동에 적극적으로 참여하고 바른 언어와 태도로 인사를 잘하며 다른 사람의 생각이나 표현을 존중할 줄 안다. 자신의 경험이나 생각, 느낌을 적절하게 말할 줄 알고 주변 환경 변화에 민감하게 반응한다. 봉사상 받음.

출석부

출석부 정리 요령

출석부의 양식이나 정리 요령은 유치원에 따라 다를 수 있겠으나 일반적으로 통용되는 출석부 정리 요령을 참고로 수록한다.

1) 숫자 기입 : 아라비아 숫자로 기재한다.
2) 유아명 : 출석 번호는 반 유아의 고유 번호가 되며 생활기록부 등 모든 학적부와 동일해야 한다.
3) 일요일란은 주선을 긋는다. 기타 공휴일은 첫 칸은 주선, 다음 칸부터 공휴일명을 쓰고 계속 주선을 긋는다.
4) 여백, 방학 기간 등은 주선을 좌상 우하로 사선을 긋는다.
5) 작은 달에는 없는 날짜란에 청선 혹은 흑선을 긋는다.
6) 중도 입학생의 출결 처리
   - 입학 순으로 출석부 끝번을 부여하고 이름을 등재한다.
   - 입학 당일에 청, 흑서로 (입)이라로 쓰고 그 전일까지 청, 흑선을 긋는다.
   - 전입 사항 기재 (예) : (9) 김현수 7. 5 제주 ○○○유치원
7) 전출 유아의 출결 처리
   - 해당 날짜에 주서로 (출)이라고 쓰고, 다음 날부터는 주선을 긋는다. (이름도 주선으로 삭제)
   - 통계란은 그대로 두되 다음 달부터는 주선을 긋는다.
   - 전출 사항 기재 (예) : (5) 김승우 7. 12 서울 ○○○유치원
8) 결석 등의 표시 : 병결 ○, 사고결 ◎, 지각 ×, 조퇴 ⊙

9) 결석의 예외 규정 : 교육법 시행령 제105조에 의해 출석 정지한 경우 등은 결석 일수에는 포함시키지 않으며 비고란에 그 내용을 기록.

출석부 기재 예시

번호	이름	7월																															계				
		1	2	3	4	5	6	7	8	9	10	11	12	13	14	15	16	17	18	19	20	21	22	23	24	25	26	27	28	29	30	31	출석	결석		지각	조퇴
		목	금	토	일	월	화	수	목	금	토	일	월	화	수	목	금	토	일	월	화	수	목	금	토	일	월	화	수	목	금	토		질병	사고		
1	김현수																																17	·	·	·	·
2	김지우																	제															17	·	·	·	·
3	강민석																	헌							여								17	·	·	·	·
4	박재현																	절									름						17	·	·	·	·
5	김승우												출																				7	·	·	·	·
6	오미숙																												방				17	·	·	·	·
7	고주현							○	○	○																							14	3	·	·	·
8	김미현																														학		17	·	·	·	·
9	김현수					입																											14	·	·	·	·

전월말 재적수	전입 아수	퇴원 아수	본월말 재적수	결석한 총일수	수업 일수	수업일 수누계	담임	원감	원장	결재
8	1	1	9	3	17	111	○○○			

비고		
비고	• 7번 고주현 : 감기로 인해 결석 (7월 7~9일) • (9) 김현수 7. 5 제주 ○○○유치원 • (5) 김승우 7. 12 서울 ○○○유치원	질병 ○ 사고 ◎ 지각 × 조퇴 ⊙

유치원 사무 관리- 문서 작성(공문서 관리)

'모든 행정 사무는 문서에서 시작하여 문서로 끝난다.' 라고 할 수 있듯이 유치원의 행정 사무는 대부분 문서로 이루어진다. 유치원 기관의 내부 또는 유치원과 타 행정 기관 상호 간이나 대외적으로 공무상 작성되고 시행되는 문서 및 유치원에서 접수한 모든 문서의 주요 기능은 의사 전달과 의사 보존이라고 할 수 있다. 따라서 유치원을 효율적으로 운영하기 위해서는 문서 관리 사무가 제대로 이루어져야 한다. 여기서는 교육법전을 기준으로 신임교사들에게 문서 관리에 대하여 제시하고자 한다.

1. 문서가 필요할 경우

- 내용이 복잡하여 문서가 없이는 당해 업무의 처리가 곤란할 때
- 사무 처리 결과의 증빙 자료로서 문서가 필요할 때
- 사무 처리의 형식상 또는 체제상 문서의 형식이 필요할 때
- 사무 처리에 대한 의사소통이 대화로는 불충분하여 문서에 의한 의사 소통이 필요할 때
- 사무 처리의 결과를 일정 기간 동안 보존할 필요가 있을 때

2. 문서 처리의 원칙

- 즉일 처리의 원칙

문서는 내용 또는 성질에 따라 그 처리 기간이나 방법이 다를 수 있으나 효율적인 업무 수행을 위하여 그 날로 처리하여야 한다.

• 책임 처리의 원칙

문서는 정해진 사무 분장에 따라 각자가 직무의 범위 내에서 책임을 가지고 관계 규정에 따라 신속 · 정확하게 처리하여야 한다.

• 적법 처리의 원칙

문서는 법령의 규정에 따라 일정한 형식 및 요건을 갖추어야 함은 물론 권한 있는 자에 의하여 작성되어 처리하여야 한다.

• 전자 처리의 원칙

문서의 기안, 검토, 협조, 결재, 등록 등 문서의 모든 처리 절차가 전자 문서 시스템에서 전자적으로 처리하여야 한다.

3. 문서의 성립과 효력

• 문서의 성립

당해 문서에 대한 서명(전자 문자 서명, 전자 이미지 서명 및 행정 전자 서명)에 의한 결재가 있음으로써 성립한다.

• 문서의 효력 발생 시기

* 일반 문서-수신자에게 도달된 때
* 공고 문서-고시 또는 공고가 있은 후 5일이 경과한 날(단, 효력이 발생 시기가 법령에 규정되어 있거나, 공고 문서에 특별히 제시되어 있는 경우는 제외)
* 전자 문서-수신자의 컴퓨터 파일에 기록된 때

4. 문서 작성의 일반 사항

• 용지의 규격 : 흰색 A4 용지인 가로 210㎝, 세로 297㎝

• 용지의 여백 : 위 3㎝, 왼쪽 2㎝, 오른쪽 1.5㎝, 아래 1.5㎝

• 문서의 용어

* 글자-어문 규범에 맞게 가로로 검은 색 또는 파란 색채 한글로 작성하되 필요한 경우 한자, 외국어도 쓸 수 있다.

* 숫자-아라비아 숫자
* 연호-서기연호를 쓰되 "서기"는 표기하지 않는다. 예) 2005.
* 날짜-숫자로 표기하되 연, 월, 일의 글자는 생략하고 그 자리에 온점을 찍어 표시한다. 예) 2005. 12. 9.
* 시 · 분-24시각제에 따라 숫자로 표기하되, 시 · 분의 글자는 생략하고 쌍점(:)을 찍어 표시한다. 예) 오후 3시 20분 → 15:20

5. 문서 항목의 구분

- 문서의 내용을 2 이상의 항목으로 구분하여 작성할 때에는 1., 가., 1), 가), (1), (가), ①, ……로 작성하며, 하나의 항목만 있을 경우에는 번호를 기재하지 않는다.
- 각 항목의 표시 위치 및 띄우기
  * 첫째 항목 부호는 제목의 첫 글자와 같은 위치에서 시작한다.
  * 첫째 항목 다음 항목부터는 바로 앞 항목의 위치로부터 1자(2타)씩 오른쪽에서 시작한다.
  * 항목 부호와 그 항목의 내용 사이에는 1타를 띄운다.

〈예 시〉 ×표시는 한글 1자(2타), ＊표시는 숫자 1자(1타)

수신자×수신자 참조
(경유)
제목×유치원 현장학습 의뢰

우리 유치원 운영 계획에 의거 아래와 같이 귀 기관을 견학하고자 하오니 협조하여 주시기 바랍니다.
1. ＊첫째 항목
×가. ＊둘째 항목
××1)＊셋째 항목
×××가)＊넷째 항목
××××(1)＊다섯째 항목
×××××(가)＊여섯째 항목

※ 하나의 본문 아래 항목의 순서는 첫째 항목(1. 2. 3.… 등)부터 시작하고 본문이 끝났을 경우 1자(2타)를 띄우고 "끝" 자를 쓴다.

〈예 시〉

수신자×○○○장관(○○○과장)
(경유)
제목×유치원 현장학습 의뢰

×××우리 유치원 운영 계획에 의거 아래와 같이 귀 기관을 견학하고자 하오니 협조하여 주시기 바랍니다.
×××1. ∗일시:
×××2. ∗장소:
×××3. ∗참석 대상: ○○. ×끝.

※ 붙임물이 있을 경우는 본문이 끝난 다음 줄에 붙임의 표시를 하고 붙임물이 두 가지 이상인 때에는 항목을 구분하여 표시하여야 하며 "끝" 자는 1자(2타)를 띄우고 "끝" 자를 쓴다.

〈예 시〉

(본문) ______________________ 협조하여 주시기 바랍니다.
붙임×1. ∗○○○계획서 1부
2. ∗○○○명단 1부. ×끝.

또한 붙임의 표시문이 오른쪽 한계선에서 끝났을 경우 다음 줄의 왼쪽 기본선에서 1자를 띄우고 "끝" 자를 표시한다.

〈예 시〉 붙임

____ 1부.

×끝

※ 연명부 등의 서식을 작성하는 경우 서식의 중간에서 기재 사항이 끝나는 경우 기재 사항의 마지막 다음 줄에 "이하 빈칸" 이라고 표시하며

〈예 시〉

접수 번호	성명	주민등록번호	주소
5	신바람	20313-113013	제주도 제주시 삼성동 1234번지
24	강산들	20505-123456	제주도 제주시 용담동 4321번지
		이하 빈칸	

기재 사항이 서식의 마지막 칸까지 작성되는 경우에는 서식의 칸 밖의 다음 줄의 왼쪽 기본선에서 1자(2타) 띄우고 "끝" 표시를 한다.

〈예 시〉

접수 번호	성명	주민등록번호	주소
5	신바람	20313-113013	제주도 제주시 삼성동 1234번지
24	강산들	20505-123456	제주도 제주시 용담동 4321번지

×끝.

기안문 작성

기안문서는 유치원의 교육 계획 수립, 각종 행사 계획 수립, 내부 규정 제정 등 내부 의사 결정과 감독청, 외부 기관 등에 필요한 사항을 요구하거나, 이들 기관에서 요구한 사항을 보고, 처리하기 위해 작성하며, 반드시 결재권자의 결재를 얻어야만 효력이 발생한다.

현장 견학에 대한 협조 의뢰를 할 경우 우선, 내부 결재 기안을 작성하여 결재권자에게 결재를 얻고, 협조 공문을 해당 기관에 전자메일을 통해 보낸다.

〈예 시〉 내부 결재

"먼저 인사하기, 모두 사랑하기, 서로 칭찬하기"

○○○○○유치원

수신자: 내부 결재
(경유)
제　목: 유치원 현장학습 실시

우리 유치원 운영 계획에 의거 다음과 같이 현장학습을 실시하고자 합니다.

다 음

1. 견학 일시 : 2006. 9. 24. 목요일 10:00~12:00
2. 견학 장소 : 가. 제주해양경찰서(10:00~11:00)
   나. 제주지방해운항만청(11:00~12:00)
3. 견학 인원 : 가. 교사 2명
   나. 보조교사 6명
   다. 원아 80명

붙임 1. 현장학습 계획서 1부
2. 자원봉사자 명단 1부
3. 유아 명단 1부. 끝

○○○○○ 유치원장

수신자

담당자: ○○○　　원감: ○○○　　원장: ○○○
협조자:
시행: ○○○유치원−○○○
우 660-021 제주도 제주시 ○○○동 ○○○번지
전화: ○○○−○○○○

〈예 시〉 협조 공문

"먼저 인사하기, 모두 사랑하기, 서로 칭찬하기"

○○○○○유치원

수신자: 수신자 참조
(경유)
제　목: 유치원 현장학습 협조

1. 귀 기관의 무궁한 발전을 기원합니다.
2. 우리 유치원 운영 계획에 의거 아래와 같이 귀 기관을 견학하고자 하오니 협조하여 주시기 바랍니다.

다 음

1. 견학 일시 : 2006. 9. 24. 목요일 10:00~12:00
2. 견학 장소 : 가. 제주해양경찰서(10:00~11:00)
　　나. 제주지방해운항만청(11:00~12:00)
3. 견학 인원 : 가. 교사 2명
　　나. 보조교사 6명
　　다. 원아 80명　　계 88명. 끝.

○○○○○ 유치원장

수신자: 제주해양경찰청, 제주지방해양수산청

담당자: ○○○　　원감: ○○○　　원장: ○○○
협조자:
시행: ○○○유치원－○○○　　　　접수:
우 660-021 제주도 제주시 ○○○동 ○○○번지
전화: ○○○-○○○○

문서 접수, 발송 대장

외부에서 문서가 도착되면, 접수 대장에 항목별로 기록한 후 도착한 문서에 접수 일자, 접수 번호 등을 기록하여 문서 접수부에 철한다. 유치원에서 외부로 문서를 발송할 때, 발송 대장에 항목별로 기록한 후 발송할 문서에 발송 일자, 발송 번호 등을 기록, 복사하여 문서 발송부에 보관하고 원본을 발송한다.

〈예 시〉 문서 발송 대장

번호	발송 월일	문서번호	수신	참조	제목	첨부물		발송방법			원본인 수인	비고
						명칭	수량	우편	사송	전자		
1	2006/03/06	ㅇㅇ유치원-1	ㅇㅇ교육청 교육장	학무 과장	2006학년도 유치원 운영계획서 제출	책	5권	ㅇ			학무 과장	
2	2006/04/22	ㅇㅇ유치원-2	ㅇㅇ하늘 공원장	관리 과장	유치원 현장 견학 협조					ㅇ	관리 과장	
3												

〈예 시〉 문서 접수 대장

번호	접수일자	발신	제목	첨부물		접수자	인계일자	담당 인수자	비고
				명칭	수량				
1	2006/03/25	○○ 교육청 학무과	2006년 과학동산 운영 계획 알림			○○○교사	2006/03/25	○○○교사	
2									
3									

전언 통신부

외부에서 전언이 있을 경우 기록으로 남긴다. 이때 정확하게 수신 일시, 발신자, 수신자, 수신 내용 등을 기록해야 하며 결재를 꼭 받아 문서화시켜 보관해야 한다.

결재	계	원감	원장

전언통신문

일시 : 년 월 일 ○○요일 시 분

발신자 : 수신자 :

통신 내용 :

송신자 :

각종 증명서

1) 재원(취원) 증명서

유아가 본 유치원에 다니고 있다는 것을 확인해 주는 증명서로 예시는 다음과 같다.

제　　호

재 원 (취원) 증 명 서

성명 :
성별 :
생년월일:
주민등록번호:
보호자 : (부)
(모)

위 유아는 ○○○○○유치원　　　반에 재원(취원) 중임을 증명함.

확인	

년　월　일

○○○○○ 유치원장

2) 재적 증명서

유아가 현재 유치원에 다니고 있거나, 다녔던 것을 확인해 주는 증명서로 예시는 다음과 같다.

제 호

재 적 증 명 서

성명 :
성별 :
생년월일:
주민등록번호:
보호자 : (부)
(모)

위 유아는 ○○○○○유치원에 년 월 일로부터 년 월 일까지 재적한 원아임을 증명함.

(1) 출석 일수

출석 일수	년도	년도	년도
교육 일수			
출석 일수			
결석 일수			

확인	

년 월 일

○○○○○ 유치원장

3) 퇴원 원서

유아가 본 유치원에 다닐 수 없는 사정이 생겨서 퇴원할 경우 다음과 같은 증명서를 본 원에 보관해야 한다.

제 호

퇴 원 원 서

성명 :
성별 :
생년월일 :
주민등록번호 :
보호자 : (부)
(모)

퇴원사유 :

위와 같은 사유로 퇴원하고자 하오니 허락하여 주시기 바랍니다.

보호자 (인)

년 월 일

○○○○○ 유치원장

문서의 종류 및 보존 연한

유치원에서 관리하는 공문서는 종류가 다양하며 문서에 따라 보존 연한이 다르다. 보존 연한은 1년, 3년, 5년, 10년, 20년, 준영구 · 영구로 구분된다. 보존 방법은 원본과 보존 매체 병행 보존, 원본만 보존, 보존 매체로 대체 보존 등 3종으로 구분하여 보존한다.

보존 연한	종류
영구	비품 대장(도서 및 교구), 발령 대장, 졸업 대장, 기타 법령에 의하여 영구 보존하여야 하는 문서
준영구	인사 기록 카드
20년 보존	생활기록부
10년 보존	건강기록부, 생활 지도 관련 서류, 생활기록부 보조부
5년 보존	소모품 수불부, 출장 명령부, 회계 관련 서류
3년 보존	교육 계획서, 전 · 출입 유아 관련 서류, 장학 지도록, 교원 임용 · 해임 관련 서류, 학급 경영 관련 서류
1년 보존	연간교육계획안, 주간교육계획안, 일일교육계획안, 문서 접수 · 발송 대장, 출석부

7장 반 담임으로서의 기본 업무
〈행사 관련 업무〉

✍ 유치원 행사 업무

1. 유치원 행사 계획
2. 유치원 행사 운영 방법
3. 유치원 행사의 실제-입학식

유치원 행사 업무

유치원에서 실시되는 행사는 유아의 전인적인 발달을 목적으로 유아들에게 다양한 생활 경험과 환경 등을 제공해 주는 교육적 경험에 기초를 두고 있다. 유치원 연간 교육과정 계획에 의해 생활 주제, 학사 일정과 연계된 기념일이나 명절, 지역사회의 축제, 유치원 일과 활동 등과 연결을 통한 행사는 학습에 대한 흥미, 유치원 생활의 확장, 새로운 정보와 지식 등을 습득하고 이해하는 데 많은 효과를 얻을 수 있으며, 행사를 통해 학부모에게는 좋은 유치원의 인상을 심어주고 유치원에 대한 이해와 신뢰도를 높임으로써 교육과정을 함께 꾸려 나갈 동반자로서의 역할을 기대할 수 있다.

그러나 일부 현장에서는 행사가 교육의 연장으로서 이루어짐을 강조하면서도 유치원 홍보를 위해 자칫 보여주기 식 행사로 유아에게 무리한 계획과 연습, 진행으로 이루어지는 경우가 간혹 있어 행사를 위한 행사가 아닌가 하는 생각을 갖게 한다. 유치원에서 이루어지는 모든 행사는 유아와 교사가 함께 계획하고 즐겁게 참여하는 진행과 평가하는 과정을 통해 유아들의 전인적 발달이 원만하게 이루어질 수 있도록 세밀한 계획을 세워야 한다. 또한 행사 사전에 가정통신문을 통하여 일시, 목적, 내용, 장소, 진행 방법 등을 가정에 통보함으로써 부모는 참여자 혹은 조력자로서 행사에 적극 참여하여 자녀들의 유치원 생활과 교육에 대한 이해를 높일 수 있도록 한다.

그러기 위해서 행사는 사전 계획, 당일 준비, 진행 방법에서 마무리하는 단계까지의 협의가 중요하며 행사가 끝난 후에는 반드시 평가, 협의를 통해 기록하고 다음 행사 때 수정 · 보완하는 데 참고 자료로 활용하여 좀더 효율적인 행사 진행이 되도록 한다.

다음은 유치원 현장에서 이뤄지는 행사를 효율적으로 실시하기 위해 실제 유치원에서 이루어지고 있는 연간 행사 계획 예시와 그 계획에 따른 교육의 일반적인 운영 단계 및 사례 일부를 제시하고자 한다.

1. 유치원 행사 계획

1) 유치원 행사 계획 수립의 원칙

(1) 교육적 의의가 충분히 발휘될 수 있어야 한다.
(2) 모든 유아가 참가할 수 있어야 한다.
(3) 유아가 중심이 되는 행사이어야 한다.
(4) 유아의 발달 수준에 적합한 행사이어야 한다.
(5) 실적 위주의 보이기 행사가 되어서는 안 된다.
(6) 무리한 경비나 시간이 소모되어서는 안 된다.
(7) 지역이나 유치원 실정에 맞아야 한다.
(8) 교육과정의 목적과 일치되어야 한다.

2) 연간 행사 및 현장학습 계획

월	생활주제	행사 및 현장학습	행사 목적
3	유치원에 왔어요	• 신입생 및 부모 예비 모임 • 입학식 • 부모 특강 • 유치원 주변 산책 • 교통 안전 센터 견학	• 원 전반적인 소개를 받음으로써 유치원 교육에 대한 올바른 이해를 갖는다. • 유치원의 생활을 편안하고 즐겁게 할 수 있다. • 유치원 교육에 대한 부모로서의 역할을 다짐하는 시간을 갖는다. • 자연 현상의 변화에 관심을 갖는다. • 교통 안전과 규칙을 알고 생활화한다.

4	따뜻한 봄이 왔어요	• 식물원 및 유채꽃 견학 • 동물 농장 견학 • 신체 발달 검사 • 부모 상담 • 요리 활동	• 자연 현상에 관심을 갖고 식물을 관찰하며 보호하는 마음을 갖는다. • 동물의 특성에 관심을 갖고 관찰하며 탐구심을 갖는다. • 키, 몸무게 등을 통해서 신체 건강에 대한 관심을 갖는다. • 유치원의 적응 상태와 유아의 이해를 돕는다. • 요리하는 즐거움과 올바른 식습관을 기른다.
5	사랑하는 가족	• 어린이날 행사 • 부모 참관 수업 • 가족과 함께 하는 등반 • 가족을 위한 요리 활동	• 어린이날을 축하하고 그 의미를 알아본다. • 유치원 교육을 이해하며 유아 지도에 도움이 된다. • 자연을 관찰하는 태도를 갖고 가족의 소중함을 느끼며 가족 간의 화합을 도모하는 시간을 갖는다. • 가족을 위한 요리를 준비함으로써 즐거움을 갖는다.
6	우리 이웃과 지역사회	• 우리 동네 돌아보기 • 병원, 우체국, 은행, 시장, 방송국 견학 • 시장놀이, 병원놀이, 우체국놀이 • 아빠 참여 수업 • 충혼탑 견학	• 유치원 주변에 관심을 갖는다. • 공공 기관의 역할에 대해 관심을 갖는다. • 역할극을 통해 사회화의 기초를 형성한다. • 아빠와 함께 하는 시간을 갖고 유대감을 형성한다. • 나라 사랑하는 마음을 갖는다.
7	햇볕은 쨍쨍 여름이 왔어요	• 물놀이 • 여름 캠프 • 부모교육 • 요리 활동 • 여름방학식	• 물놀이 방법과 안전에 대해 알고 즐겁게 물놀이를 한다. • 더불어 사는 체험을 통해 함께 하는 즐거움을 갖는다. • 부모의 역할에 대한 바람직한 안내를 제공한다. • 여름 과일을 이용한 요리 활동을 즐긴다. • 여름방학의 필요성을 알고 계획을 세운다.
9	교통 기관	• 개학식 • 자동차 정비소 견학 • 비행장 견학 • 해양 경찰서 견학 • 함께 하는 운동회 한마당 • 미술관 견학	• 여름방학 동안 지낸 일과 다시 시작되는 유치원 생활을 계획한다. • 자동차의 특징과 내부 구조를 탐색할 수 있는 경험을 갖는다. • 비행기의 특징과 역할에 대해 관심을 갖는다. • 해양 경찰서의 역할과 배의 구조에 대해 관심을 갖는다. • 가족과 체육 활동에 대한 참여도를 높이고 질서 의식과 기초 체력 향상을 도와준다. • 다양한 조형을 감상한다.

10	우리 나라와 세계 여러 나라	• 부모 면담 • 수목원 견학 • 민속촌 및 박물관 견학 • 요리 활동 • 민속놀이 • 소인국 견학	• 유아의 행동과 이해를 돕는다. • 자연 현상의 특징과 가을의 변화에 대해 관심을 갖는다. • 우리나라 전통 생활과 조형물, 유물에 관심을 갖는다. • 전통 음식 요리 활동을 통해 전통 음식에 대해 관심을 갖는다. • 민속놀이를 활동해 보는 경험을 통해 관심과 자긍심을 가진다. • 세계 여러 나라의 조형물에 대해 관심을 갖는다.
11	세계와 우주, 기계와 도구	• 과학교육원 견학 • 어머니 참여 수업 • 소리섬 박물관 • 정보 통신관 견학 • 도서관 견학	• 과학 활동을 체험하고 우주의 생태에 관심을 갖는다. • 유치원 교육에 직접 참여하면서 자녀 교육에 대한 관심과 이해를 갖는다. • 음악의 소리를 통해 기계의 발전을 알아본다. • 우리에게 편리함을 주는 정보 통신에 대해 관심을 갖는다. • 도서관의 역할과 이용 방법을 알고 책에 관심을 갖는다.
12	고마운 사람과 겨울맞이	• 소방서 견학 • 양로원 방문 • 성탄절 행사 • 요리 활동 • 겨울방학식	• 소방서의 역할과 안전하게 불을 사용하는 방법과 불이 났을 때 대처하는 방법에 대해 안다. • 어른에 대해 공경하는 마음을 가진다. • 성탄절의 의미와 선행에 대해 생각해 보고 즐거운 성탄을 즐긴다. • 김장을 담그어 사랑을 전달한다. • 겨울방학의 필요성을 알고 건강한 방학 계획을 세운다.
2	졸업, 초등 학교에 갑니다	• 개학식 • 부모교육 • 초등학교 견학 • 졸업식	• 겨울방학을 지낸 일과 집단 생활의 필요성을 알고 계획을 세운다. • 유아의 발달 단계에 따른 부모의 역할에 대해 도움을 준다. • 초등학교 견학을 통해 초등학교의 역할과 생활에 대해 관심을 갖는다. • 졸업의 의미를 알고 1년 동안의 유치원 생활을 마무리한다.

※ 제시된 활동 주제 및 행사는 원의 특성에 따라 다르게 계획되어져야 하며, 연령별로 다룰 주제 및 행사, 현장학습이 특성화될 수 있도록 계획되어지는 것이 바람직하다.

2. 유치원 행사 운영 방법

1) 행사 운영 계획 및 준비 단계

(1) 교사 협의를 통해서 연간 생활 주제와 관련되는 행사 내용 및 시기 등을 결정한다.
(2) 행사 장소를 결정한다.
(3) 참가 대상 인원을 결정한다.
(4) 교육 내용과 소요 경비를 결정한다.

2) 준 비

(1) 구체적 행사 내용을 결정한다.
(2) 내부 결재에 따라 관계 기관에 협조 공문을 보낸다.
(3) 준비물의 구입과 제작을 추진한다.
(4) 행사 역할 분담을 작성한다.
(5) 행사 장소를 점검하고 좌석 배치를 계획한다.
(6) 유아의 행사 중 안전하게 활동할 수 있도록 안전 대비 계획을 세운다.
(7) 유아에게 행사의 의미를 알린다.
(8) 부모에게 안내장 및 초정장을 보낸다.

3) 진 행

(1) 유아와 함께 행사 진행 과정을 결정하고 활동한다.
(2) 적극적인 참여와 질서 지키기를 약속한다.
(3) 간식과 준비물, 생리적인 요구를 적절한 시간에 마련한다.
(4) 특별한 도움을 필요로 하는 유아에 대해 관심을 갖는다(학부모 자원봉사자 활용).
(5) 진행 사항에 따라 융통성 있게 좌석을 배치한다.
(7) 진행 과정은 카메라, 비디오 등을 통해 기록한다.
(6) 시작과 종결의 표현이 분명해야 한다.

4) 평가 활동

(1) 유아들이 행사에서 경험한 것을 이야기하고, 느낌을 다양하게 표현한다.
(2) 교사 회의를 통해 사전 준비, 진행과 준비물, 프로그램의 교육적 의의 등 행사의 운영 과정에 이상이 없었는지 토의하고 기록으로 남긴다.
(3) 교사는 진행 과정을 비디오, 사진 기록과 함께 평가 자료로 활용한다.
(4) 유아들의 의견과 교사들의 의견을 조합하여 기록한다.
(5) 행사 프로그램이 적절했는지를 평가한다.
(6) 자원봉사자의 활동 상황에 대해 평가한다.
(7) 부모들에게 질문지를 통해 행사에 대한 의견을 듣는다.
(8) 평가된 사항은 다음 행사에 반영한다.

3. 유치원 행사의 실제-입학식

유치원의 교사로 첫 발령을 받고 반이 배정되면서, 새로운 유아들과 학부모와의 만남은 설레임과 긴장이 따른다. 첫 인상이 중요한 만큼 입학식 행사가 계획대로 진행

된다면 비록 신임교사이지만 신뢰감을 주는 첫 이미지로 출발할 수 있다. 새 학기를 시작하는 첫 걸음인 입학식 행사를 힘차게 시작하기 위해서는 계획을 협의하는 시간마다 꼼꼼하게 확인하고 체크하는 자세가 필요하다.

1) 입학식 행사 운영(예시)

(1) 행사 운영 계획

가. 입학식에 대한 일정을 계획하고 교사의 업무를 분담한다.
나. 입학식 장소는 학부모와 유아를 수용할 수 있는 장소로 정한다.
다. 입학식에 참석할 유아와 학부모, 지역사회 인사 등 참석 인원을 예상한다.
라. 입학식에 필요한 준비물을 점검하고 제작 · 구입하기 위한 경비를 계획한다.

(2) 행사 운영 준비

가. 서류 관련 및 자료 준비 사항 일정표

시기	업무 내용	담당자	신임교사의 역할 및 유의 사항
10일 전	• 반 편성 • 기안문 작성	• 원감 • 행사 담당	• 작성된 기안문 읽기 • 메모하고 확인
9일 전	• 입학 선물 및 입학식 준비품의 요구 • 유치원 안내 책자 준비 • 반 편성 벽보 안내문 제작	• 물품 담당 • 홍보 담당 • 각 반 담임	• 안내 책자 권수 확인 • 안내 책자 내용 확인
8일 전	• 입학식 식순 작성 • 입학식 행사 안내 및 초대장 작성 • 각 반 유아 이름표 준비 • 유아용 출석카드 준비	• 행사 담당 • 행사 담당 • 각 반 담임 • 각 반 담임	• 입학식 순서 숙지하기 • 해당 반 이름표 준비하기 • 해당 반 출석카드 작성 • 이름표 작성 확인 • 출석카드 작성 요령

7일 전	• 입학식 행사 안내 및 초대장 보내기	• 신임교사	• 초대장 발부할 주소 확인 • 초대장 발송
6일 전	• 입간판 보수	• 신임교사	• 입간판의 보관 장소 확인하여 입간판 보수 • 입간판 보수에 관하여 원감께 확인 받기
5일 전	• 주간 계획, 가정통신문 • 행사 진행 순서와 내용 파워포인트 제작	• 전체 교사 • 홍보 담당	• 경력교사를 도와 주간 계획 작성, 가정통신 숙지 • 파워포인트 제작 돕기 • 주간 계획, 가정통신 숙지 • 파워포인트 제작 숙지
4일 전	• 입학 선물 포장	• 신임교사	• 유아가 손에 들기 편하게 포장 • 개수 확인
3일 전	• 입학식장 전면 환경 꾸미기 • 각 반 환영의 환경 꾸미기	• 전체 교사 • 각 반 담임	• 환경 꾸미기 • 교실 정리 정돈
2일 전	• 입학식장 꾸미기 • 풍선 아치 • 입간판 설치 • 애국가, 원가 테이프 확인	• 전체 교사 • 신임교사 • 신임교사 • 행사 담당	• 입학식장 꾸미기 • 풍선 아치 꾸미기 • 입간판 설치 • 테이프 보관 장소 알아두기
1일 전	• 마이크, 앰프 확인 • 파워포인트 스크린 연결 확인 • 입학식 예행 연습 • 카메라, 비디오 준비 • 입학식 행사장 촬영	• 행사 담당 • 행사 담당 • 전체 교사 • 행사 담당 • 신임교사	• 행사 담당 교사를 도와 방송과 스크린 연결 방법 숙지 • 입학식 행사장 촬영하기 • 입학식 예행 연습을 통해 입학식 행사 숙지 • 방송 기기와 시청각 기기 방법 숙지 • 입학식 행사장 촬영 사진 개인 파일에도 포트폴리오 하기 • 입학식 예행 연습을 통한 입학식 행사 진행 숙지

(3) 입학식 행사 운영 (계획–진행–평가)

1. 계 획

1) 문제 규명

⊙ 상위 목표
- 유아의 발달 단계에 적합하고 교육 활동과 연계될 수 있는 행사가 되도록 한다.
- 지역사회와의 유대를 다질 수 있는 행사가 되도록 한다.

⊙ 장학 방침
- 유아들이 안정되고 편안한 분위기 속에서 유치원 생활을 시작하도록 한다.
- 유치원과 유아교육에 대한 이해를 높이는 기회를 제공한다.
- 학부모, 예비부모, 지역사회 인사들이 함께 참여할 수 있는 장을 마련한다.
- 원장의 운영 철학과 교사진들을 소개할 수 있는 기회를 마련한다.

⊙ 지역 실태
- 맞벌이 부모들이 많아 입학식에 참여하는 데에 어려움이 있었다.
- 도심 지역에 위치하고 있어 지역사회 주민들과 함께 할 수 있는 기회가 부족했다.

⊙ 운영 실태
- 종전의 입학식은 부모의 여건을 고려하지 않고 평일에 진행되었다.
- 유아에 대한 배려 없이 딱딱한 분위기, 형식적인 절차에 의해 행사가 진행되었다.
- 지역사회 주민 인사들이 행사에 참여하지 않는 유치원만의 행사였다.

2) 목표 및 방침 설정

⊙ 교육 목표
- 유치원 생활을 편안하고 즐겁게 시작한다.
- 학부모들의 유아교육에 대한 이해를 높인다.
- 어린이, 부모, 교사, 지역사회 인사들이 함께 협력할 수 있는 기회를 마련한다.

⊙ 운영 목표
- 유치원은 유아의 흥미, 발달 수준, 학부모의 요구를 반영하여 입학식을 진행한다.
- 학부모, 예비부모, 지역사회 시민들이 유아교육에 대한 이해를 가지도록 한다.

⊙ 운영 방침

- 입학일은 신입생이 유치원에 오는 첫날이므로 편안한 분위기를 마련하여 준다.
- 신입생에게는 유치원 생활에 익숙해질 수 있도록 하는 안내와 재원생에게는 새 친구와 친구를 만날 수 있는 기회를 제공한다.
- 지역사회 인사, 부모를 초청하여 유아교육에 대한 이해와 지지의 기초를 다진다.

3) 활동 계획

⊙ 교육과정

수업 계획(입학식 행사 계획)

- 사전에 초대장을 발송하여 입학 당일의 시간, 장소, 준비물, 식순에 대한 자세한 내용을 1주일 전에 발송한다.
- 일시 : 2006년 3월 3일(토요일) 오후 3시
- 장소 : 함께 모이는 장소–유치원 뜰 앞의 잔디밭
입학식장–유치원 대강당

입학식 행사 계획

행사명 및 시간	행사 내용	준비물
함께 모이기 (15:00)	• 반별로 색이 다른 푯말을 보고, 잔디밭 위에 자연스럽게 모인 후 강당으로 간다. • 모이는 시간에는 잔잔한 왈츠풍의 음악을 들려 준다.	푯말, 카세트, 테이프
레크리에이션 (15:00~15:15)	• 유아, 부모, 교사들이 모두 함께 원형으로 손과 손을 잡고 간단한 율동과 레크리에이션을 한다. • 유아들이 자연스럽게 자신의 몸을 이용하여 즐길 수 있도록 한다.	마이크 설비
입학식장 이동 (15:15~	• 부모와 함께 손을 잡고 질서를 지키며, 입학식장으로 이동한다. • 유아반 유아부터 차례로 식장으로 들어가며, 입장시 행진곡풍의 음악을 들려 준다.	배경음악, 팜플렛, 안내 책자
자리에 앉기 ~15:25)	• 유아반, 유치반의 순서로 자리에 앉도록 하며, 부모님은 아이들의 시선이 가리지 않도록 뒤편에 앉도록 한다.	반별 표시판

개식사 (15:25~	• 유치원 소개 자료와 입학식 자료는 학부모, 지역사회의 주민이 보기 쉽게 행사장 입구에 준비하여 둔다. • 행사의 식순과 내용은 Power Point를 이용하여 제시한다. • 입학식을 시작함을 알린다.	컴퓨터 프로 그램
국민 의례	• 국기에 대한 경례, 애국가 제창을 한다. • 애국가 지휘는 담당 교사가 한다.	태극기, 원기, 피아노
환영사 (원장)	• 유아들을 환영하는 인사말과 유치원의 교육 철학을 간단하게 안내하고 말한다. (자세한 교육 철학과 내용은 부모 오리엔테이션 시에 미리 하도록 한다.)	엠프 시스템
격려사	• 내빈 중 한 분이 대표하여 간단한 인사말을 한다.	
교사 소개	• 한 해 동안 유아들을 교육하고 지도할 담임선생님과 유치원 식구들을 소개한다.	
선물 증정	• 입학식에 참여한 유아에게 선물을 증정한다.	선물 (유아용)
원가	• 오리엔테이션 때 미리 배운 유치원 원가를 함께 불러 본다.	피아노
광고	• 유아와 교사, 학부모가 함께 하는 자리를 마련함을 안내한다.	
폐회사 ~16:00	• 행사에 참여한 유아, 부모, 지역사회 주민에게 감사의 말을 전하고, 입학식을 마무리한다. • 행사장을 뒷정리한다.	

생활 습관 지도
- 친구와 함께 더불어 입학식이 즐겁게 이루어지도록 한다.
- 질서와 규칙을 지키며 행사장으로 이동하도록 한다.
- 행사장 뒷정리가 깨끗하게 되도록 한다.

특별 활동
- Power Point를 이용하여 행사 진행 순서와 내용을 제시한다.
- 식장 구성은 자연스러운 느낌이 들도록 구성하며, 재원생 유아의 작품과 글의 내용으로 구성한다.
- 레크리에이션 프로그램은 유아와 부모, 교사가 함께 어울려 활동할 수 있는 프로그램을 준비한다.

⊙ 지원 관리

인사 : 행사 진행, 환경 구성, 컴퓨터 관리, 홍보, 안내, 음향, 설비 및 소품 지원, 안내에 대한 인사 지원 체계를 구분한다.

재정 : 입학식 안내 책자, 팜플렛, 입학식 선물, 화환에 대한 재정을 계획한다.

자원 : 장소, 음향 설비, 교단, 단상 등의 자원에 대해 계획한다.

<table>
<tr><th colspan="2">4) 조직 계획</th></tr>
<tr><td colspan="2">⊙ 유아
영 · 유아반(○ ○반) 여 10명, 남 10명
유아반(○ ○반)(○ ○반) 2반 각각 여 15명, 남 15명
유치반(○ ○반)(○ ○반)(○ ○반) 3반 각각 여 18명, 남 18명</td></tr>
<tr><td>원장</td><td>유아교육기관의 총괄, 재정 지원, 지역사회 인사와의 유대, 교육 철학 방침 소개</td></tr>
<tr><td>원감</td><td>행사 진행 총괄, 사회 담당</td></tr>
<tr><td rowspan="6">교사
(유아지도 및
학부모 안내)</td><td>컴퓨터 관리(Presentation)</td></tr>
<tr><td>홍보 담당 : 안내 책자, 팜플렛 관리 및 내빈 안내</td></tr>
<tr><td>식장 꾸미기 : 화환, 현수막, 식장 환경 구성</td></tr>
<tr><td>음향 관리 : 지휘, 피아노, 배경 엠프 시설, 음악, 테이프, 카세트</td></tr>
<tr><td>기자재 및 소품 : 의자, 단상</td></tr>
<tr><td>보조 진행 및 레크리에이션 : 사회자 보조 지원 및 잔디밭에서의 레크리에이션 담당</td></tr>
<tr><td>부담임 교사</td><td>학부모 안내, 뒷정리, 시설 점검</td></tr>
<tr><td>사무 직원</td><td>시설 설비 점검 및 관리, 예산 측정 및 관리</td></tr>
<tr><td colspan="2">⊙ 유치원 관계 인사
• 학부모
• 예비 학부모 : 학부모뿐만 아니라 모든 부모들을 포함
• 지역사회 주민
• 자원봉사자 : 재원생 학부모 중 행사에 도움을 주고자 하는 분
• 유아교육 관계 인사 : 유아교육과 교수 및 유아교육과 학생</td></tr>
</table>

5) 평가 계획	
투입 (진행 전 평가)	• 레크리에이션 프로그램에 대한 평가 • 컴퓨터를 이용한 Presentation 프로그램의 적절한 적용 여부에 대한 평가 • 음향 기자재의 투입 여부에 대한 평가 • 유아, 학부모에게 적절한 선물 여부에 대한 평가
과정 (진행 과정 평가)	• 행사 홍보에 대한 평가 • 모이기 활동이 원활하고 자연스럽고 효율적인가에 대한 평가 • 레크리에이션이 유아, 학부모, 교사가 함께 참여하여 이루어지고 있는가에 대한 평가 • 업무 분담 및 수행에 대한 평가 • 유아에 대한 배려 지도 • 부모 안내에 대한 평가
산출 (진행 후 평가)	• 유아의 흥미와 수준에 맞는 행사 진행에 대한 평가 • 학부모나 유관 인사에 대한 배려 • 행사 진행에 있어서의 체계적이고 융통성 있는 진행에 대한 평가

2. 실시

1) 조직 편성	
교사 조직	• 원장 : 재정 지원, 지역사회 인사와의 유대, 교육 철학 방침 소개 • 원감 : 행사의 진행과 세부 사항 검토 • 교사 : 유아 지도와 학부모 안내
사무 조직	• 원장 : 행사의 총괄 관리 • 원감 : 행사 계획 및 진행 준비 • 교사 : 행사 진행 보조, 환경 구성, 컴퓨터 관리, 홍보, 안내, 음향, 설비 및 소품 지원, 안내 • 사무 지원 : 예산을 계획하고 관리
운영 조직	• 교사 협의회 • 부모 자원봉사

2) 실천 활동			
교육과정		지원 관리	
진행	• 함께 모이기 → 레크리에이션 → 입학식장으로 이동 → 자리에 앉기 → 개식사 → 국민의례 → 환영사 → 격려사 → 교사소개 → 기념품 증정 → 원가 부르기 → 광고 및 폐회사	인적 자원	행사 진행, 환경 구성, 컴퓨터 관리, 홍보, 안내, 음향, 설비 및 소품 지원, 안내에 대한 것을 담당 역할별로 수행한다.
기본 생활 습관 지도	• 친구와 함께 더불어 입학식이 즐겁게 이루어지도록 하고 인사를 나눈다. • 질서와 규칙을 지키며 행사장으로 이동한다. • 행사장 뒷정리가 깨끗이 되도록 한다.	물적 자원	장소, 음향, 설비, 입학 선물, 교단, 단상, 화환, 팜플렛 등의 물적 자원을 준비한다.
특별 활동	• Power Point를 이용하여 행사 진행 순서와 내용을 제시한다. • 식장 구성은 자연스러운 느낌이 들도록 구성하며, 재원생 유아의 작품과 글의 내용으로 구성한다. • 레크리에이션 프로그램은 유아와 부모, 교사가 함께 어울려 활동할 수 있는 프로그램을 준비한다.	지식, 정보	학부모, 유아, 지역민들에게 행사를 안내하고 책자를 배부한다.

3. 평 가

1) 평가 실시	
평가 영역	평가 관점
• 유아의 흥미와 발달 수준에 맞는 행사 프로그램에 대한 평가 • 부모와 지역사회의 요구에 적합한가에 대한 평가 • 행사 진행에 대한 평가 • 예산에 대한 평가 • 교사의 자세와 태도에 대한 평가 • 유치원 교육에 대한 평가	• 유아의 흥미와 발달 수준에 맞게 행사가 진행되었는가? • 부모와 지역사회의 요구에 적합하게 행사가 이끌어졌는가? • 행사 진행에 있어서 일관성과 체계가 있었나? • 예산이 적절하게 편성되고 배분되었는가? • 교사의 자세와 태도가 공손했는가? • 행사를 통해 유치원 교육에 대한 이해를 향상시켰는가?

2) 자료 수집
• 행사 후의 질문지와 부모 상담을 통해 자료 수집

3) 결과 처리	
결과 분석	결과 검토
• 지역사회 학부모의 의견, 교사 회의를 통해 행사 자체에 대한 평가와 결과 분석을 한다.	• 평가 영역별로 얻어진 자료를 가지고 각각의 세부 항목이 얼마나 목표치에 도달되었는지를 검토한다.

4) 결과 활용		
유아 발달 근거	경영 과정의 질적 관리	자원의 배분
• 유아의 흥미와 수준을 고려하여 행사 프로그램을 작성한다. • 편안함과 안정감을 주는 식장 환경을 구성하도록 한다.	• 행사 진행과 연계가 좀더 분화되고 체계화되도록 한다. • 사전에 좀더 많은 홍보가 되도록 한다.	• 예산 집행에 있어서 행사일 당일만 사용하는 소모품은 다른 것으로 대체하도록 한다(화환, 코사이즈 꽃). • 질적으로 우수하고 비용이 좀더 저렴한 선물을 준비하도록 한다.

부 록

유치원 운영 평가

✍ 유치원 운영 평가의 예

유치원 운영 평가의 예

제시될 유치원 운영 평가의 예는 한 유치원의 사례를 든 것으로 1년이 마무리될 시점에 반성하고 새 학기를 계획하는 데 있어 전반적인 부분에 대해 평가를 해 본 것이다. 각 원마다 그리고 각 교사마다 중점을 두는 것이 다름으로 모범답안은 없으며 각 원, 각 교사마다 매년 중점을 두었던 사안에 대해 평가하고 다시 부족한 점을 보완하기 위해 계획을 세워 실천해 나가는 일도 중요하리라 본다.

○○유치원이 개원한 지 벌써 만 3년째로 접어들고 있다. 2003년도에는 주제에 따른 교재 · 교구 개발이 눈앞에 닥친 과제였다면, 2004년도에는 2003년도에 부족했던 교재 · 교구 개발과 더불어 내실 있는 교육 프로그램에 대한 노력이 필요한 한 해였다. 2003년, 2004년 두 해의 노력을 기반으로 2005년도의 유치원 운영에 있어 주안점은 다음과 같다.

유치원의 큰 자산은 내실 있는 프로그램과 이를 뒷받침해 줄 수 있는 질 높은 교재 · 교구의 보유 및 철저한 관리와 더불어 원아 관리와 학부모 관리이다.

1. 유치원 교육과정-독특한 ○○유치원의 교육과정

1) 문학을 통한 통합적 접근

문학을 통한 통합적 접근은 ○○유치원의 가장 큰 교육 줄기이다. 이는 유아들의 사고력과 창의력 개발은 물론 유아들의 읽고 쓰는 능력 향상에 매우 효과적인 프로그램이었으나 학부모님들에게 전반적인 안내가 부족하여 아쉬움이 남았다.

2) 발현적 교육과정

문학을 통한 통합적 접근과 더불어 유아들의 흥미와 관심에 기초한 발현적 교육과정은 충실하게 이루어졌으나 이러한 교육과정이 가정에 소개가 되지 않아 학부모님들의 이해가 부족한 실정이다. 이러한 문제 해결을 위해 각 반별 가정통신문에 학급에서 이루어진 사례를 실어 학부모님들의 이해를 돕도록 할 것이다.

3) 정보 교육 및 멀티미디어 교육

유아들의 궁금증을 해소할 수 있는 정보 자료를 교사가 CD-ROM 검색, 인터넷 검색을 통하여 자료를 출력하고 유아들에게 제시하였다. 그 자료를 바탕으로 유아들의 궁금증을 유아 스스로 해결하도록 하였다.

컴퓨터 교육으로는 CD-ROM 타이틀을 이용한 컴퓨터를 이용한 교육이 이루어졌으나 정보교육 및 멀티미디어 활용 교육에 미흡한 점이 있어 다음과 같이 보완하고자 한다.

☞ 2005학년도 제안

인터넷 활용 교육	ㄱ) 교 사 유치원 자체에 인터넷을 활용할 수 있는 여건을 조성하여 교사들도 유치원에서 자료를 검색하여 수업 준비에 충실할 수 있도록 한다. ㄴ) 유 아 유치반인 경우, 인터넷 활용이 가능하다. 교사가 자료를 검색하여 제공하기보다는 우선 유아들이 검색할 수 있도록 기회가 주어져야 한다.

2. 유치원 교재 · 교구 관리

1) 연령별 · 주제별 자료의 크기에 따른 분류

자료들을 각 연령별, 주제별, 영역별로 정리하였으며 자료의 크기에 따라 입체 상자와 평면 보관 교구 상자로 분류하여 보관 중이다(1층 유희실에 보관되어 있음).

평면 보관 교구 상자는 낱개 구입이 쉽지 않아 유아반의 자료 중 분류, 보관이 되지 않은 것도 있다.

☞ 2005학년도 제안

자료들이 연령별, 주제별, 영역별로 분류되어 관리 중이나 교재 · 교구실이 별도로 설치되어 있지 않은 관계로 앞으로 생기게 될 자료 관리에 어려움이 예상된다. 현재는 유치원 건물에 남는 공간이 없다. 교재 · 교구를 효율적으로 보관할 자료실 마련에 대한 대책이 요구된다.

3. 유치원 자료화

1) 컴퓨터 디스켓 자료화

유치원에 모든 서류는 디스켓 자료화를 시켜둠으로써 익년 자료 활용 시 시간을 절약하도록 하고 있다. 정비가 잘 되어 있으나 매해마다 디스켓 자료가 많아짐에 따라 지속적인 관리를 해야 한다.

2) 교구 자료화

연령별, 주제별, 영역별로 분류된 교구를 사진을 찍어 기록화함은 물론 활동 방법을 자세히 기록하여 보관함으로써 교사의 변동이 있더라도 자료를 효율적으로 사용할 수 있게 한다.

☞ 2005학년도 제안

> 자료들을 연령별, 주제별, 영역별로 분류하여 활동 방법을 자료화하고 있으나 영역이 수 영역, 과학 영역, 언어 영역, 조작 영역 등 세분화되게 자료를 수집, 정리하지 못하였다. 또한 교구로 남길 수 없는 극놀이 영역에서의 영역 구성에 대한 사진 자료 남기기와 작업 영역 등에 대해 자료 수집, 보관이 허술하였던 부분을 올해의 역점 사업으로 둔다.

3) 교재 자료화

유아들의 사고력과 창의력을 기르기 위한 활동지의 개발은 각 연령별, 주제별, 영역별로 많이 되어 있다. 활동지 개발 때마다 보관과 함께 활동 방법까지 수록하여 파일로 보관하도록 함으로써 교사의 변동이 있더라도 누구나 손쉽게 활용할 수 있도록 하고 있다.

4. 원아 관리

1) 사랑, 관심

어린 유아들이라 사소한 것에도 학부모님들은 무척 서운해 한다. 또한 사교육이라 교육비를 낸 만큼의 요구가 많다. ㅇㅇ유치원에 믿음으로 맡겨 준 학부모님들에게 자녀에 대한 사랑과 관심을 보여주는 방법은 다음과 같다.

(1) 결석 시 전화

유아가 결석하였을 시에는 유아들이 귀가한 후, 결석 유아 가정에 전화한다.

(2) 소지품 관리 철저

유아의 소지품이 분실되지 않도록 관리한다.

(3) 귀가 지도

귀가 지도 시 각 유아들의 옷 매무새를 챙겨준다(특히 겨울).

(4) 병으로 인한 장기 결석 시 방문

원감과 담임교사가 가정으로 방문한다.

☞ 2005학년도 제안

1) 유치원 생활 안내	정기적으로 학부모님들과 원 생활에 대해 공유하는 시간을 갖는다. 교사들 간의 협의를 통해 매일 2명씩 가정으로 전화를 드려 원 생활, 유아의 변화 등에 대해 많은 대화를 나눈다. 교재 연구록에 매일 원아 2명씩 전화 상담한 내용을 기록하는 공간을 마련한다.

2) 교 육

유아교육은 보이지 않는 교육이며, 미래에 나타날 잠재력이라 해도 과언이 아니다. 그러나 학부모님들은 유아교육이 보이길 원하고 있으므로 이제까지 해왔던 방법(나의 좋은 생각 파일, 그림 모음집)으로 학부모님들에게 유아교육을 인식시키고 신뢰를 주고 있다. 그러나 유아교육은 결과물이 항상 있는 교육 활동이 아니므로 보이는 교육에 집중할 경우에는 유아의 발달과 어긋날 수 있다.

○○유치원은 전반적으로 전년도의 교육을 기반으로 매해마다 부족한 부분을 보충하고 이론을 기반으로 유아기에 적합한 유아교육 실제에서의 교수 방법을 개발하여

실험하고 ㅇㅇ교육에 정착시키려고 노력하고 있다. 2005학년도에도 전년도의 ㅇㅇ교육을 더욱 심화시키고, 부족한 교육은 보완하도록 노력할 것이다.

☞ **2005학년도 제안**

1) 『내가 만든 책』 파일	『내가 만든 책』 파일은 ㅇㅇ유치원에서의 중점 교육인 사고력, 창의력, 협력 학습, 정보 수집 정보 활용 정보 재창출 등 교실에서 활동하는 결과물의 기록인 포트폴리오의 역할을 한다. 보이지 않는 유아교육을 눈으로 확인할 수 있는 유아들의 산 역사이므로 다양한 활동을 계속적으로 개발하여 기록으로 남기도록 한다.
2) 수 교육 프로그램	2005학년도에 보완되어야 할 교육은 수 교육 프로그램의 개발과 적용이다. 총체적 언어 접근법에 의한 문학적 접근은 유아들의 사고력, 어휘력이 무척 향상되나, 수 영역은 다소 부족하였다. 수 영역에 대한 포괄적이고 세부적인 개념과 다양한 활동보다는 게임판에 의존한 수 교육이 대부분을 차지하였다. 전 서울교대 수학교수님인 *** 교수님과 ㅇㅇ유치원 선생님들 중 연구하기를 희망하는 선생님과 체계적으로 연구하면서 바로 현장에 실행될 수 있도록 할 것이다.
3) 가정과의 연계	ㅇㅇ의 좋은 프로그램에 비해서 학부모님들에게 전해지는 것은 무척 일부분이었다고 생각한다. 각 교실에서 이루어지는 주제의 흐름을 가정과 연계를 할 수 있는 방법으로 각 반마다의 가정통신문을 발송하여 담임교사와 학부모님과의 관계를 긴밀하게 갖도록 할 것이다.

3) 원아 수

ㅇㅇ시는 이동적인 도시라 이사율이 높고, 단지 방학이 길다는 이유로 겨울 방학을 기점으로 학원으로 이동하며 교육을 받지 않는 기간 동안 교육비를 내는 것이 아까워 중도에 그만두는 사례가 있다. ㅇㅇ시의 특성은 무시하더라도 그 외의 원인에 대한 대책을 강구하여 겨울 방학을 기점으로 원아의 변동률을 최소화하여야 한다.

☞ 2005학년도 제안

1) 교육비 징수	교육비는 분기납이 원칙이나 2005년에는 월납을 희망하는 학부모님에게는 교육비의 납부에 융통성을 부여하고 있다. 그러나 월납자 중에서 방학 기간 동안 학원으로 전환하는 사례가 있으므로 월납을 희망하는 학부모님들에게 6개월 교육비를 5회 분납으로 납부하는 방식을 도입하고자 한다.

5. 학부모 관리

1) 첫 만남- 학부모 오리엔테이션

각 연령별로 ㅇㅇ유치원의 교육 흐름을 전반직으로 일리며, 전반직인 운영에 대한 안내가 있는 날이다. 각 연령별 교육 활동 책자를 구성하여 책을 중심으로 전달하였으나 제시에 있어 역동성이 필요하다.

2) 상담 수첩

유치원의 문턱을 좁히고자 하는 방법으로 궁금함이 있을 때마다 교사에게 편지를 쓰면 교사는 2~3일 내로 답장을 써서 보내는 활동이다. 연령으로는 영아반 어머님들의 활용빈도가 많았고, 연령이 높을수록 활용 빈도가 적었다.

3) 부모교육

가장 부족하였던 부분이다. 학부모 오리엔테이션, 어머니 참여 수업, 아버지 참여 수업, 가정통신으로 부모교육이 이루어졌다.

☞ **2005학년도 제안**

1) 학부모 오리엔테이션	새 학기가 시작되는 3월 전에 학부모 오리엔테이션을 진행하고 있었으나, ㅇㅇ유치원의 교육 흐름을 전반적으로 이야기하고, 뚜렷한 교육관을 알림으로써 유아교육의 방향을 알리고, 가정과의 연계를 도모하기 위한 중요한 날이다. 연령별과 재원반 · 신입반을 나누어 오리엔테이션을 함으로써 각 집단의 특색에 따른 안내를 할 수 있다. 교육 방향 및 교육 사례를 OHP 환등기, 슬라이드 기계, 비디오(교육 활동을 비디오 녹화한 것)를 통해 구체적으로 제시할 필요가 있다.
2) 부모교육	유아교육 교수님을 초빙하여 원 운영과 관련된 학부모의 유아교육에 대한 인식, 의식을 개선할 수 있는 강좌를 마련한다. 1학기 1회, 2학기 1회로 1년에 2회 계획한다.

6. 유아 안전

원아들이 많아짐에 따라 전보다 작은 사고들이 생기고 있다. 공간에 비해 많은 유아들이 활동하게 되어 서로 부딪히는 사고가 많았다.

☞ **2005학년도 제안**

1) 안전 교육 철저	체계적인 안전 교육을 실시하여야 한다.
2) 시간 분산 사용	유치원의 일과 특성상 활동적인 시간에 대한 편중과 점심식사 후 시차적으로 식사가 끝나는 유아들에 대한 원아 관리가 안 되는 이유로 식사가 늦는 유아들이 점심식사 하는 것을 돌보면서 놀이 시설을 사용하도록 하고 있다. 그래서 반별 시차로 먹는 점심식사 시간에 놀이 시설을 사용하는 원아들이 많아 안전 사고가 많이 일어난다. 원아 모집 시 보조교사가 있는 체제로 원아 모집이 된 반에 보조교사를 투입하여 식사 후 바로 놀이 시설에서 놀이하는 활동 계획을 없애고, 보조교사가 없는 반도 식사 후 이 닦는 활동에 대한 관리가 함께 이루어지도록 한다.